亚洲合作资金项目"上海合作组织国家矿业产能合作研究"
中国地质调查局项目"乌兹别克斯坦、塔吉克斯坦及邻区矿产资源潜力评价"
"中亚地区大型铜金铀矿产资源基地评价"
国家重点研发计划"政府间国际科技创新合作"专项"中乌天山造山带成矿地质条件对比与资源潜力分析"
新疆重大科技专项"新亚欧大陆桥经济走廊铜金稀土等战略性矿产资源成矿预测与潜力评价"

联合资助

上海合作组织成员国矿业经济发展规律研究(2001—2020)

SHANGHAI HEZUO ZUZHI CHENGYUANGUO KUANGYE JINGJI
FAZHAN GUILÜ YANJIU (2001—2020)

吕鹏瑞 著

图书在版编目(CIP)数据

上海合作组织成员国矿业经济发展规律研究:2001—2020/吕鹏瑞著.—武汉:中国地质大学出版社,2023.4
ISBN 978-7-5625-5517-9

Ⅰ.①上… Ⅱ.①吕… Ⅲ.①上海合作组织-会员国-矿业经济-经济发展-研究-2001—2020 Ⅳ.①F416.1

中国国家版本馆 CIP 数据核字(2023)第 046390 号

上海合作组织成员国矿业经济发展规律研究(2001—2020)		吕鹏瑞 著
责任编辑:杜筱娜	选题策划:张 琰 李应争	责任校对:徐蕾蕾
出版发行:中国地质大学出版社(武汉市洪山区鲁磨路388号)		邮编:430074
电　　话:(027)67883511	传　　真:(027)67883580	E-mail:cbb@cug.edu.cn
经　　销:全国新华书店		http://cugp.cug.edu.cn
开本:880毫米×1230毫米 1/16	字数:378千字	印张:12
版次:2023年4月第1版	印次:2023年4月第1次印刷	
印刷:武汉中远印务有限公司		
ISBN 978-7-5625-5517-9		定价:118.00元

如有印装质量问题请与印刷厂联系调换

前 言

矿产资源是人类赖以生存的重要物质基础,是国家安全与经济发展的重要保障。随着全球竞争加剧和国际经济博弈日益激烈,矿产资源的重要性愈加凸显。西方国家主导的矿产资源供应格局和市场体系造成矿产资源价格持续大幅波动,对各国的资源安全和经济利益构成严重威胁,历史上发生的多次战争都与矿产资源有着直接或间接的关系。

上海合作组织诞生于世纪之交,经过多年发展,已成为世界上涵盖地域最广、拥有人口最多、涉及多个合作领域的跨区域国际组织,已逐渐成为促进世界和平与发展、维护国际公平正义不可忽视的重要力量,是维护从北极到印度洋、从波罗的海到太平洋的广大地区安全与稳定的关键力量。上海合作组织成员国位于"一带一路"建设的核心位置,具有极其重要的地缘政治地位,其所处的丝绸之路经济带地域辽阔、资源丰富,被称为21世纪的战略能源和资源基地,同时也是全球有色金属矿产主产区和消费区。例如,俄罗斯库尔斯克分布有世界上最大的产铁盆地,哈萨克斯坦是全球第一大铀矿生产国(储量全球第二)和第三大铁矿生产国,乌兹别克斯坦和吉尔吉斯斯坦所处的"中亚金腰带"是仅次于南非兰德盆地的全球第二大金富集区,塔吉克斯坦是全球第三大锑矿生产国,巴基斯坦发育世界型的斑岩型铜矿(雷克迪克铜矿、山达克铜矿等),印度是世界上主要的铁矿石生产国和出口国之一。上海合作组织成员国当中,既有俄罗斯、哈萨克斯坦、印度等矿产资源大国,也有中国这样的主要矿产品生产国和消费国,还有乌兹别克斯坦、吉尔吉斯斯坦、塔吉克斯坦等资源依赖型经济的国家。因此,矿业经济在上海合作组织主要国家的国民经济体系中占有极其重要的地位。

2021年是上海合作组织成立20周年,为进一步梳理矿业经济在上海合作组织成员国中的重要地位和历史贡献,中国地质调查局西安地质调查中心(中国-上海合作组织地学合作研究中心)吕鹏瑞高级工程师及其团队依托亚洲合作资金项目"上海合作组织国家矿业产能合作研究"和"上合组织国家地学合作与发展论坛",以历史观、大局观为基本分析框架,系统梳理、总结上海合作组织8个成员国20年来涉及矿业经济的各类数据信息,并将其与加拿大、澳大利亚、美国等矿业大国的相关信息进行对比分析,客观反映上海合作组织国家矿业经济发展状况和发展规律;利用统计学原理,以动态数据来反映投入—产出—贸易全流程的变化规律,并分析其与全球重大经济事件(2008年的美国次贷危机、2010—2012年的欧洲债务危机、2018年的全球股市暴跌)的耦合关系;依托上海合作组织成员国20年矿业发展的客观数据(事实)来回顾过去、总结历史规律,把握矿业发展趋势,从历史进程中发现规律,认清矿业发展潮流和发展趋势;以期待能够为深入推进上海合作组织国家矿业领域的国际产能合作,引导中资矿业企业参与境外矿产资源开发和矿业产能转移转化,共同促进资源所在国矿业经济发展、开拓合作共赢新局面提供参考。同时,谨以此书庆祝上海合作组织成立20周年。

值得注意的是,2001年6月15日,上海合作组织成立时仅有中国、俄罗斯、哈萨克斯坦、吉尔吉斯斯坦、塔吉克斯坦、乌兹别克斯坦6个成员国;2017年6月9日,印度和巴基斯坦正式成为上海合作组织成员国。为了更好地体现各国的矿业经济发展规律,本书将这8国2001—2020年的相关矿业数据进行统一对比分析。然而,各国相关矿业数据披露程度不一致,导致个别国家缺失某些年份的相关数据。

此外,为了方便读者查阅各国矿业经济相关信息,本书按照成员国国名俄文首字母排序来介绍各国情况。因作者水平有限,书中难免出现纰漏与不足之处,敬请读者批评指正,我们将认真汲取宝贵意见及建议,不断加以完善。

著　者
2022年12月

目 录

上篇　矿业勘查

第一章　矿业勘查投入概况 (3)
　一、矿业勘查总投入 (3)
　二、矿业勘查投入在各国国内生产总值（GDP）中的占比 (4)

第二章　国别勘查投入 (7)
　一、印度——勘查投入稳中有升，以金刚石、铅锌、铜为主 (7)
　二、哈萨克斯坦——勘查投入呈"N"字形变化，以金、铜、铀为主 (9)
　三、中国——崛起的矿业大国，以金为主，铜、铅锌矿次之 (10)
　四、吉尔吉斯斯坦——勘查投入以金为主 (13)
　五、巴基斯坦——勘查投入以铜为主 (14)
　六、俄罗斯——勘查投入呈多峰式变化，以金、金刚石为主 (16)
　七、塔吉克斯坦——勘查投入以金为主 (18)
　八、乌兹别克斯坦——勘查投入以金、铀为主 (20)

第三章　国别勘查投入来源 (22)
　一、印度——高级勘查公司和政府主导 (22)
　二、哈萨克斯坦——高级勘查公司主导 (24)
　三、中国——勘查投入来源各有千秋 (25)
　四、吉尔吉斯斯坦——初级勘查公司投入持续、稳定 (27)
　五、巴基斯坦——勘查投入来源分阶段变化 (29)
　六、俄罗斯——高级勘查公司主导 (30)
　七、塔吉克斯坦——高级勘查公司和初级勘查公司主导 (32)
　八、乌兹别克斯坦——高级勘查公司主导 (34)

第四章　国别勘查阶段投入 (36)
　一、印度——以草根勘查为主 (36)
　二、哈萨克斯坦——以矿区勘查为主 (37)
　三、中国——侧重于草根勘查和矿区勘查 (39)
　四、吉尔吉斯斯坦——以后期及可行性研究为主 (40)
　五、巴基斯坦——以后期及可行性研究为主 (42)

六、俄罗斯——各勘查阶段投入势均力敌 …………………………………………………………（43）
七、塔吉克斯坦——以矿区勘查为主 ……………………………………………………………（45）
八、乌兹别克斯坦——以后期及可行性研究为主 ………………………………………………（46）

第五章 矿业勘查小结及展望 ………………………………………………………………………（49）

中篇 矿业开发

第六章 运营矿业项目 ………………………………………………………………………………（53）
一、运营矿业项目总体概况 ………………………………………………………………………（53）
二、印度——侧重于煤炭、铅锌、铁锰 …………………………………………………………（54）
三、哈萨克斯坦——侧重于金、铜、铀、铅锌、铁锰 …………………………………………（55）
四、中国——侧重于铅锌、煤炭、铁锰、铜、金 ………………………………………………（57）
五、吉尔吉斯斯坦——以金为主 …………………………………………………………………（58）
六、巴基斯坦——以煤炭为主，铜、铅锌次之 …………………………………………………（59）
七、俄罗斯——以煤炭、金为主，铜、铁、铅锌次之 …………………………………………（59）
八、塔吉克斯坦——以金为主 ……………………………………………………………………（60）
九、乌兹别克斯坦——以金为主 …………………………………………………………………（61）

第七章 矿产产量 ……………………………………………………………………………………（63）
一、印度——全球重要的铬、铁、铝、煤炭、锌生产国之一 …………………………………（63）
二、哈萨克斯坦——全球最为重要的铀、铬生产国 ……………………………………………（66）
三、中国——钨、锑、煤炭、铅、锌、钼、锰、锡、钒、磷酸盐产量全球领先 ……………（69）
四、吉尔吉斯斯坦——以金、银、铜、锑、钨开采为主 ………………………………………（74）
五、巴基斯坦——以铜、银、煤炭、铀、铅、锌、锑、铁开采为主 …………………………（75）
六、俄罗斯——金刚石、钯、铂、锑、钴、钾盐、钒、金、镍产量全球领先 ………………（77）
七、塔吉克斯坦——以金、铅、锌、银开采为主 ………………………………………………（82）
八、乌兹别克斯坦——全球重要的铀、金生产国之一 …………………………………………（84）

第八章 在产矿业项目产值 …………………………………………………………………………（86）
一、在产矿业项目产值总体概况 …………………………………………………………………（86）
二、在产矿业项目产值在国内生产总值（GDP）中的占比 ……………………………………（88）
三、印度——矿业产值主要源自煤炭、铁、铅锌、银 …………………………………………（90）
四、哈萨克斯坦——矿业产值主要源自煤炭、铜、锌 …………………………………………（92）
五、中国——矿业产值主要源自煤炭、铁、金、铜、镍、铅锌 ………………………………（93）
六、吉尔吉斯斯坦——矿业产值主要源自金 ……………………………………………………（95）
七、巴基斯坦——矿业产值主要源自铜、铅锌 …………………………………………………（96）
八、俄罗斯——矿业产值主要源自煤炭、镍、铁、金 …………………………………………（97）
九、塔吉克斯坦——矿业产值主要源自金 ………………………………………………………（98）
十、乌兹别克斯坦——矿业产值主要源自金、铜 ………………………………………………（99）

第九章 矿产资源损耗与矿产租金 (101)
一、矿产资源损耗(现价美元) (101)
二、矿业资源损耗在国民总收入(GNI)中的占比 (103)
三、矿产租金 (106)

第十章 矿业开发小结及展望 (110)

下篇 矿业贸易

第十一章 矿产品贸易(贸易伙伴) (115)
一、矿产品贸易总体概况 (115)
二、印度——分阶段变化的矿产品贸易 (118)
三、哈萨克斯坦——典型的矿产品出口国 (123)
四、中国——典型的矿产品进口国 (127)
五、吉尔吉斯斯坦——矿产品进口国转变为出口国 (134)
六、巴基斯坦——矿产品进口国转变为出口国 (137)
七、俄罗斯——矿产品进口国转变为出口国 (141)
八、塔吉克斯坦——典型的矿产品出口国 (144)
九、乌兹别克斯坦——典型的矿产品进口国 (146)

第十二章 矿产品贸易(矿种) (149)
一、印度——进口以铜矿为主,出口以铁矿为主 (149)
二、哈萨克斯坦——进口以铅矿、铁矿、贵金属矿为主,出口以铁矿、铜矿为主 (153)
三、中国——进口以铁矿、铜矿为主,出口以钼矿、铁矿为主 (157)
四、吉尔吉斯斯坦——进口以矿渣、矿灰为主,出口以贵金属矿为主 (162)
五、巴基斯坦——进口以铁矿、矿渣、矿灰为主,出口以铬铁矿为主 (165)
六、俄罗斯——进出口均以铁矿为主 (168)
七、塔吉克斯坦——进口以铁矿为主,出口以铅矿、锌矿为主 (172)
八、乌兹别克斯坦——进口以铜矿、锌矿为主,出口以铅矿、矿渣和矿灰为主 (174)

第十三章 矿石/金属在商品贸易中的占比 (177)
一、矿石/金属在商品进口中的占比 (177)
二、矿石/金属在商品出口中的占比 (179)

第十四章 矿业贸易小结与展望 (182)

上篇　矿业勘查

随着现代化经济建设的迅猛发展,世界各国对矿产资源的需求量越来越大,寻找新的矿产资源成为每一个地质工作者所必须肩负的重任。矿业勘查是矿业投资项目的基础和先行工作,是一个被毛泽东同志称为"一马挡路、万马不能前行"的地质工作。矿业投资的对象是埋藏在地下的矿产资源,地质环境的多样性和复杂性导致矿业项目具有不完全等同于其他工业项目的特殊性质。矿业投资往往具有投资多、周期长、风险高的特性,曾有人将矿业投资比作豪赌,而矿业勘查又处于这种豪赌的前端,风险更高。因此,全面了解上海合作组织成员国矿业勘查情况对促进国际矿业产能合作意义非凡。

第一章 矿业勘查投入概况

一、矿业勘查总投入

2001—2021年,上海合作组织(简称上合组织)成员国矿业勘查投入总量与美国、加拿大、澳大利亚等传统矿业大国相比具有较大差距,但总体变化规律与传统矿业大国基本一致,均随着世界经济的变化而变化,明显受全球重大经济事件的影响,且具有一定的滞后性(表1-1,图1-1)。例如,2008年的美国次贷危机、2010—2012年的欧洲债务危机、2018年的全球股市暴跌等。

表1-1 上合组织成员国与美国、加拿大、澳大利亚矿业勘查投入　　　单位:百万美元

国家	2001年	2002年	2003年	2004年	2005年	2006年	2007年	2008年	2009年	2010年
印度	7.3	10.8	15.1	14.5	15.7	28.1	23.5	32.6	33.5	40.6
哈萨克斯坦	4.5	7.2	6.5	10.1	28.9	44.0	83.4	85.7	56.6	134.3
中国	14.8	13.1	25.5	85.5	139.7	215.8	316.3	350.0	300.3	397.6
吉尔吉斯斯坦	—	1.9	1.8	6.9	22.4	28.1	38.0	67.8	46.7	52.8
巴基斯坦	0.2	0.3	0.1	1.6	2.4	27.2	33.7	74.8	33.7	2.1
俄罗斯	47.9	54.0	66.0	155.8	279.5	376.6	614.9	594.6	414.1	589.7
塔吉克斯坦	—	—	1.0	1.5	6.0	3.2	6.7	5.4	6.2	2.5
乌兹别克斯坦	8.6	6.5	9.6	14.5	13.8	17.1	17.2	19.7	23.7	28.3
美国	163.5	128.8	156.2	286.7	403.0	552.9	864.6	1011.0	528.4	886.8
加拿大	337.7	325.0	472.5	702.1	941.1	1398.9	2330.9	2842.8	1365.5	2215.4
澳大利亚	363.0	306.7	339.4	523.4	615.7	753.7	1359.5	1979.0	1089.7	1517.8
国家	2011年	2012年	2013年	2014年	2015年	2016年	2017年	2018年	2019年	2020年
印度	71.0	72.1	56.3	61.9	50.2	48.2	61.5	52.3	54.1	42.0
哈萨克斯坦	191.0	217.1	134.5	126.0	77.3	72.2	95.8	111.6	96.2	111.8
中国	624.6	720.4	644.9	594.4	540.4	394.3	387.1	486.5	391.0	311.1
吉尔吉斯斯坦	66.7	49.0	28.5	15.7	16.5	11.6	28.4	31.2	29.9	33.8
巴基斯坦	5.8	2.1	0.3	0.8	1.4	0.9	2.0	1.7	1.3	1.4
俄罗斯	552.2	700.1	720.4	558.2	421.2	325.4	335.9	452.3	409.9	433.5
塔吉克斯坦	12.1	13.5	10.0	4.5	2.6	1.4	2.2	2.4	3.8	2.0

续表 1-1

国家	2011年	2012年	2013年	2014年	2015年	2016年	2017年	2018年	2019年	2020年
乌兹别克斯坦	26.0	48.7	38.8	30.5	24.7	21.7	13.6	19.5	18.0	20.3
美国	1 433.8	1 674.4	1 044.9	760.8	717.0	516.0	634.8	851.8	944.8	930.5
加拿大	3 123.3	3 244.8	1 917.6	1 487.4	1 185.3	987.4	1 099.8	1 442.2	1 308.3	1 289.3
澳大利亚	2 265.5	2 518.2	1 892.2	1 254.2	1 068.4	895.7	1 081.1	1 328.6	1 528.0	1 370.3

注：1. 数据来源于标普数据库(https://www.spglobal.com/marketintelligence/en/)。
　　2. "—"表示未收集到相关数据。

上合组织成员国矿业勘查投入经过多次波动,已由2001年的8330万美元攀升至2020年的9.559亿美元,在全球勘查投入中所占的比例也由3.97%攀升至11.48%,逐渐成为全球重要的矿业勘查投资地区(表1-1)。上合组织成员国勘查投入主要集中在俄罗斯与中国两国,其他六国勘查投入相对较少(表1-1,图1-1)。以2020年为例,俄罗斯和中国的勘查投入分别为4.335亿美元、3.111亿美元,分别占全球当年投入的5.21%和3.74%,基本位于全球矿产勘查投入第二梯队(投入金额大于3亿美元;俄罗斯位居全球第六位、中国位居全球第八位,远远落后于美国(9.305亿美元/11.17%)、加拿大(12.893亿美元/15.48%)、澳大利亚(13.703亿美元/16.45%)等矿业大国,而印度、吉尔吉斯斯坦、巴基斯坦、塔吉克斯坦、乌兹别克斯坦等国的勘查投入均不足5000万美元。

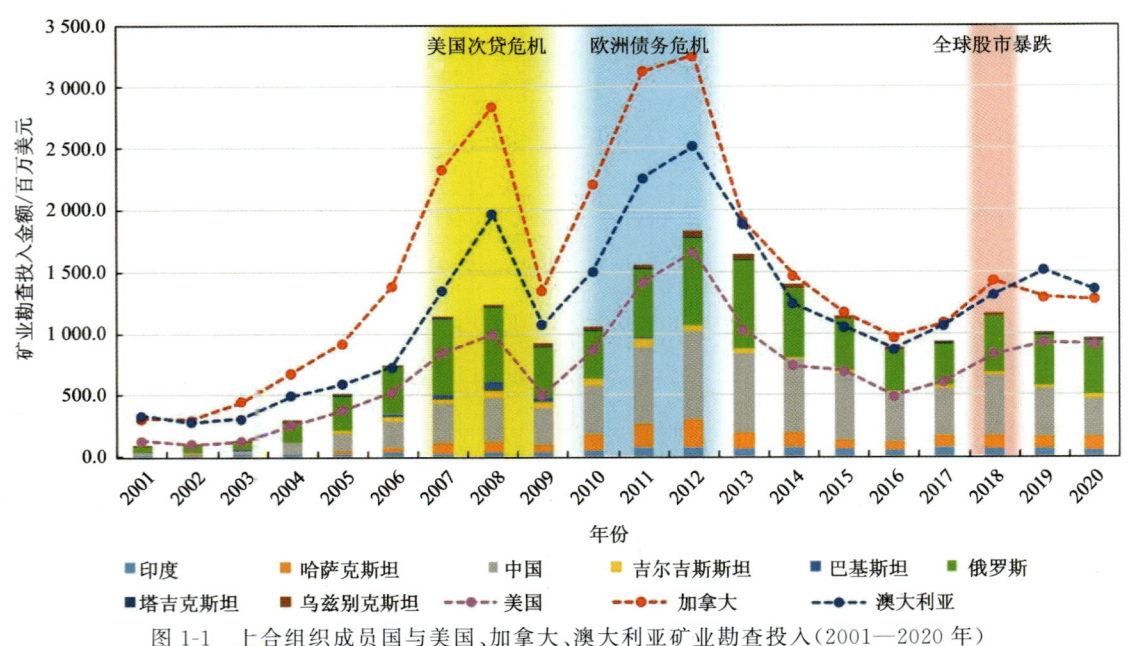

图 1-1　上合组织成员国与美国、加拿大、澳大利亚矿业勘查投入(2001—2020年)

二、矿业勘查投入在各国国内生产总值(GDP)中的占比

2001—2020年,上合组织成员国矿业勘查投入在各国国内生产总值(GDP)中的占比变化规律总体与前文所述的勘查总投入变化趋势基本一致,且明显受全球重大经济事件的影响(表1-2,图1-2)。

按照上合组织成员国矿业勘查投入在各国GDP中的占比不同来排序,吉尔吉斯斯坦明显高于其他上合组织成员国,甚至澳大利亚、加拿大等传统矿业大国,其比值介于4.98‰~144.81‰之间;塔吉克斯坦、哈萨克斯坦次之,其比值分别为1.66‰~20.72‰、0.59‰~13.03‰,与澳大利亚(3.41‰~20.63‰)、加拿大(2.56‰~19.11‰)接近;乌兹别克斯坦、俄罗斯两国的比值分别为1.83‰~9.01‰、

0.48‰~4.28‰,低于澳大利亚、加拿大两国,但明显高于全球平均水平(0.35‰~2.93‰);中国、巴基斯坦、印度明显低于全球平均水平,其比值分别为 0.05‰~1.00‰、0.01‰~4.41‰、0.08‰~0.40‰,与美国(0.10‰~1.08‰)类似(表 1-2,图 1-2)。

表 1-2 上合组织成员国矿业勘查投入在各国 GDP 中的占比　　单位:‰

国家	2001 年	2002 年	2003 年	2004 年	2005 年	2006 年	2007 年	2008 年	2009 年	2010 年
印度	0.08	0.11	0.15	0.13	0.13	0.22	0.17	0.23	0.22	0.24
哈萨克斯坦	0.59	0.86	0.71	1.01	2.64	3.63	6.32	6.29	4.10	9.07
中国	0.06	0.05	0.09	0.27	0.39	0.54	0.69	0.70	0.55	0.65
吉尔吉斯斯坦	—	5.63	4.98	17.85	58.04	70.32	87.98	144.81	96.95	110.13
巴基斯坦	0.02	0.02	0.01	0.11	0.16	1.71	2.02	4.41	1.93	0.12
俄罗斯	0.48	0.52	0.59	1.29	2.18	2.72	4.09	3.76	2.84	2.56
塔吉克斯坦	—	—	2.37	3.91	14.65	7.30	14.18	10.59	11.70	4.43
乌兹别克斯坦	3.42	2.49	3.52	4.95	4.41	5.17	4.67	4.91	5.46	6.06
美国	0.13	0.10	0.12	0.21	0.28	0.38	0.58	0.67	0.36	0.59
加拿大	2.75	2.56	3.59	5.13	6.55	9.34	14.57	17.59	8.70	13.70
澳大利亚	4.19	3.41	3.66	5.43	6.18	7.35	12.79	17.97	9.70	13.24
全球	0.41	0.35	0.42	0.65	0.87	1.20	1.74	2.15	1.26	1.74
国家	2011 年	2012 年	2013 年	2014 年	2015 年	2016 年	2017 年	2018 年	2019 年	2020 年
印度	0.40	0.39	0.28	0.29	0.22	0.19	0.23	0.19	0.18	0.16
哈萨克斯坦	12.01	13.03	7.61	6.85	4.15	3.83	4.89	5.47	4.51	5.38
中国	0.94	1.00	0.83	0.71	0.61	0.42	0.38	0.45	0.34	0.26
吉尔吉斯斯坦	131.30	96.54	51.16	26.81	27.12	18.28	42.72	45.23	41.44	51.27
巴基斯坦	0.32	0.11	0.02	0.04	0.06	0.04	0.08	0.07	0.05	0.05
俄罗斯	3.47	4.23	4.28	3.29	2.53	1.95	1.98	2.59	2.30	2.51
塔吉克斯坦	19.97	20.72	14.29	6.03	3.29	1.66	2.43	2.46	3.63	1.83
乌兹别克斯坦	5.17	9.01	6.68	4.90	3.69	3.06	1.83	2.49	2.18	2.41
美国	0.94	1.08	0.65	0.47	0.43	0.30	0.36	0.47	0.51	0.53
加拿大	18.72	19.11	11.04	8.32	6.59	5.43	5.87	7.52	6.70	6.98
澳大利亚	19.29	20.63	15.11	9.77	8.14	6.64	7.84	9.36	10.53	9.47
全球	2.53	2.93	2.01	1.45	1.15	0.90	1.00	1.16	1.09	1.02

数据来源:1. 勘查投入数据来源于标普数据库(https://www.spglobal.com/marketintelligence/en/)。
2. 各国 GDP 数据来源于世界银行数据库(https://data.worldbank.org.cn/),GDP 数据为 2010 年不变价美元。

总的来说,上合组织成员国对矿业/矿产资源的依赖程度不一样,导致其矿业勘查在其 GDP 中的占比也不尽相同,例如,吉尔吉斯斯坦、塔吉克斯坦、哈萨克斯坦、乌兹别克斯坦、俄罗斯等国大都以矿业为主要支柱产业(属于资源依赖型经济),与澳大利亚、加拿大等矿业大国类似,其矿业勘查投入在其 GDP 中的占比明显高于全球平均水平(全球矿业勘查投入在全球生产总值中的占比),而中国、巴基斯坦、印度等国则与美国类似,明显低于全球平均水平(表 1-2,图 1-2)。

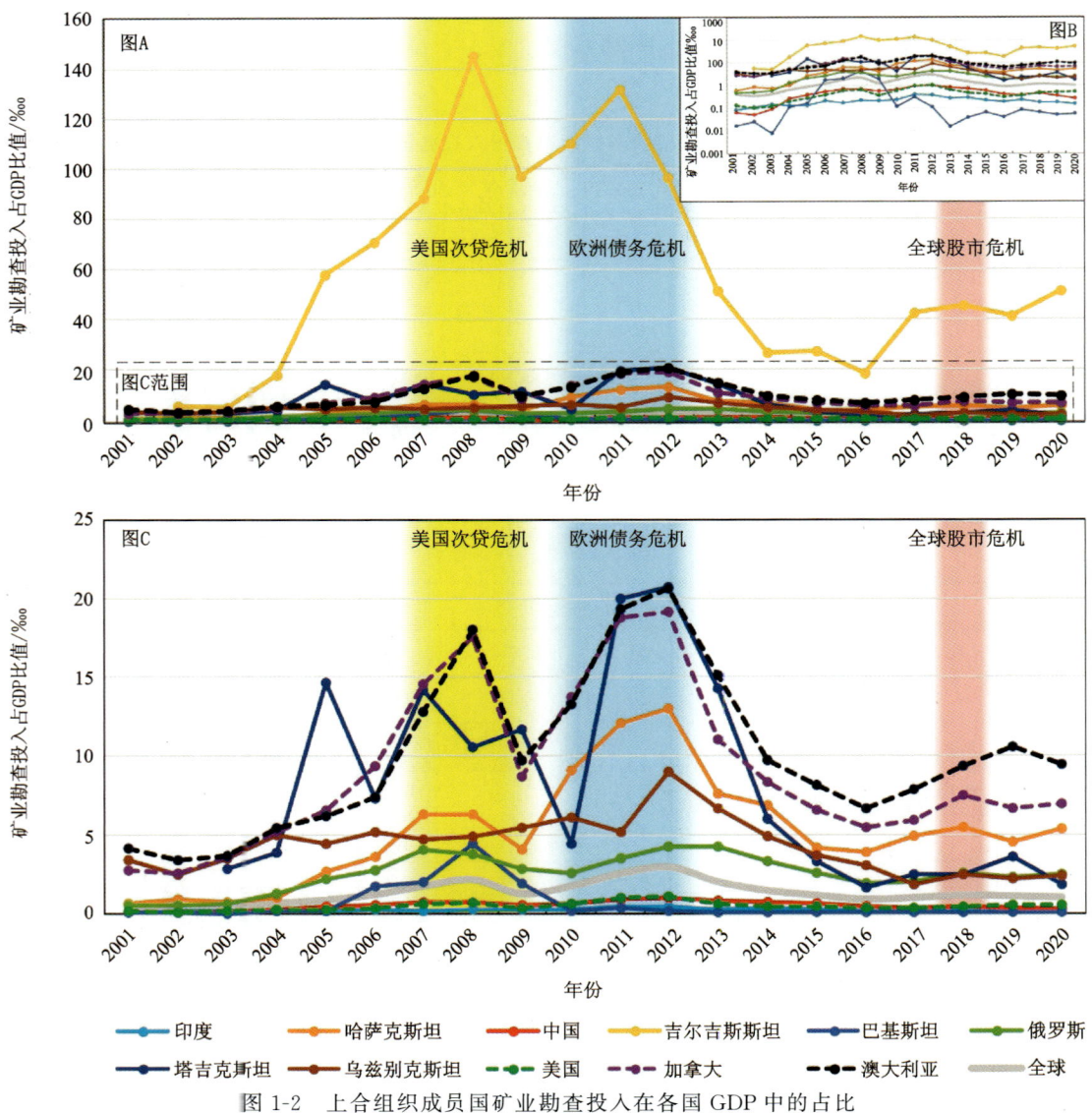

图 1-2 上合组织成员国矿业勘查投入在各国 GDP 中的占比

第二章 国别勘查投入

一、印度——勘查投入稳中有升，以金刚石、铅锌、铜为主

印度作为一个崛起的矿业大国，近20年的矿业勘查投入总体呈现先快速上升、后基本持平（缓慢下降）的变化趋势，由2001年的730万美元增加至2020年的4200万美元，最高值为2012年的7210万美元（表2-1，图2-1）。在全球勘查投入中的占有比例方面，印度勘查投入占有比例相对较小，总体呈现多次波动的趋势，由2001年的0.35%（位居全球第30位）上升至2020年的0.50%（位居全球第25位）；最大值出现在2017年，当年在全球的比例和排名分别为0.76%和第24位。

表2-1 印度矿业勘查投入（2001—2020年） 单位：百万美元

矿种	2001年	2002年	2003年	2004年	2005年	2006年	2007年	2008年	2009年	2010年
金	0.1	—	—	0.7	—	0.5	0.7	1.0	2.9	2.6
铜	2.1	0.4	0.2	0.3	0.2	0.8	3.7	4.6	9.3	6.2
铅锌	3.4	1.0	1.6	1.3	1.6	7.8	5.1	12.6	8.9	10.4
镍	—	1.6	2.0	1.0	0.6	0.3	0.7	—	—	—
镧系	—	—	—	—	—	—	—	—	—	—
铂族	—	—	—	—	—	5.1	—	—	0.5	0.7
铀（U_3O_8）	—	—	—	—	—	—	—	—	—	—
金刚石	1.6	7.7	11.2	10.7	13.3	13.5	13.3	14.0	11.9	19.9
钾盐	—	—	—	—	—	—	—	—	—	0.8
其他	0.1	0.1	0.1	0.5	—	0.6	—	0.4	—	—
合计	7.3	10.8	15.1	14.5	15.7	28.1	23.5	32.6	33.5	40.6
全球占比/%	0.35	0.60	0.66	0.40	0.31	0.39	0.21	0.24	0.42	0.35
矿种	2011年	2012年	2013年	2014年	2015年	2016年	2017年	2018年	2019年	2020年
金	2.4	8.3	2.8	5.5	1.7	4.9	3.0	1.3	1.4	1.2
铜	13.7	16.7	15.8	15.8	10.5	8.9	12.0	14.0	15.5	11.2
铅锌	14.9	25.6	23.6	27.6	25.5	21.4	23.0	26.0	24.5	19.5
镍	—	—	—	—	—	—	—	—	—	—
镧系	—	2.5	0.5	—	2.0	0.5	2.0	2.0	2.2	2.5

续表 2-1

矿种	2011年	2012年	2013年	2014年	2015年	2016年	2017年	2018年	2019年	2020年
铂族	0.9	0.3	0.3	0.3	0.3	—	2.0	1.0	—	—
铀(U_3O_8)	1.0	3.0	5.0	8.0	8.0	7.0	7.0	4.0	3.0	2.8
金刚石	37.2	12.9	5.5	4.4	1.9	2.4	6.5	4.0	2.5	1.8
钾盐	0.7	0.2	—	—	—	—	2.0	3.0	—	—
其他	0.2	2.6	2.8	0.3	0.3	1.1	3.0	—	5.0	4.0
合计	71.0	72.1	56.3	61.9	50.2	48.2	61.5	52.3	54.1	42.0
全球占比/%	0.41	0.35	0.39	0.58	0.57	0.69	0.76	0.54	0.58	0.50

注：1. 数据来源于标普数据库(https://www.spglobal.com/marketintelligence/en/)。
2. "—"表示未收集到相关数据。

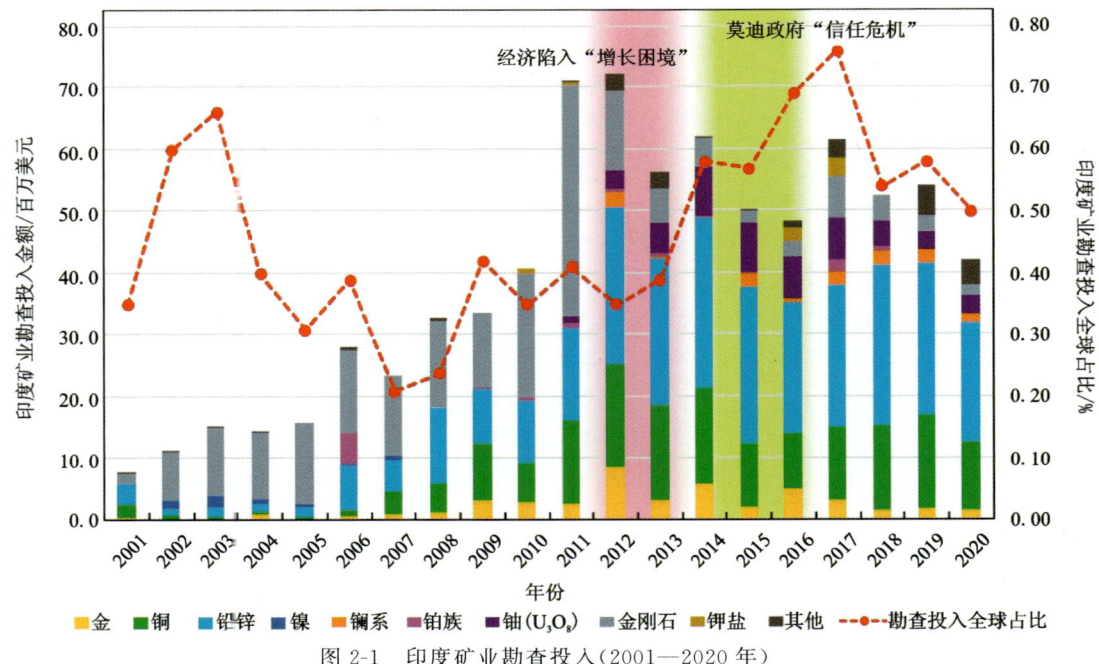

图 2-1 印度矿业勘查投入(2001—2020 年)

其中，2001—2012 年是印度矿业勘查投入快速增长的阶段，勘查投入以金刚石为主，其次是铅锌和铜(该矿种的勘查投入逐年大幅增加)，金矿勘查投入也逐年增加(表 2-1，图 2-1)。21 世纪以来，印度经济快速增长，特别是 2004—2008 年，经济平均增长率达到 9%，因此成为当今世界新兴国家——"金砖国家"的代表之一，从而获得了"印度崛起""不可思议的印度""世界办公室"等称号，印度矿业勘查投入的快速增长可能与其经济方面的改革开放政策带来的持续红利密切相关。

2012—2020 年，印度矿业勘查投入基本停滞不前，且总体呈现波动下降的趋势，这种变化则可能与印度经济陷入"增长困境"等因素密切相关。2012—2013 年，印度经济虽保持增长势头，但此时的经济增长率却降至 10 年以来最低水平，经济增长放缓，陷入"中等收入陷阱"；自 2014 年莫迪出任印度总理后，先后推行合作性联邦主义行政改革、商品与服务税(GST)改革、劳动法改革等，实施"废钞令"，使印度经济一度出现震荡，并使莫迪一度陷入"信任危机"。这一阶段，印度矿业勘查投入已由 2012 年顶峰时期的 7210 万美元缓慢减少至 2020 年的 4200 万美元，勘查投入则以铅锌为主，其次是铜和铀，而金刚石和金的勘查投入总体逐年减少(表 2-1，图 2-1)。

二、哈萨克斯坦——勘查投入呈"N"字形变化,以金、铜、铀为主

2001—2012年,哈萨克斯坦矿业勘查投入为450万~21 710万美元,以金、铜、铀勘查为主,其次是铅锌,总体呈现先快速增长、再快速减少,随后缓慢回升的分阶段变化趋势("N"字形);矿业勘查投入在全球勘查投入中的占比总体呈现上升的趋势,占比由2001年的0.21%上升至2020年的1.34%,全球排名由第45位上升至第13位(表2-2,图2-2)。截至2021年,哈萨克斯坦矿业勘查投入已步入第三梯队(2020年矿业勘查投入金额超过1亿美元)。

表2-2 哈萨克斯坦矿业勘查投入　　　　　　　　　　　　　　　　　　　　单位:百万美元

矿种	2001年	2002年	2003年	2004年	2005年	2006年	2007年	2008年	2009年	2010年
金	1.0	1.5	1.5	6.4	12.4	24.3	31.2	30.0	12.7	55.8
铜	3.0	4.6	4.5	3.2	7.3	13.8	17.7	25.6	15.2	15.5
铅锌	0.4	0.9	0.5	0.0	0.7	1.8	8.5	4.6	1.0	2.0
镍	—	—	—	0.5	6.5	3.5	5.5	1.0	0.5	0.6
镧系	—	—	—	—	—	—	—	—	—	2.3
铀(U_3O_8)	—	—	—	—	—	—	16.9	21.5	26.7	58.1
钾盐	—	—	—	—	—	—	—	—	—	—
其他	0.1	0.2	—	—	2.0	0.6	3.6	3.0	0.5	—
合计	4.5	7.2	6.5	10.1	28.9	44.0	83.4	85.7	56.6	134.3
全球占比/%	0.21	0.40	0.29	0.28	0.57	0.61	0.76	0.62	0.71	1.17
矿种	2011年	2012年	2013年	2014年	2015年	2016年	2017年	2018年	2019年	2020年
金	59.0	34.8	20.8	23.4	12.4	10.2	13.1	29.4	19.9	22.3
铜	71.1	96.2	54.8	44.2	30.5	32.3	37.3	38.7	39.6	70.5
铅锌	12.7	10.6	5.0	8.0	1.5	3.0	6.1	12.2	9.0	6.0
镍	—	0.5	1.8	6.5	4.0	—	—	0.2	0.7	0.3
镧系	0.1	2.4	0.4	3.4	2.6	3.4	3.3	1.4	—	—
铀(U_3O_8)	46.6	71.8	50.4	29.7	24.4	19.6	22.2	13.5	15.0	7.0
钾盐	1.4	0.8	0.5	0.5	0.5	1.1	0.2	—	—	0.3
其他	0.1	—	0.8	9.6	1.4	2.5	13.6	16.2	12.0	5.4
合计	191.0	217.1	134.5	126.0	77.3	72.1	95.8	111.6	96.2	111.8
全球占比/%	1.11	1.06	0.93	1.17	0.88	1.03	1.19	1.16	1.04	1.34

注:1. 数据来源于标普数据库(https://www.spglobal.com/marketintelligence/en/)。
　　2. "—"表示未收集到相关数据。

2001—2012年,哈萨克斯坦先后实施《哈萨克斯坦-2030》经济发展战略、"反危机计划"(2008—2011年,稳定金融市场,支持实体经济,应对美国次贷危机给全球经济带来的巨大影响)等,在经济现代化上取得了巨大成就,已成为世界上发展最快的三大经济体(中国、印度、哈萨克斯坦)之一。经济的快速、稳定发展带动矿业勘查投入的持续大幅增加,这一阶段勘查投入先是以金矿勘查为主,铜矿和铀矿勘

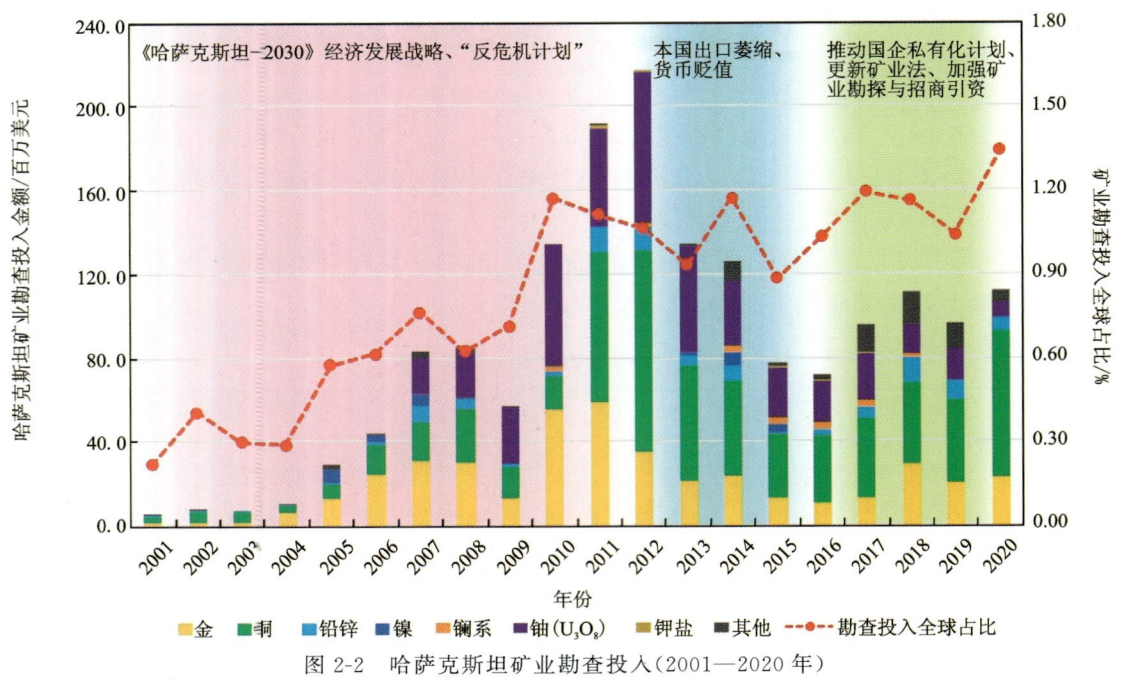

图 2-2　哈萨克斯坦矿业勘查投入（2001—2020 年）

查后来居上,逐渐占据主导地位(表 2-2,图 2-2)。

2012—2015 年,哈萨克斯坦矿业勘查投入受本国出口萎缩、货币贬值的影响,由 2012 年的 2.171 亿美元暴跌至 2015 年的 7730 万美元,勘查矿种以铜为主,其次是铀和金(表 2-2,图 2-2)。这一时期,哈萨克斯坦正面临出口萎缩导致的经济下行压力(作为一个出口在 GDP 中占比高达 40% 左右的国家,哈萨克斯坦的出口同比增速从 2012 年进入萎缩后基本维持在 -20% 左右,严重拖累其经济增长)和美联储加息导致的资本外流压力;2015 年,哈萨克斯坦实施货币信贷政策,并转向汇率自由浮动,卷入了新兴市场国家"货币贬值大战"。

2016—2020 年,哈萨克斯坦矿业勘查投入随着经济的好转,基本上缓慢平稳回升,勘查矿种仍以铜为主,其次是金、铀、铅锌。这一阶段,哈萨克斯坦推动国企私有化计划,从而使该国经济从苏联式的由国企主导转向现代化市场;在矿业方面,哈萨克斯坦深化矿业改革,不断更新矿业法,加强地矿领域国际合作与招商引资,实施《2021—2025 年地质勘探国家规划》,计划吸引至少 20 亿美元外国投资用于勘探新的矿产资源。

三、中国——崛起的矿业大国,以金为主,铜、铅锌矿次之

2001—2020 年,中国矿业勘查投入与国家经济政策明显相关(后者具有一定的滞后性),勘查金额为 1310 万～72 040 万美元(全球占比为 0.71%～6.16%),总体呈现先增长、后下降的快速变化趋势("A"字形),矿业勘查以金为主(金矿勘查投入基本占据本国勘查投入的半壁江山),其次是铜和铅锌,也有一定量的勘查资金用于镍、镧系、铂族、铀、金刚石、钾盐、银、钼、锂、钴等矿产勘查(表 2-3,图 2-3)。

表2-3 中国矿业勘查投入　　　　　　　　　　　　　　　　　　　　　　　　　　　　　　　单位：百万美元

矿种	2001年	2002年	2003年	2004年	2005年	2006年	2007年	2008年	2009年	2010年
金	5.7	4.2	10.4	51.1	98.2	149.1	178.2	182.4	185.9	209.4
铜	3.7	3.7	5.1	25.1	20.0	30.9	59.7	63.3	43.3	51.4
铅锌	3.3	0.9	3.5	1.1	3.9	10.2	17.5	20.7	12.9	41.4
镍	1.4	2.7	2.3	4.7	4.2	4.4	14.4	24.7	16.9	15.5
镧系	—	—	—	—	—	—	—	—	—	7.0
铂族	0.6	1.0	2.5	2.5	5.7	5.9	7.7	5.2	3.0	0.2
铀(U_3O_8)	—	—	—	—	—	—	—	0.4	2.5	4.8
金刚石	0.1	0.2	0.3	0.2	1.2	2.5	1.0	1.0	—	—
钾盐	—	—	—	—	—	—	—	—	—	0.8
银	—	—	—	—	—	—	—	—	—	21.3
钼	—	—	—	—	—	—	—	—	—	28.6
锂	—	—	—	—	—	—	—	—	—	0.1
钴	—	—	—	—	—	—	—	—	—	3.1
其他	—	0.4	1.4	0.8	6.5	12.3	37.4	52.7	35.8	14.0
合计	14.8	13.1	25.5	85.5	139.7	215.8	316.3	350.0	300.3	397.6
全球占比/%	0.71	0.72	1.12	2.37	2.77	2.97	2.87	2.52	3.75	3.45
矿种	2011年	2012年	2013年	2014年	2015年	2016年	2017年	2018年	2019年	2020年
金	286.2	331.2	275.2	263.9	245.6	176.6	174.6	217.8	169.7	166.8
铜	127.9	129.7	115.6	110.3	81.8	60.2	63.4	92.3	90.4	56.1
铅锌	67.8	87.9	85.8	73.1	85.7	50.0	52.8	75.9	57.8	35.7
镍	24.2	23.9	31.7	22.6	16.1	12.2	13.5	15.0	12.2	11.6
镧系	4.7	17.9	10.3	21.4	20.7	17.7	14.0	23.1	21.5	7.3
铂族	—	—	—	0.8	0.8	—	—	—	—	0.2
铀(U_3O_8)	13.0	13.9	13.7	4.1	7.0	6.0	12.3	12.5	10.5	5.5
金刚石	—	—	4.0	3.2	3.0	2.8	—	—	—	—
钾盐	20.1	11.6	6.1	4.3	4.6	1.7	1.5	—	—	—
银	23.8	25.0	24.6	18.9	14.6	21.2	11.4	10.8	9.2	10.8
钼	29.4	35.7	38.7	31.5	18.0	13.7	15.8	15.9	3.8	2.2
锂	—	5.5	4.1	3.0	0.2	—	2.0	4.2	5.6	5.7
钴	1.5	—	1.5	1.1	0.4	—	—	4.0	6.0	3.6
其他	26.0	38.1	33.6	36.2	41.9	32.3	25.8	15.0	4.3	5.6
合计	624.6	720.4	644.9	594.4	540.4	394.3	387.1	486.5	391.0	311.1
全球占比/%	3.62	3.51	4.48	5.54	6.16	5.64	4.81	5.05	4.21	3.74

注：1. 数据来源于标普数据库（https://www.spglobal.com/marketintelligence/en/）。

2. "—"表示未收集到相关数据。

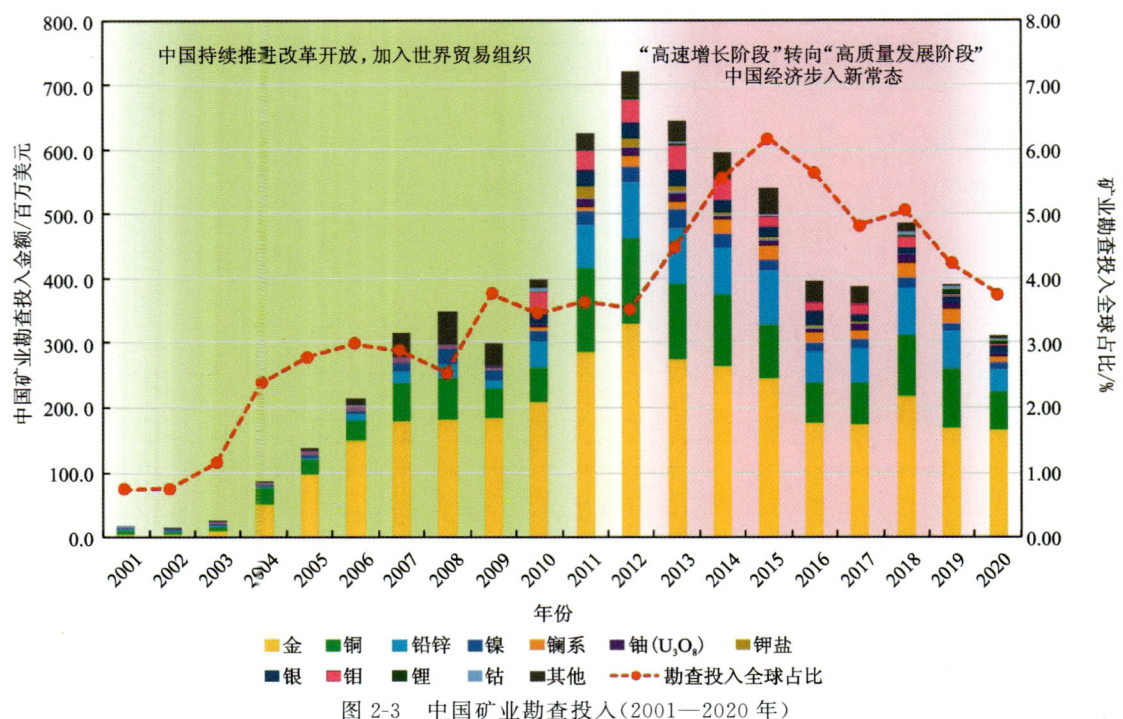

图 2-3 中国矿业勘查投入（2001—2020 年）

2001—2012 年，中国矿业勘查投入由 2001 年的 1480 万美元暴增至 2012 年的 7.204 亿美元（表 2-3，图 2-3）。这一阶段，中国持续推进改革开放，特别是 2001 年加入世界贸易组织（WTO）后，开放的对外贸易进一步增强了中国经济的市场活力，长期、持续的高速发展被称为"中国奇迹"，2010 年中国成为世界第二大经济体。此时，中国的矿业也走上了改革开放的康庄大道，1999—2012 年，经中国国务院批准实施"新一轮国土资源大调查"专项，针对我国土地资源、矿产资源、海洋资源等自然资源，开展基础性、公益性、战略性综合调查评价工作；2002 年，党的十六大报告中明确提出"要支持以资源开采为主的城市和地区发展接续产业"这一战略决策；2004 年，国务院通过《全国危机矿山接替资源找矿规划纲要（2004—2010）》，开展资源枯竭矿山全国性深部找矿行动。在此期间，受全球金融危机的影响，中国经济的增速在 2008—2009 年明显放缓，矿业勘查投入也有所体现（表 2-3，图 2-3）。经过这一时期的发展，中国已经从世界矿业小国跃入世界矿业大国的行列，在勘查投入方面，中国已由 2001 年的第四梯队（勘查投入为 1000 万～2000 万美元）跃升为 2012 年的第二梯队（勘查投入介于 5 亿～10 亿美元），勘查投入在全球的占比由 0.71% 攀升至 3.51%，逐渐成为全球矿业勘查的主要参与国和主战场（表 2-3）。

2012—2020 年，中国矿业勘查投入持续减少，由 2012 年的 7.204 亿美元骤降至 2020 年的 3.111 亿美元；但其在全球勘查投入中的占比具有一定的滞后性，抑或是受其他国家勘查投入的影响，先是于 2015 年攀升至最高值（占比高达 6.16%），随后逐年下降（表 2-3，图 2-3）。这一阶段，中国经济增长从高速转为中高速，从规模速度型粗放增长转向质量效率型集约增长，从要素投资驱动转向创新驱动，进入"常态化发展阶段"（即高效率、低成本、可持续的中高速增长阶段），GDP 增速从 2012 年起开始回落。党的十九大报告提出，这一阶段我国经济已由高速增长阶段转向高质量发展阶段。党的十八大以来，在习近平生态文明思想的指导下，我国矿业则坚持绿色发展，逐渐迈出中国矿业转型升级的坚实步伐，在矿业勘查领域的投入也随着矿业转型升级的变化而变化。

四、吉尔吉斯斯坦——勘查投入以金为主

2001—2020年,吉尔吉斯斯坦矿业勘查投入为180万~6780万美元(全球占比为0.08%~0.58%),总体呈现先快速增长、再快速下降、后缓慢回升的变化趋势("N"字形),勘查投入与国家政治经济环境变化密切相关,明显受政局变化的影响(表2-4,图2-4)。

表2-4 吉尔吉斯斯坦矿业勘查投入　　　　　　　　　　　　　　　单位:百万美元

矿种	2001年	2002年	2003年	2004年	2005年	2006年	2007年	2008年	2009年	2010年
金	—	1.9	1.8	6.8	22.0	26.9	26.4	51.6	43.8	48.5
铜	—	—	—	—	0.4	1.2	3.5	4.3	0.3	2.5
铅锌	—	—	—	—	—	—	0.2	0.7	1.3	—
镧系	—	—	—	—	—	—	—	—	—	0.8
铀(U_3O_8)	—	—	—	—	—	—	7.9	11.1	1.3	1.0
其他	—	—	—	0.1	—	0.1	—	0.1	—	—
合计	—	1.9	1.8	6.9	22.4	28.1	38.0	67.8	46.7	52.8
全球占比/%	—	0.11	0.08	0.19	0.44	0.39	0.34	0.49	0.58	0.46
矿种	2011年	2012年	2013年	2014年	2015年	2016年	2017年	2018年	2019年	2020年
金	57.6	44.2	26.7	14.8	14.9	8.9	16.2	27.6	26.9	28.8
铜	1.3	1.7	0.2	—	0.6	0.2	2.2	1.1	1.0	4.0
铅锌	—	—	—	—	—	—	—	—	—	—
镧系	5.0	1.0	1.0	—	—	—	—	—	—	—
铀(U_3O_8)	2.8	2.1	0.3	1.0	2.5	10.0	2.0	2.0	1.0	
其他	—	—	0.9	0.6	—	—	—	0.5	—	—
合计	66.7	49.0	28.8	15.7	16.5	11.6	28.4	31.2	29.9	33.8
全球占比/%	0.39	0.24	0.20	0.15	0.19	0.17	0.35	0.32	0.32	0.41

注:1.数据来源于标普数据库(https://www.spglobal.com/marketintelligence/en/)。
　　2."—"表示未收集到相关数据。

吉尔吉斯斯坦勘查投入在全球的占有比例非常低。吉尔吉斯斯坦经济结构单一,黄金开采、加工、生产和出口是拉动该国经济发展的主要产业,金矿勘查在矿业勘查领域也同样是一枝独秀,在该国的勘查投入中占比很高;也有部分资金用于铜、铅锌、镧系、铀和其他(银、锂等)矿产勘查,但总体体量相对较小(表2-4,图2-4)。

2001—2011年,吉尔吉斯斯坦矿业勘查投入总体呈现逐年快速增加的趋势,勘查投入由2002年的190万美元攀升至2011年的6670万美元,勘查投入在全球的占比由0.11%上升为0.39%,其中,2008年勘查投入达到历史最高值,投资金额高达6780万美元,在全球勘查投入中的占比最高点为2009年的0.58%(表2-4,图2-4)。这一阶段,吉尔吉斯斯坦政府对国家具有较强的掌控力,政治相对稳定,经济上履行以市场为导向的革新方针,经济政策侧重于复兴经济、解决贫困问题,吉尔吉斯斯坦的国内生产总值实现了连续多年的正增长。伴随着以金矿开发为支柱产业的经济的持续增长,吉尔吉斯斯坦在矿业领域的勘查投入,特别是金矿勘查投入也持续攀升。在此期间,2008年以美国华尔街为中心爆发的经

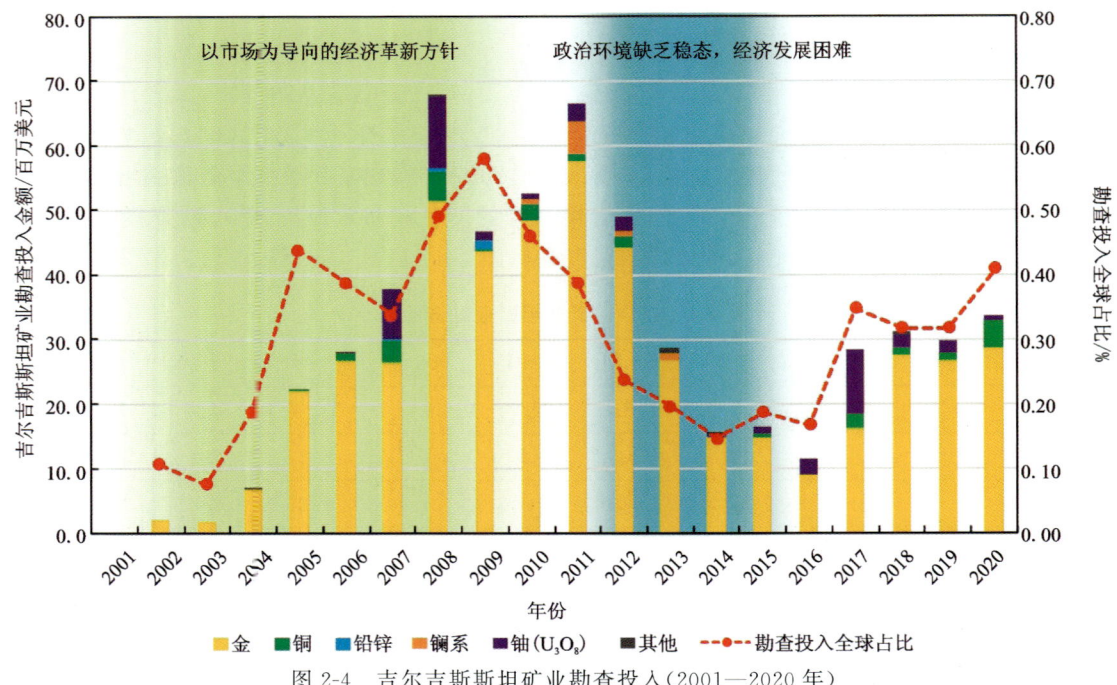

图 2-4 吉尔吉斯斯坦矿业勘查投入(2001—2020 年)

济危机给吉尔吉斯斯坦的经济带来了巨大的冲击,吉尔吉斯斯坦国内生产总值出现了自 1999 年以来的首次下滑,与此同时,矿业勘查投入也随之下滑。

2011—2016 年,吉尔吉斯斯坦的矿业勘查投入持续大幅下滑,由 6670 万美元跌至 1160 万美元,在全球勘查投入中的占比也由 0.39% 下跌至 0.17%(表 2-4,图 2-4)。这一阶段,吉尔吉斯斯坦在 2010 年发生了"4·7"事件,国家政权管理体系由总统制转向议会制,政治环境缺乏稳态,无法给社会经济发展提供必要的支持,政府在其中也难以发挥应有的调整和引导作用,其邻国也对其进行了政治和经济封锁,严重影响了吉尔吉斯斯坦经济的全面发展。2014 年,受克里米亚事件的影响,与俄罗斯金融市场紧密相关的吉尔吉斯斯坦经济受到重创,国内生产总值又一次下跌到 2012 年的水平。吉尔吉斯斯坦政治环境缺乏稳态,国家经济发展困难,矿业勘查活动也随之受到较为严重的影响,勘查领域由此也进入寒冬阶段,投入金额逐年大幅缩减。

2016 年以来,吉尔吉斯斯坦矿业勘查投入缓慢回升,由 2016 年的 1160 万美元增加到 2020 年的 3380 万美元(在全球勘查投入中的占比由 0.17% 上升到 0.41%),勘查投入以金矿为主,其次是铀矿和铜矿(表 2-4,图 2-4)。这一时期,吉尔吉斯斯坦继续调整经济方针,循序渐进地向市场经济转型,工业生产恢复性增长,受黄金开采的影响,吉尔吉斯斯坦经济保持低增长趋势。黄金行业对吉尔吉斯斯坦经济增长的关键性作用决定了吉尔吉斯斯坦勘查投入(特别是金矿勘查投入)随着经济低速增长呈现出缓慢回升的变化态势。

五、巴基斯坦——勘查投入以铜为主

2001—2020 年,巴基斯坦矿业勘查投入为 10 万~7480 万美元(全球占比为 0.002%~0.54%),以 2008 年为分水岭,总体呈现快速增长(2008 年以前)、快速下降并趋于稳定(2008 年以后)的变化趋势("Λ"字形),勘查投入明显受政局变化、经济形势的影响(表 2-5,图 2-5)。巴基斯坦勘查投入总量及其在全球的占有比例均非常小,最高仅为 7480 万美元,仅占全球勘查投入的 0.54%,绝大多数用于铜矿勘查,也有部分资金投入金矿、铅锌矿,以及其他矿产(铀矿等)勘查。

表 2-5 巴基斯坦矿业勘查投入　　　　　　　　　　　　　　　　　　单位：百万美元

矿种	2001 年	2002 年	2003 年	2004 年	2005 年	2006 年	2007 年	2008 年	2009 年	2010 年
金	—	0.2	0.1	0.6	0.6	6.6	0.2	0.2	0.6	0.5
铜	0.2	0.1		1.0	1.8	20.5	30.3	71.3	32.1	1.1
铅锌	—	—	—	—	—	—	3.0	3.0	1.0	0.5
其他	—	—	—	—	—	0.1	0.2	0.3	—	—
合计	0.2	0.3	0.1	1.6	2.4	27.2	33.7	74.8	33.7	2.1
全球占比/%	0.01	0.02	0.004	0.04	0.05	0.37	0.31	0.54	0.42	0.02
矿种	2011 年	2012 年	2013 年	2014 年	2015 年	2016 年	2017 年	2018 年	2019 年	2020 年
金	4.3	0.4	0.1	0.4	0.3	—	—	0.2	0.2	—
铜	0.9	1.2	0.2		0.7	1.0	0.7	0.5	0.9
铅锌	0.6	0.5	—	—	0.5	0.2	0.9	0.6	0.6	0.5
其他	—	—	—	—	—	—	0.1	0.2	—	—
合计	5.8	2.1	0.3	0.8	1.4	0.9	2.0	1.7	1.3	1.4
全球占比/%	0.03	0.01	0.002	0.01	0.02	0.01	0.02	0.02	0.01	0.02

注：1. 数据来源于标普数据库（https://www.spglobal.com/marketintelligence/en/）。
　　2."—"表示未收集到相关数据。

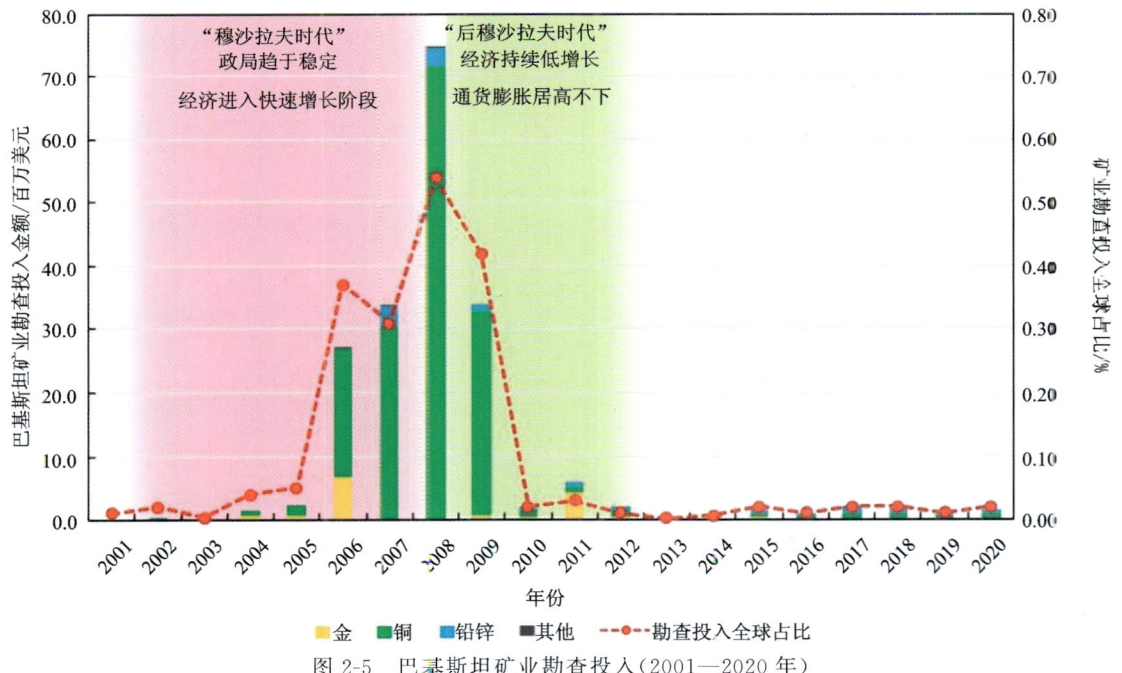

图 2-5　巴基斯坦矿业勘查投入（2001—2020 年）

2001—2008 年，巴基斯坦进入"穆沙拉夫时代"，政局形势趋于稳定，对内致力于振兴经济，对外积极发展同世界各国的关系。穆沙拉夫执政期间，为应对经济连年滑坡的危机，实行了一系列改革政策、措施，如深化税收制度改革、推进银行和公用事业部门改革、推进国有企业私有化、稳定宏观经济、放松经济控制等，巴基斯坦经济由平缓增长发展到快速增长阶段。在矿业开发领域，以特殊经济区的形式，依托山达克铜金矿、杜达铅锌矿建立山达克出口加工区、杜达出口加工区（2003 年 8 月批准成立）等，进一步推动巴基斯坦的矿业开发。这一阶段，巴基斯坦矿业勘查投入也随之快速增长，由 2001 年的 20 万美元暴增至2008年的7480万美元,全球占比由0.01%攀升到0.54%(表2-5,图2-5)。

2008年以来,随着穆沙拉夫辞去总统职务,巴基斯坦进入"后穆沙拉夫时代",政局变得更加扑朔迷离,安全形势不断恶化、电力供应严重不足、通货膨胀居高不下、财政长期入不敷出。巴基斯坦政局动荡、经济低迷,以及全球金融危机不断向巴基斯坦实体经济蔓延等,一定程度上影响了该国的矿业勘查投入,矿业勘查资金大幅缩减,由2008年的最高位降至2020年的140万美元,基本维持在100万美元左右(全球占比维持在0.01%~0.02%之间),勘查投入由快速增长阶段进入快速下降阶段,并保持低位运行(表2-5,图2-5)。

六、俄罗斯——勘查投入呈多峰式变化,以金、金刚石为主

2001—2020年,俄罗斯矿业勘查投入由2001年的4790万美元攀升至2020年的43350万美元(勘查投入全球占比为2.28%~5.21%),勘查投入最高为2013年的72040万美元(勘查投入全球占比最高为2007年的5.57%),总体呈现快速增长、快速下降的变化趋势,明显受国内经济形势变化的影响(表2-6,图2-6)。俄罗斯矿业勘查投入主要用于金矿、金刚石勘查,其次是铜矿、镍矿、铂族矿产,也有部分资金用于银、铅锌、铀、钾盐、钼、钴等矿产勘查。

表2-6 俄罗斯矿业勘查投入　　　　　　　　　　　　　　　　　　　　　　　单位:百万美元

矿种	2001年	2002年	2003年	2004年	2005年	2006年	2007年	2008年	2009年	2010年
金	7.5	11.9	23.7	75.9	155.6	205.1	335.7	244.5	191.2	231.1
铜	0.2	—	1.0	3.7	19.0	31.4	45.1	75.6	33.4	17.7
铅锌	—	—	—	—	2.0	5.4	8.8	11.9	3.5	3.7
镍	3.1	2.2	2.0	11.0	21.0	38.3	68.0	62.5	32.5	15.3
铂族	2.0	3.3	2.8	7.7	8.6	18.4	36.0	33.9	19.0	5.1
铀(U_3O_8)	—	—	—	—	—	—	0.3	0.8	12.2	11.1
金刚石	35.1	36.5	30.0	47.5	73.3	61.4	83.1	120.4	102.8	87.1
钾盐	—	—	—	—	—	—	—	—	—	—
银	—	—	—	—	—	—	—	—	—	14.3
钼	—	—	—	—	—	—	—	—	—	4.0
钴	—	—	—	—	—	—	—	—	—	—
其他	—	0.1	6.5	10.0	—	16.6	37.9	45.0	19.5	0.3
合计	47.9	54.0	66.0	155.8	279.5	376.6	614.9	594.6	414.1	389.7
全球占比/%	2.28	2.99	2.90	4.31	5.54	5.18	5.57	4.29	5.18	3.39
矿种	2011年	2012年	2013年	2014年	2015年	2016年	2017年	2018年	2019年	2020年
金	295.8	313.9	285.0	186.9	161.8	134.5	136.9	206.3	196.7	213.5
铜	42.5	53.2	78.0	63.7	60.2	48.8	51.2	45.3	29.8	60.3
铅锌	5.5	5.5	7.6	6.3	5.8	4.8	8.0	6.9	5.0	7.2
镍	48.1	56.8	56.7	52.5	23.5	25.8	22.1	23.1	55.0	40.5
铂族	5.6	7.9	9.5	12.8	16.5	17.4	20.3	27.8	2.6	5.1

续表 2-6

矿种	2011年	2012年	2013年	2014年	2015年	2016年	2017年	2018年	2019年	2020年
铀(U_3O_8)	12.3	12.3	12.0	10.9	5.5	4.0	4.2	0.9	1.6	0.7
金刚石	121.0	176.6	260.1	208.2	135.1	80.2	79.4	116.0	100.0	90.0
钾盐	0.4	—	—	—	5.1	4.2	4.3	12.8	12.1	5.8
银	10.2	23.8	6.4	12.5	4.1	3.0	7.2	11.1	5.1	9.4
钼	5.5	5.2	2.1	0.8	0.2	0.1	—	—	—	—
钴	4.9	3.8	3.0	3.6	2.4	2.6	1.0	2.0	—	—
其他	0.4	0.1	—	—	1.0	—	1.3	0.1	2.0	1.0
合计	552.2	700.1	720.4	558.2	421.2	325.4	335.9	452.3	409.9	433.5
全球占比/%	3.20	3.41	5.00	5.20	4.80	4.66	4.18	4.70	4.41	5.21

注：1.数据来源于标普数据库（https://www.spglobal.com/marketintelligence/en/）。
2."—"表示未收集到相关数据。

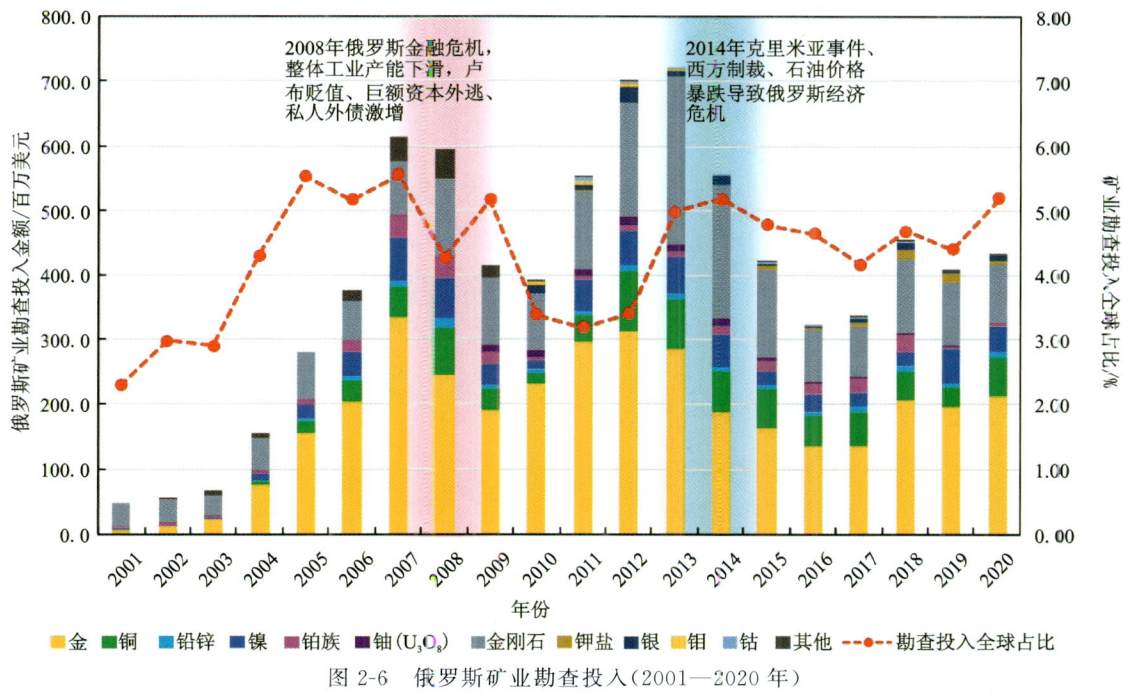

图 2-6 俄罗斯矿业勘查投入（2001—2020 年）

2001—2007 年，俄罗斯矿业勘查投入由 2001 年的 4790 万美元攀升至 2007 年的 61 490 万美元，勘探矿种由以金刚石勘查为主转变为以金矿为主，金刚石、镍矿、铜矿、铂族矿产为辅的矿种勘查格局（表 2-6，图 2-6）。这一时期，普京执政以来加快结构调整，摆脱财政对能源出口的依赖，努力改善投资环境，俄罗斯经济增长方式开始由粗放型增长向集约型增长转变，俄罗斯经济步入了相对稳定的高速增长期。俄罗斯国内经济的持续好转也为本国矿业发展带来了红利，矿业勘查投入也随之迅速攀升，勘查投入由 2001 年的第三梯队（勘查投入为 2000 万～5000 万美元）跃升为 2007 年的第二梯队（勘查投入为 5 亿～10 亿美元），勘查投入在全球的占比由 2.28% 攀升至 5.57%，逐渐成为仅次于加拿大、澳大利亚、美国的全球第四大勘查投入国（表 2-6）。

2008—2010 年，受本国金融危机的影响，俄罗斯矿业勘查投入迅速减少，由 2008 年的 59 460 万美元减少到2010年的38 970万美元,勘探投入主要用于金矿、金刚石勘查,也有部分资金用于铜矿、镍矿、铂族矿产、铅锌矿、铀矿等勘查(表2-6,图2-6)。其中,2008年,俄罗斯受到美国次贷危机引发的全球性金融危机波及,整体工业产能大幅下滑,外资大量流出,卢布汇率持续走低,股市大幅下跌,卢布贬值,加之石油价格暴跌导致石油行业收入骤减,爆发了严重的金融危机。与此同时,俄罗斯矿业领域也面临矿产品价格暴跌、新项目建设停止、收购要约延签、海外上市步伐放缓等严峻考验(企业),例如,俄罗斯第二大铜锌生产商——乌拉尔矿业金属公司暂停了新项目的建设,俄罗斯矿业巨头诺里尔斯克镍业公司延期了对莱昂矿业的收购要约,俄罗斯铝业联合公司延迟了上市计划。在2008年俄罗斯金融危机的持续影响下,俄罗斯矿业企业遭受矿产品价格暴跌导致收入锐减、无法获得商业贷款的双重打击,纷纷陷入债务困境,这在一定程度上影响了该国的矿业勘查投入,俄罗斯的勘查投入也由2007年全球第四大勘查投入国降低为2010年的第三梯队(勘查投入为2000万~5000万美元),紧随中国之后(表2-6)。

2011—2013年,俄罗斯矿业勘查投入再次迎来快速增长阶段,投入金额为55 220万~72 040万美元,勘查投入仍以金矿、金刚石为主,铜矿、镍矿次之(表2-6,图2-6)。这一时期,俄罗斯为应对2008年的金融危机,出台了一系列反危机措施,例如,成立金融市场发展委员会,通过各种渠道为国内金融机构注资,下调企业利润税和出口关税等税率,鼓励实行进口替代政策。在矿业领域,俄罗斯政府也做了相应的政策调整,例如,向矿业企业注入资金、减轻企业税负、加强国际矿业合作等。随着俄罗斯经济的逐渐好转,矿业勘查投入也逐年恢复,2013年矿业勘查投入再创历史新高,达到72 040万美元。

2014—2016年,俄罗斯矿业勘查由2013年的历史最高点再次暴跌,矿业勘查投入金额为32 540万~55 820万美元(表2-6,图2-6),矿业勘查投入的迅速下降主要是因为俄罗斯再次爆发经济危机。这一时期,克里米亚正式并入俄罗斯,这一事件遭到以美国为首的西方国家的强烈反对,受到以美国为首的西方国家的全方位制裁。此外,世界石油供需格局及油价下跌导致俄罗斯外汇储备大幅缩水(俄罗斯作为能源出口大国,且以石油美元作为收入的主要来源),给俄罗斯经济造成极大打击,俄罗斯经济危机再次爆发。

2016年以后,俄罗斯矿业勘查投入恢复缓慢,投入金额为33 590万~45 230万美元(表2-6,图2-6)。这一时期,俄罗斯也针对2014年经济危机推出了一系列的反危机措施,但收效甚微,这主要是因为2014年经济危机受政治因素影响较大,加之俄罗斯对外依存度较高,在外资流入受限的情况下,金融和财政领域的反危机措施也就显得有些乏力。

总的来说,俄罗斯经济形势的周期性变化及其所面临的政治经济环境变化对矿业勘查投入有较为明显的影响。此外,俄罗斯长期以来以金、金刚石等为主的勘查投入也在一定层面反映了俄罗斯较为无奈的经济形势。

七、塔吉克斯坦——勘查投入以金为主

2001—2020年,塔吉克斯坦经济基础薄弱,导致该国矿业勘查投入总量较少(勘查投入仅为100万~1350万美元),在全球勘查投入中的占比较低(勘查投入全球占比为0.020%~0.119%),其中,2012年矿业勘查投入最多(2005年矿业勘查投入全球占比最高),总体随着该国经济形势的不断发展呈现先增加、后减少的快速变化趋势("A"字形)(表2-7,图2-7)。塔吉克斯坦的矿业勘查投入绝大多数用于金矿勘查,也有部分资金用于铅锌矿、铜矿、镍矿、其他矿产(银矿)勘查。

表 2-7　塔吉克斯坦矿业勘查投入　　　　　　　　　　　　　　　　　　　　单位：百万美元

矿种	2001年	2002年	2003年	2004年	2005年	2006年	2007年	2008年	2009年	2010年
金	—	—	1.0	1.5	6.0	3.0	2.5	3.3	3.9	1.8
铜	—	—	—	—	—	0.1	0.1	0.5	0.1	—
铅锌	—	—	—	—	—	—	0.5	0.5	0.5	0.5
镍	—	—	—	—	—	0.1	0.5	0.6	0.2	—
其他	—	—	—	—	—	—	3.1	0.5	1.5	0.2
合计	—	—	1.0	1.5	6.0	3.2	6.7	5.4	6.2	2.5
全球占比/%	—	—	0.044	0.042	0.119	0.044	0.061	0.039	0.077	0.022
矿种	2011年	2012年	2013年	2014年	2015年	2016年	2017年	2018年	2019年	2020年
金	11.6	12.8	10.0	4.5	2.6	1.4	2.2	2.4	1.8	2.0
铜	—	—	—	—	—	—	—	—	—	—
铅锌	0.5	—	—	—	—	—	—	—	2.0	—
镍	—	—	—	—	—	—	—	—	—	—
其他	—	0.7	—	—	—	—	—	—	—	—
合计	12.1	13.5	10.0	4.5	2.6	1.4	2.2	2.4	3.8	2.0
全球占比/%	0.070	0.066	0.069	0.042	0.030	0.020	0.027	0.025	0.041	0.024

注：1. 数据来源于标普数据库（https://www.spglobal.com/marketintelligence/en/）。
    2. "—"表示未收集到相关数据。

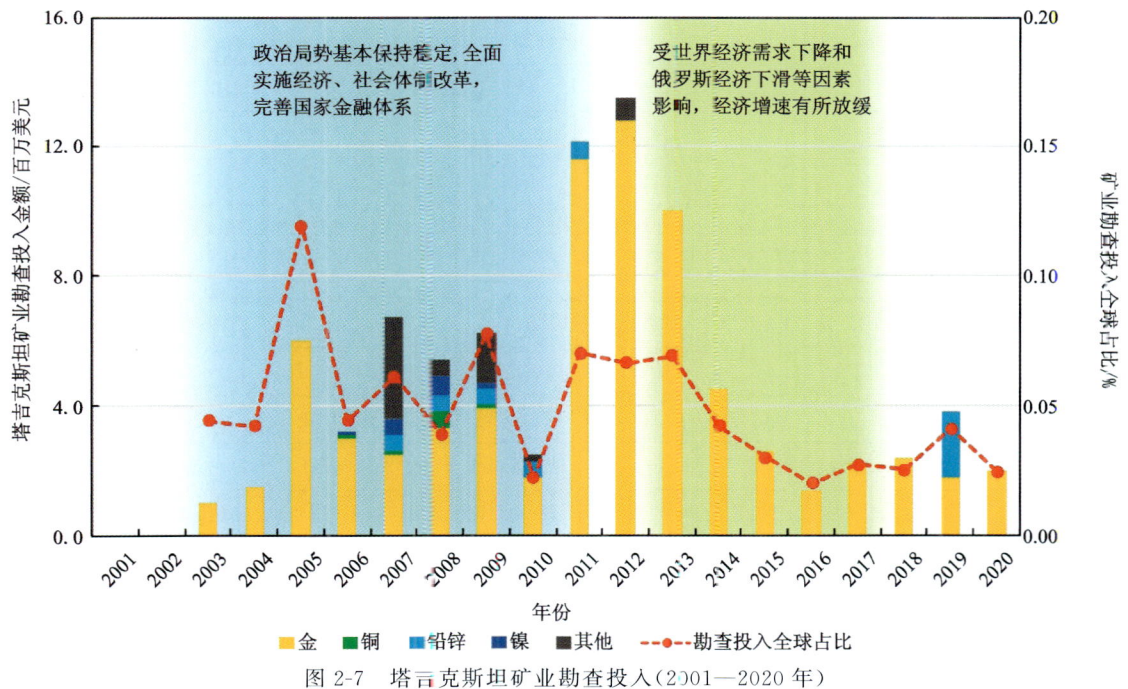

图 2-7　塔吉克斯坦矿业勘查投入（2001—2020 年）

2001—2012 年，塔吉克斯坦矿业勘查投入总体呈现快速增长的趋势，矿业勘查投入由 2003 年的 100 万美元暴增至 2012 年的 1350 万美元（表 2-7，图 2-7）。这一阶段，塔吉克斯坦政治局势保持基本稳定，政府集中精力恢复和发展本国经济，全面实施经济、社会体制改革，稳定并完善国家金融体系，塔吉克斯坦经济进入稳定、快速增长阶段,从而带动该国矿业勘查投入的持续增加。在此期间,2008年全球金融危机给原本脆弱的塔吉克斯坦经济带来了严峻的挑战,当年的雪灾又迫使塔吉克斯坦境内企业全部停产(工业损失惨重),塔吉克斯坦经济直至2010年才逐渐摆脱了由金融危机造成的低迷状态,而该国的矿业勘查投入也随着经济窘境的出现和消失而发生相应的变化。

2012年以后,塔吉克斯坦矿业勘查投入由2012年的历史最高值降至2020年的200万美元(2020年在全球矿业勘查投入中的占比仅为0.024%),呈现逐年快速减少的变化趋势(表2-7,图2-7),这主要是因为塔吉克斯坦本国经济规模相对较小,其发展对国际社会依赖甚重,尤其是俄罗斯。随着世界经济需求的不断下降、俄罗斯经济持续下滑(克里米亚事件导致的西方国家对俄罗斯的全面制裁,俄罗斯再次出现金融危机),塔吉克斯坦经济增速有所放缓,而该国矿业勘查投入的持续减少也是其经济增速放缓的重要体现。

八、乌兹别克斯坦——勘查投入以金、铀为主

2001—2020年,乌兹别克斯坦勘查投入为650万~4870万美元(勘查投入全球占比为0.14%~0.41%),主要用于金矿和铀矿勘查,也有部分资金用于铜矿、铅锌矿、镧系矿产、锂矿等的勘查(表2-8,图2-8)。

表2-8 乌兹别克斯坦矿业勘查投入　　　　　　　　　　　　　　　　　　　　单位:百万美元

矿种	2001年	2002年	2003年	2004年	2005年	2006年	2007年	2008年	2009年	2010年
金	7.9	6.4	9.6	9.8	11.3	16.4	10.5	8.0	13.1	12.5
铜	0.2	0.1	—	1.9	—	—	—	—	—	—
铅锌	0.3	—	—	2.7	2.5	—	—	—	—	—
镧系	—	—	—	—	—	—	—	—	—	0.3
铀(U_3O_8)	—	—	—	—	—	—	6.7	10.2	10.6	13.5
锂	—	—	—	—	—	—	—	—	—	—
其他	0.2	—	—	0.1	—	1.0	—	1.5	—	2.0
合计	8.6	6.5	9.6	14.5	13.8	17.4	17.2	19.7	23.7	28.3
全球占比/%	0.41	0.36	0.42	0.40	0.27	0.24	0.16	0.14	0.30	0.25
矿种	2011年	2012年	2013年	2014年	2015年	2016年	2017年	2018年	2019年	2020年
金	10.0	15.0	10.0	10.0	9.0	10.0	12.2	16.3	16.0	18.0
铜	—	2.0	0.8	2.0	0.8	0.1	0.1	—	—	—
铅锌	—	—	—	—	—	—	0.1	—	—	—
镧系	—	5.0	0.5	—	—	0.2	—	0.2	—	—
铀(U_3O_8)	13.0	15.7	15.7	12.5	9.7	6.4	1.2	1.0	2.0	2.3
锂	1.5	2.0	1.0	1.0	2.5	2.5	—	—	—	—
其他	1.5	10.0	10.8	5.0	2.7	2.5	—	2.0	—	—
合计	26.0	48.7	38.8	30.5	24.7	21.7	13.6	19.5	18.0	20.3
全球占比/%	0.15	0.24	0.27	0.28	0.28	0.31	0.17	0.20	0.19	0.24

注:1.数据来源于标普数据库(https://www.spglobal.com/marketintelligence/en/)。
　　2."—"表示未收集到相关数据。

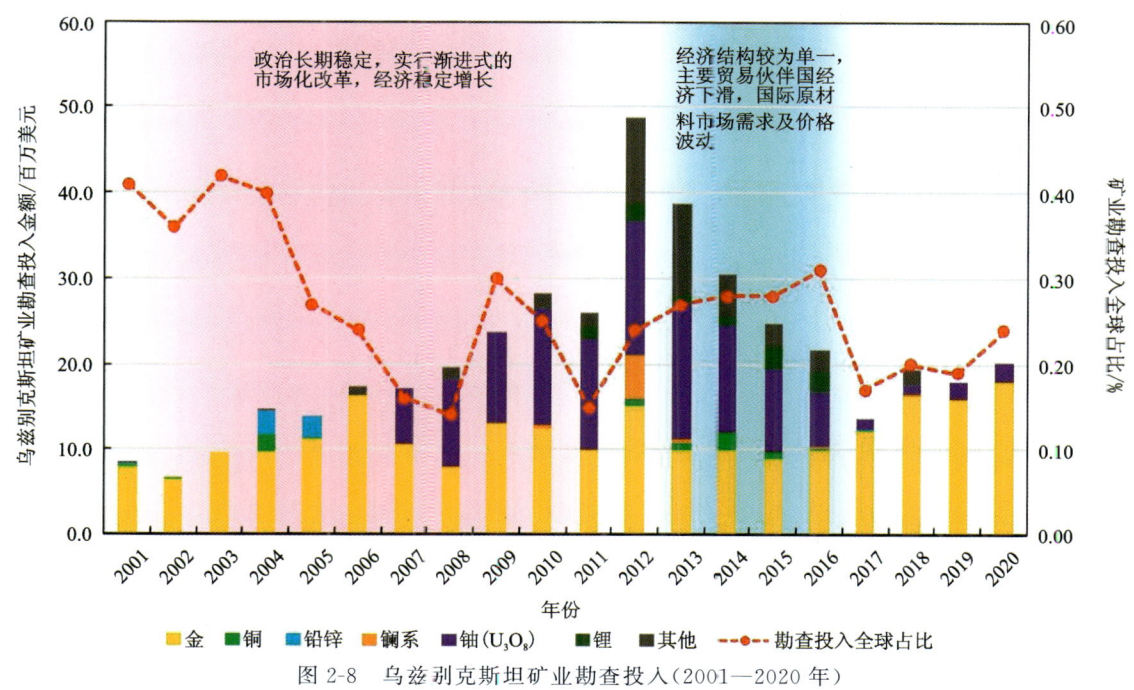

图 2-8　乌兹别克斯坦矿业勘查投入（2001—2020 年）

乌兹别克斯坦矿业勘查投入总体呈现先持续稳定增长、后快速下降的变化趋势（"A"字形），因其经济对外联系不太紧密，总体受国际政治经济环境变化影响不大（对欧美市场融资需求不高，未出现资金链断裂现象），特别是在 2008 年全球经济危机的负面影响下，该国经济及矿业勘查投入仍保持快速增长的态势（表 2-8，图 2-8）。

2001—2012 年，乌兹别克斯坦勘查投入由 2001 年的 860 万美元持续增加至 2012 年的 4870 万美元，其中，2006 年及以前绝大多数资金投入金矿勘查中，2006 年以后则是金矿、铀矿并重的勘查投入模式（表 2-8，图 2-8）。这一时期，乌兹别克斯坦国内政治长期稳定，实行渐进式的市场化改革，该国经济始终保持着稳定、快速增长。矿业作为乌兹别克斯坦的经济支柱产业，同样也享受到了该国政治环境稳定和经济政策得当所带来的经济红利，特别是作为该国著名的"四金"（黄金、"白金"棉花、"黑金"石油、"蓝金"天然气）之一的黄金在该国矿业勘查投入方面也有极其明显的体现。

2013—2017 年，乌兹别克斯坦矿业勘查投入快速减少，矿业勘查投入由历史最高值迅速减少到 2017 年的 1360 万美元（占全球勘查投入的 0.17%），其中铀矿勘查投入金额大幅缩减，勘查投入逐渐回归为以金为主的投资格局（表 2-8，图 2-8）。这一时期的乌兹别克斯坦矿业勘查投入的巨大变化，可能与该国经济结构单一、薄弱，外债规模不断扩大，债务率和负债率持续拔高，以及俄罗斯等主要贸易伙伴国经济下滑，国际原材料市场需求及价格波动等因素密切相关。

2017 年以后，乌兹别克斯坦矿业勘查投入缓慢回升，勘查投入至 2020 年缓慢回升至 2030 万美元（占全球勘查投入的 0.24%），勘查投入仍以金矿为主（表 2-8，图 2-8）。这一阶段，乌兹别克斯坦对内实行深化改革，对外主动开放合作，进一步发展经济自由化，深化制度性和结构性改革以减少国家对经济的干预，进一步强化对私有财产和企业主权益的保护，改善投资环境，积极吸引外资。其中，乌兹别克斯坦矿业开发领域改革尤为突出，例如，成立专业部门发布矿业招商引资信息，建立矿产资源网上查询系统，完善/简化矿权许可证办理程序等。乌兹别克斯坦经济全方位深化改革，特别是矿业领域的全面持续改革进一步促进了该国矿业勘查领域的不断发展，带动勘查投入的逐步回升。

第三章　国别勘查投入来源

一、印度——高级勘查公司和政府主导

印度勘查投入的主体是高级勘查公司和政府,其次是初级勘查公司,少量来源于其他和中级勘查公司,总体呈现分阶段的变化趋势(表3-1,图3-1)。其中,高级勘查公司是印度勘查投入最重要的来源,2001—2020年投入金额为640万～4750万美元,占印度勘查投入的38.2%～97.4%;其次是政府投入,投入金额为700万～3500万美元,占印度勘查投入的20.2%～56.9%;初级勘查公司也是印度勘查投入的重要来源之一,投入金额为20万～860万美元,占印度勘查投入的0.4%～28.9%;其他和中级勘查公司占比较少,投入金额为150万～220万美元和10万美元,分别占印度勘查投入的3.3%～4.1%和1.4%(表3-1,图3-1)。

表3-1　印度矿业勘查投入来源　　　　　　　　　单位:百万美元

年份	高级勘查公司		中级勘查公司		初级勘查公司		政府		其他		合计
	金额	占比/%	金额	占比/%	金额	占比/%	金额	占比/%	金额	占比/%	
2001	6.4	87.7	0.1	1.4	0.2	2.7	0.6	8.2	—	—	7.3
2002	10.0	92.6	—	—	0.8	7.4	—	—	—	—	10.8
2003	14.7	97.4	—	—	0.4	2.6	—	—	—	—	15.1
2004	12.3	84.8	—	—	2.2	15.2	—	—	—	—	14.5
2005	14.3	91.1	—	—	1.4	8.9	—	—	—	—	15.7
2006	21.1	75.1	—	—	7.0	24.9	—	—	—	—	28.1
2007	16.7	71.1	—	—	6.8	28.9	—	—	—	—	23.5
2008	24.0	73.6	—	—	8.6	26.4	—	—	—	—	32.6
2009	21.0	62.7	—	—	5.5	16.4	7.0	20.9	—	—	33.5
2010	26.2	64.5	—	—	4.5	11.1	9.9	24.4	—	—	40.6
2011	47.5	66.9	—	—	5.9	8.3	17.6	24.8	—	—	71.0
2012	37.0	51.3	—	—	7.1	9.9	28.0	38.8	—	—	72.1
2013	28.0	49.7	—	—	1.5	2.7	26.8	47.6	—	—	56.3
2014	32.0	51.7	—	—	5.9	9.5	24.0	38.8	—	—	61.9
2015	27.5	54.8	—	—	0.2	0.4	20.5	40.8	2.0	4.0	50.2
2016	22.6	46.9	—	—	1.6	3.3	24.0	49.8	—	—	48.2

续表 3-1

年份	高级勘查公司		中级勘查公司		初级勘查公司		政府		其他		合计
	金额	占比/%	金额	占比/%	金额	占比/%	金额	占比/%	金额	占比/%	
2017	23.5	38.2	—	—	1.0	1.6	35.0	56.9	2.0	3.3	61.5
2018	36.0	68.8	—	—	0.3	0.6	14.0	26.8	2.0	3.8	52.3
2019	37.0	68.4	—	—	0.9	1.7	14.0	25.9	2.2	4.1	54.1
2020	31.5	75.0	—	—	0.5	1.2	8.5	20.2	1.5	3.6	42.0

注：1.数据来源于标普数据库（https://www.spglobal.com/marketintelligence/en/）。
2."—"表示未收集到相关数据。

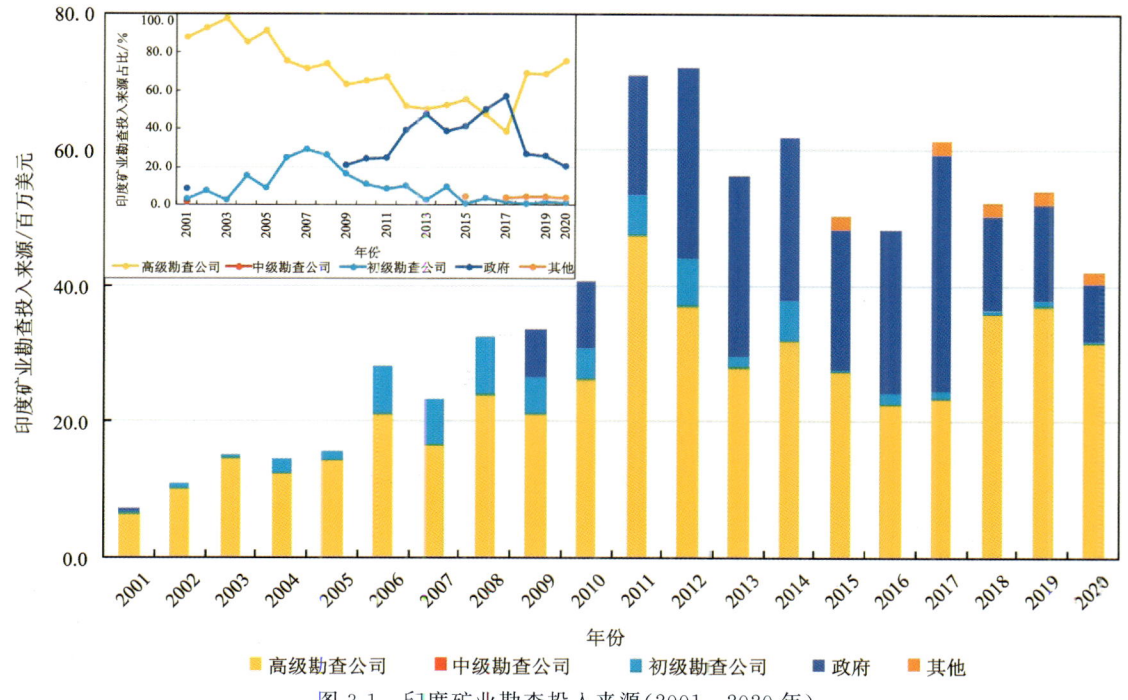

图 3-1　印度矿业勘查投入来源（2001—2020 年）

印度高级勘查公司占该国矿业勘查投入的半壁江山，特别是 2012 年以前的投入占印度勘查投入的 2/3 以上。印度高级勘查公司投入随着经济的发展总体呈现先增长、后减少、再回升的"N"字形变化趋势，但其在印度勘查投入的比例随着初级勘查公司和政府投入的变化而呈现先递减、后增加的"V"字形变化趋势（表 3-1，图 3-1）。印度高级勘查公司投入金额由 2001 年的 640 万美元攀升至 2011 年的 4750 万美元，再减少至 2016 年的 2260 万美元，最后逐渐回升至 2020 年的 3150 万美元（表 3-1）。印度高级勘查公司投入在该国矿业勘查投入的占有比例则由 2001 年的绝大多数（87.7%）递减至 2017 年的 1/3 左右（38.2%），2017 年以后又逐渐回升至 3/4 左右（75.0%）（表 3-1）。

印度政府勘查投入自 2009 年开始在该国矿业勘查投入中占有重要的地位，投入金额及其在该国勘查投入中的占比总体呈现先增加、后减少的"A"字形变化趋势（表 3-1，图 3-1）。2009—2017 年，印度政府勘查投入由 700 万美元增加至 3500 万美元，投入占比则由 20.9% 上升至 56.9%；2017 年以后，政府勘查投入减少至 2020 年的 850 万美元，投入占比又回落至 2020 年的 20.2%。

印度初级勘查公司也是该国矿业勘查投入的重要来源之一，总体呈现先增加、后减少的"A"字形变化趋势，矿业勘查投入在 2001—2008 年由 20 万美元增加至 860 万美元，2008 年以后又减少至 2020 年的 50 万美元；勘查投入占比在 2001—2007 年由 2.7% 上升至 28.9%，2008 年以后又回落至 2020 年 1.2%（表 3-1，图 3-1）。

二、哈萨克斯坦——高级勘查公司主导

哈萨克斯坦矿业勘查投入主体是高级勘查公司，其次是初级勘查公司、政府和中级勘查公司在某些时间段占有较大的份额，总体呈现分阶段的变化趋势（表3-2，图3-2）。其中，高级勘查公司是哈萨克斯坦最为重要的矿业勘查投入的来源，2001—2020年投入金额为250万～15 500万美元，占该国勘查投入的5.7%～92.3%，总体呈现先降低（2006年及以前）、后升高（2006年以后）的"V"字形变化趋势（表3-2，图3-2）。除了2005年、2006年高级勘查公司投入较少外（均投入250万美元/年，投入占比分别为8.7%、5.7%），其余年份的投入金额均占该国当年勘查投入的1/3以上，绝大多数时间投入占比超过60%。

表3-2 哈萨克斯坦矿业勘查投入来源　　　　　　　　　　　单位：百万美元

年份	高级勘查公司		中级勘查公司		初级勘查公司		政府		其他		合计
	金额	占比/%	金额	占比/%	金额	占比/%	金额	占比/%	金额	占比/%	
2001	4.0	88.9	—	—	0.4	8.9	0.1	2.2	—	—	4.5
2002	6.0	83.3	—	—	0.9	12.5	0.3	4.2	—	—	7.2
2003	6.0	92.3			0.5	7.7	—	—			6.5
2004	4.0	39.6	0.5	5.0	5.6	55.4	—	—			10.1
2005	2.5	8.7	3.1	10.7	22.3	77.2	—	—	1.0	3.5	28.9
2006	2.5	5.7	12.6	28.6	27.9	63.4	—	—	1.0	2.3	44.0
2007	31.7	38.0	14.5	17.4	29.2	35.0	6.5	7.8	1.5	1.8	83.4
2008	35.5	41.4	18.7	21.8	19.5	22.8	11.5	13.4	0.5	0.6	85.7
2009	25.5	45.1	3.5	6.2	7.4	13.1	19.7	34.8	0.5	0.9	56.6
2010	49.9	37.2	45.9	34.2	10.9	8.1	27.0	20.1	0.6	0.4	134.3
2011	123.0	64.4	26.9	14.1	10.7	5.6	29.8	15.6	0.6	0.3	191.0
2012	155.0	71.4	17.2	7.9	22.9	10.5	18.0	8.3	4.0	1.8	217.1
2013	99.7	74.1	2.5	1.9	13.5	10.0	15.3	11.4	3.5	2.6	134.5
2014	74.8	59.4	1.0	0.8	13.3	10.6	24.5	19.4	12.4	9.8	126.0
2015	55.9	72.3	—	—	3.3	4.3	17.1	22.1	1.0	1.3	77.3
2016	51.8	71.8	0.7	1.0	2.3	3.2	17.3	24.0	—	—	72.1
2017	61.8	64.5	—	—	10.7	11.2	18.3	19.1	5.0	5.2	95.8
2018	82.8	74.2	2.5	2.2	13.4	12.0	10.9	9.8	2.0	1.8	111.6
2019	75.0	78.0	0.2	0.2	7.1	7.4	12.4	12.9	1.5	1.6	96.2
2020	100.0	89.4	0.5	0.4	4.8	4.3	5.0	4.5	1.5	1.3	111.8

注：1. 数据来源于标普数据库（https://www.spglobal.com/marketintelligence/en/）。
　　2. "—"表示未收集到相关数据。

初级勘查公司是哈萨克斯坦矿业勘查投入的重要来源之一，2001—2020年投入金额为40万～2920万美元，占该国勘查投入的3.2%～77.2%，总体呈现增加、减少、再增加、再减少的"M"形变化趋

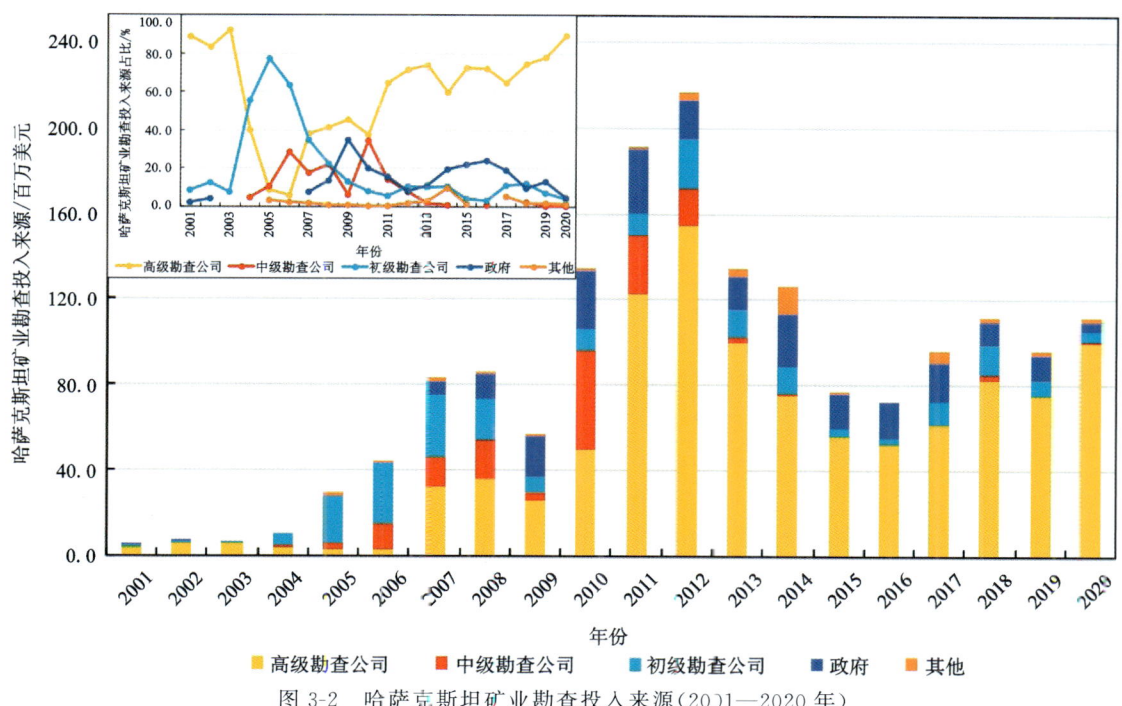

图 3-2 哈萨克斯坦矿业勘查投入来源(2001—2020年)

势(表 3-2,图 3-2)。其中,2004—2006 年,初级勘查公司是哈萨克斯坦勘查投入的第一大来源,占该国勘查投入的 2/3 左右。

政府在哈萨克斯坦矿业勘查投入中占有重要的地位,2001—2020 年投入金额为 10 万～2980 万美元,占该国勘查投入的 2.2%～34.8%,绝大多数年份投入占比在 10% 以上,总体呈现"M"形变化趋势(表 3-2,图 3-2)。

哈萨克斯坦中级勘查公司 2001—2020 年投入金额为 20 万～4590 万美元,占哈萨克斯坦勘查投入的 0.2%～34.2%(表 3-2,图 3-2)。中级勘查公司对哈萨克斯坦矿业勘查的投入主要集中在 2004—2012 年,勘查投入占比大多大于 10%,其中,2010 年投入金额最多,投入占比最高。

哈萨克斯坦其他来源的矿业勘查投入体量相对较小,2001—2020 年投入金额为 50 万～1240 万美元,仅占该国矿业勘查投入的 0.4%～9.3%(表 3-2,图 3-2)。

三、中国——勘查投入来源各有千秋

在中国矿业勘查投入来源方面,高级勘查公司、中级勘查公司、初级勘查公司和政府投入各有千秋,在不同时间段占比不同,其他来源投入金额体量较小,总体呈现分阶段的变化趋势(表 3-3,图 3-3)。其中,2009 年以前,中国矿业勘查投入以初级勘查公司投入为主,其次是中级勘查公司和高级勘查公司;2009—2010 年,以中级勘查公司投入为主,其次是高级勘查公司、初级勘查公司和政府投入;2010 年以后,则以政府投入和高级勘查公司投入为主,其次是中级勘查公司投入。

表 3-3　中国矿业勘查投入来源　　　　　　　　　　　　　　　　　　　　　　单位：百万美元

年份	高级勘查公司		中级勘查公司		初级勘查公司		政府		其他		合计
	金额	占比/%	金额	占比/%	金额	占比/%	金额	占比/%	金额	占比/%	
2001	9.7	65.5	1.8	12.2	2.8	18.9	0.5	3.4	—	—	14.8
2002	4.9	37.4	5.3	40.5	2.4	18.3	0.5	3.8	—	—	13.1
2003	8.0	31.4	8.8	34.5	8.1	31.8	0.6	2.4	—	—	25.5
2004	14.6	17.1	23.5	27.5	47.4	55.4	—	—	—	—	85.5
2005	24.1	17.3	33.2	23.8	82.4	59.0	—	—	—	—	139.7
2006	27.3	12.7	35.5	16.5	151.5	70.2	1.5	0.7	—	—	215.8
2007	30.6	9.7	73.5	23.2	191.5	60.5	20.7	6.5	—	—	316.3
2008	66.3	18.9	122.6	35.0	139.6	39.9	21.5	6.1	—	—	350.0
2009	65.3	21.7	121.5	40.5	67.3	22.4	44.2	14.7	2.0	0.7	300.3
2010	80.3	20.2	153.6	38.6	74.5	18.7	89.2	22.4	—	—	397.6
2011	139.4	22.3	173.2	27.7	60.5	9.7	220.1	35.2	31.4	5.0	624.6
2012	223.3	31.0	123.4	17.1	70.4	9.8	257.8	35.8	45.5	6.3	720.4
2013	255.4	39.6	93.5	14.5	35.0	5.4	236.6	36.7	24.4	3.8	644.9
2014	222.6	37.4	101.9	17.1	17.6	3.0	219.9	37.0	32.4	5.5	594.4
2015	200.1	37.0	108.8	20.1	15.8	2.9	200.7	37.1	15.0	2.8	540.4
2016	169.8	43.1	75.3	19.1	8.2	2.1	128.8	32.7	12.2	3.1	394.3
2017	176.6	45.6	63.0	16.3	6.5	1.7	133.1	34.4	7.9	2.0	387.1
2018	191.6	39.4	80.2	16.6	10.5	2.2	186.5	38.3	17.3	3.6	486.5
2019	146.4	37.4	62.3	15.9	10.3	2.6	157.9	40.4	14.1	3.6	391.0
2020	126.4	40.6	64.5	20.7	5.6	1.8	100.6	32.3	14.0	4.5	311.1

注：1. 数据来源于标普数据库（https://www.spglobal.com/marketintelligence/en/）。
　　2."—"表示未收集到相关数据。

高级勘查公司 2001—2020 年矿业投入金额为 490 万～25 540 万美元，总体以 2013 年为界，呈现先增加、后下降的"A"字形变化趋势。2001—2020 年，高级勘查公司投入在中国矿业勘查投入中的占比为 9.7%～65.5%，除 2004—2011 年期间投入占比大部分在 20% 左右，其余时间的投入占比均在 30% 以上，矿业勘查投入占比总体以 2007 年为界，呈现先降低、后增加的"V"字形变化趋势（表 3-3，图 3-3）。

中级勘查公司 2001—2020 年矿业投入金额为 180 万～17 320 万美元，投入金额变化规律与高级勘查公司类似，总体以 2011 年为界，呈现先增加、后下降的"A"字形变化趋势。2001—2020 年，中级勘查公司勘查投入在中国矿业勘查投入的占比为 12.2%～40.5%，除个别时间段（2002—2003 年、2008—2010 年）的投入占比在 30% 以上，其余时间均在 20% 左右，总体呈现上升、下降、再上升、再下降、稳定的变化趋势（表 3-3，图 3-3）。

初级勘查公司 2001—2020 年矿业勘查投入金额为 280 万～19 150 万美元，投入金额变化规律与高级勘查公司类似，总体以 2007 年为界，呈现先增加、后下降的"A"字形变化趋势。2001—2020 年，初级勘查公司勘查投入在中国矿业勘查投入中的占比为 1.7%～70.2%，除 2003—2008 年具有较高的投入占比（大于 30%）外，大多在 10% 以下，总体以 2006 年为界，呈现先增加、后下降的"A"字形变化趋势（表 3-3，图 3-3）。

第三章 国别勘查投入来源

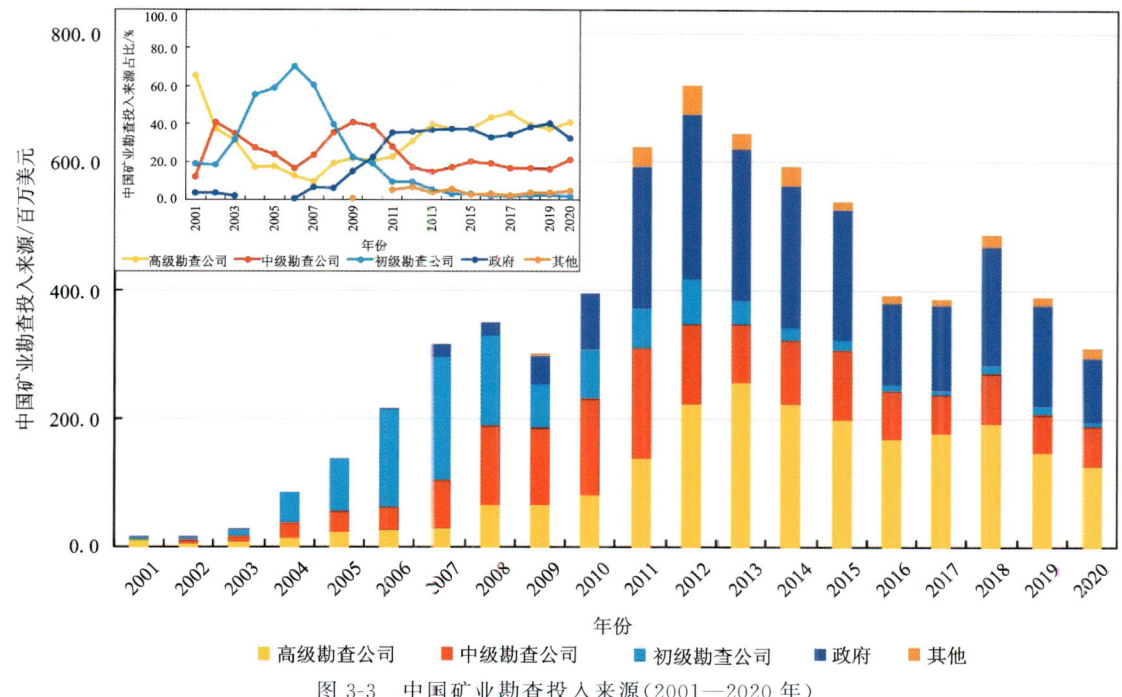

图 3-3 中国矿业勘查投入来源（2001—2020 年）

中国政府 2001—2020 年在矿业勘查中投入的金额为 50 万～25 780 万美元（其占比为 0.7%～40.4%），投入金额以 2012 年为界，总体呈现先快速增加、后缓慢减少的"A"字形变化趋势。2008 年以前，政府投入在中国矿业勘查投入中的占比相对较小，不足 10%；2010 年以后，投入占比均保持在 30% 以上，占据中国矿业勘查投入的半壁江山（表 3-3，图 3-3）。

中国矿业勘查其他来源投入体量相对较小，2001—2020 年投入金额仅为 200 万～4550 万美元，仅占中国矿业勘查投入的 0.7%～6.3%（表 3-3，图 3-3）。

四、吉尔吉斯斯坦——初级勘查公司投入持续、稳定

吉尔吉斯斯坦矿业勘查投入为 180 万～6780 万美元，总体呈现增长、降低、再增长的分阶段变化趋势（"N"字形），矿业投入来源变化较大，但主体以初级勘查公司投入较为连续且稳定（表 3-4，图 3-4）。

表 3-4 吉尔吉斯斯坦矿业勘查投入来源　　　　　　　　　　　　　　　　　　单位：百万美元

年份	高级勘查公司		中级勘查公司		初级勘查公司		政府		合计
	金额	占比/%	金额	占比/%	金额	占比/%	金额	占比/%	
2002	0.9	47.4	—	—	1.0	52.6	—	—	1.9
2003	1.1	61.1	—	—	0.7	38.9	—	—	1.8
2004	—	—	4.4	63.8	2.5	36.2	—	—	6.9
2005	—	—	13.9	62.1	8.5	37.9	—	—	22.4
2006	—	—	16.2	57.7	11.9	42.3	—	—	28.1
2007	—	—	20.4	53.7	17.6	46.3	—	—	38.0
2008	5.7	8.4	25.9	38.2	36.2	53.4	—	—	67.8

续表 3-4

年份	高级勘查公司		中级勘查公司		初级勘查公司		政府		合计
	金额	占比/%	金额	占比/%	金额	占比/%	金额	占比/%	
2009	9.0	19.3	17.8	38.1	15.9	34.0	4.0	8.6	46.7
2010	24.4	46.2	7.9	15.0	16.8	31.8	3.7	7.0	52.8
2011	20.6	30.9	23.3	34.9	20.3	30.4	2.5	3.7	66.7
2012	26.5	54.1	8.0	16.3	14.5	29.6	—	—	49.0
2013	10.5	36.5	5.0	17.4	12.4	43.1	0.9	3.1	28.8
2014	3.5	22.3	—	—	11.7	74.5	0.5	3.2	15.7
2015	0.3	1.8	2.5	15.2	10.9	66.1	2.8	17.0	16.5
2016	0.3	2.6	1.1	9.5	9.7	83.6	0.5	4.3	11.6
2017	0.7	2.5	—	—	20.9	73.6	6.8	23.9	28.4
2018	7.6	24.4	1.5	4.8	16.8	53.8	5.3	17.0	31.2
2019	14.0	46.8	0.7	2.3	14.2	47.5	1.0	3.3	29.9
2020	26.4	78.1	1.2	3.6	5.2	15.4	1.0	3.0	33.8

注：1. 数据来源于标普数据库(https://www.spglobal.com/marketintelligence/en/)。
2. "—"表示未收集到相关数据。

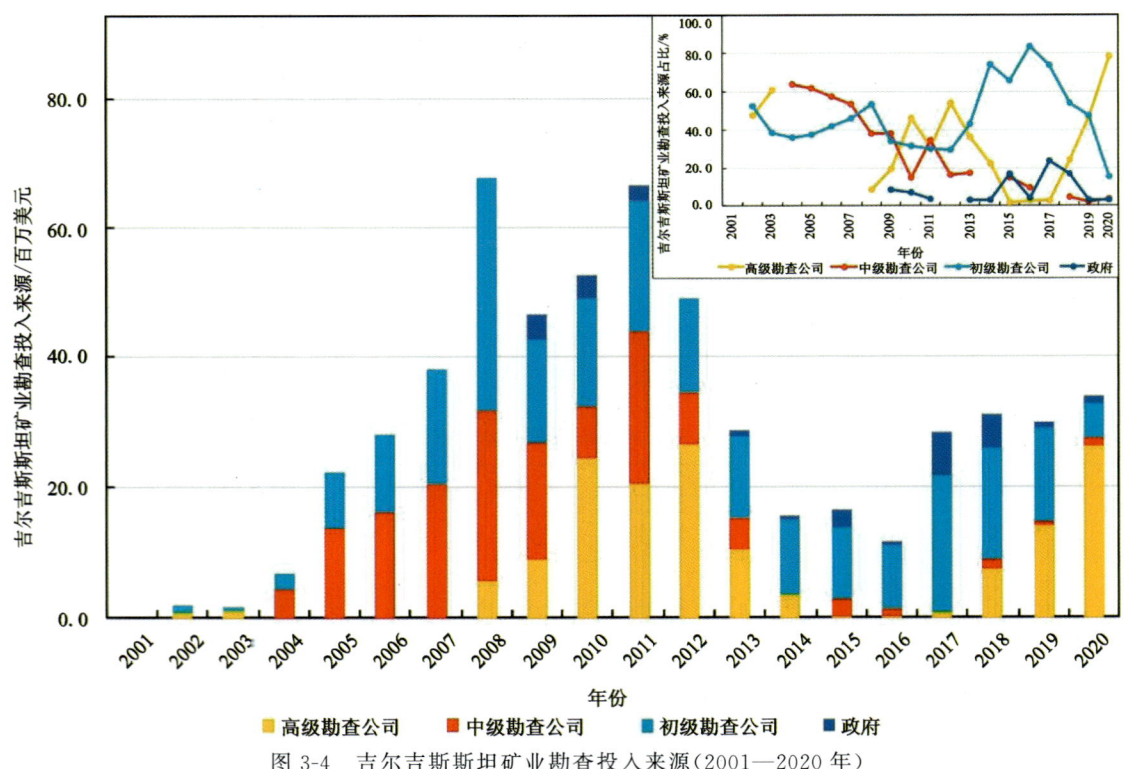

图 3-4　吉尔吉斯斯坦矿业勘查投入来源(2001—2020 年)

高级勘查公司是吉尔吉斯斯坦重要的勘查投入来源之一，投入金额为 30 万～2650 万美元，总体呈现增加、减少、再增加的"N"字形变化趋势（表 3-4，图 3-4）。其中，2002—2003 年、2010—2013 年、

2019—2020年是吉尔吉斯斯坦最为重要的矿业勘查投入来源,该国矿业勘查投入的占比最高可达78.1%(2020年)。

中级勘查公司在吉尔吉斯斯坦矿业领域具有一定的影响力,2001—2020年,吉尔吉斯斯坦中级勘查公司矿业投入金额为70万～2590万美元(表3-4,图3-4),总体呈现先增加、后减少的"A"字形变化趋势,但其在该国矿业勘查投入的占比总体呈现逐年减少的趋势,由2004年的63.8%降低至2019年的2.3%。其中,2004—2011年期间,中级勘查公司是吉尔吉斯斯坦最为重要的矿业勘查投入来源,约占该国矿业勘查投入的1/3。

初级勘查公司在吉尔吉斯斯坦矿业勘查领域具有极其重要的作用,投入金额为70万～3520万美元(表3-4,图3-4)。初级勘查公司是吉尔吉斯斯坦最为稳定的矿业勘查投入来源,其在该国矿业勘查投入的占比大部分时间保持在30%以上,最高可达83.6%(2016年)。

吉尔吉斯斯坦矿业勘查领域政府投入信息较少,目前仅收集到2009年以后的投入数据,投入金额为50万～680万美元(表3-4,图3-4)。吉尔吉斯斯坦矿业勘查政府投入占比相对较低,最高仅占该国当年矿业勘查投入的23.9%(2017年)。

五、巴基斯坦——勘查投入来源分阶段变化

巴基斯坦矿业勘查投入体量总体较小,各阶段勘查投入主体较为单一,呈现分阶段、不同来源的变化模式。2006年以前、2013—2014年,巴基斯坦矿业勘查投入仅来源于初级勘查公司,投入金额仅为20万～240万美元(表3-5,图3-5)。

表3-5 巴基斯坦矿业勘查投入来源　　　　　　　　单位:百万美元

年份	高级勘查公司		中级勘查公司		初级勘查公司		政府		合计
	金额	占比/%	金额	占比/%	金额	占比/%	金额	占比/%	
2001	—	—	—	—	0.2	100.0	—	—	0.2
2002	—	—	—	—	0.3	100.0	—	—	0.3
2003	—	—	—	—	0.1	100.0	—	—	0.1
2004	—	—	—	—	1.6	100.0	—	—	1.6
2005	—	—	—	—	2.4	100.0	—	—	2.4
2006	21.0	77.2	—	—	6.2	22.8	—	—	27.2
2007	30.0	89.0	3.0	8.9	0.7	2.1	—	—	33.7
2008	71.0	94.9	3.0	4.0	0.8	1.1	—	—	74.8
2009	31.2	92.6	0.5	1.5	1.0	3.0	1.0	3.0	33.7
2010	—	—	—	—	1.1	52.4	1.0	47.6	2.1
2011	4.0	69.0	—	—	0.7	12.1	1.1	19.0	5.8
2012	—	—	—	—	1.0	47.6	1.1	52.4	2.1
2013	—	—	—	—	0.3	100.0	—	—	0.3
2014	—	—	—	—	0.8	100.0	—	—	0.8
2015	—	—	—	—	0.6	42.9	0.8	57.1	1.4
2016	—	—	—	—	—	—	0.9	100.0	0.9

续表 3-5

年份	高级勘查公司		中级勘查公司		初级勘查公司		政府		合计
	金额	占比/%	金额	占比/%	金额	占比/%	金额	占比/%	
2017	—	—	—	—	0.5	25.0	1.5	75.0	2.0
2018	—	—	—	—	0.2	11.8	1.5	88.2	1.7
2019	—	—	—	—	—	—	1.3	100.0	1.3
2020	—	—	—	—	—	—	1.4	100.0	1.4

注：1. 数据来源于标普数据库（https://www.spglobal.com/marketintelligence/en/）。
2. "—"表示未收集到相关数据。

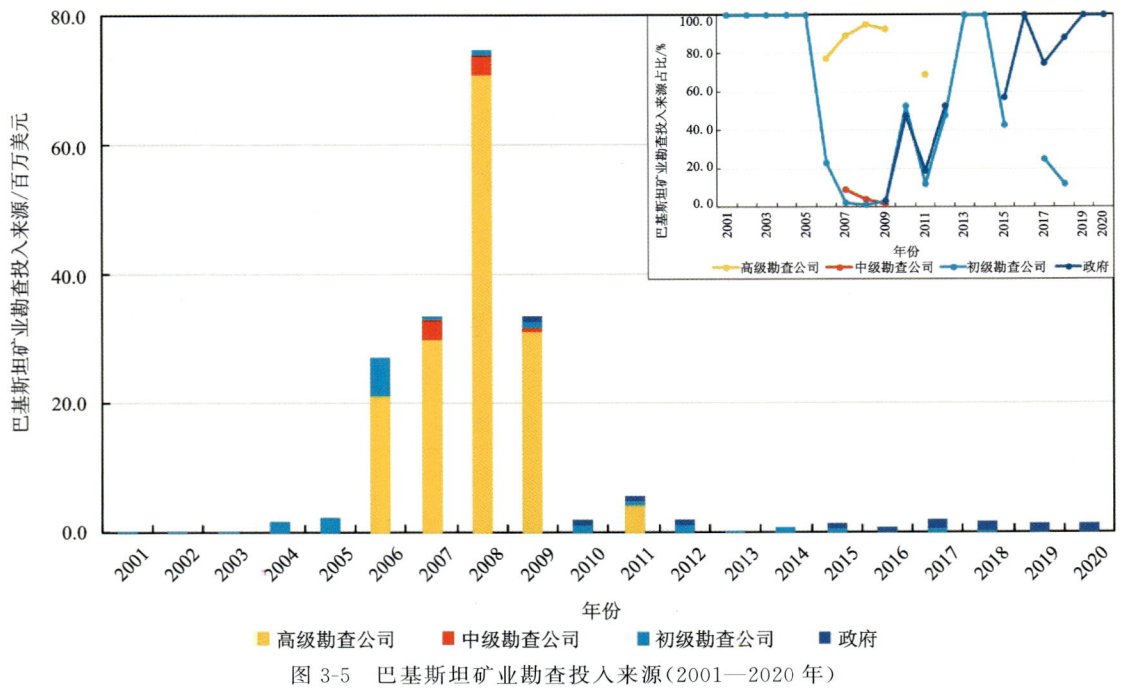

图 3-5 巴基斯坦矿业勘查投入来源（2001—2020 年）

2006—2009 年、2011 年，巴基斯坦矿业勘查投入主要来源于高级勘查公司，投入金额为 400 万～7100 万美元（占该国勘查投入总额的 69.0%～94.9%）。其中，2006—2009 年是巴基斯坦矿业勘查领域的高光时刻，投入金额均在 2000 万美元以上（表 3-5，图 3-5）。

2010 年、2012 年、2015 年，巴基斯坦矿业勘查投入金额又回落至 140 万～210 万美元，投入金额主要来源于初级勘查公司与政府投入，二者平分秋色，共同构成该国矿业勘查投入的主体（表 3-5，图 3-5）。

2015 年以后，巴基斯坦矿业勘查投资格局则演变成以政府投入为主导（占该国矿业勘查投入的 3/4 以上），也有少量资金来源于初级勘查公司（表 3-5，图 3-5）。这一阶段矿业勘查投入体量仍然较小，最高仅为 200 万美元（2017 年）。

六、俄罗斯——高级勘查公司主导

俄罗斯矿业勘查投入主体是高级勘查公司，其次是中级勘查公司和初级勘查公司，政府投入和其他来源占有较小的份额，其中，中级勘查公司在某些时间段占有较大的份额（表 3-6，图 3-6）。

表 3-6 俄罗斯矿业勘查投入来源　　　　　　　　　　　　　　　　　　　　　　　　　单位：百万美元

年份	高级勘查公司		中级勘查公司		初级勘查公司		政府		其他		合计
	金额	占比/%	金额	占比/%	金额	占比/%	金额	占比/%	金额	占比/%	
2001	36.1	75.4	4.9	10.2	6.9	14.4	—	—	—	—	47.9
2002	37.4	69.3	3.8	7.0	12.8	23.7	—	—	—	—	54.0
2003	38.2	57.9	26.8	40.6	1.0	1.5	—	—	—	—	66.0
2004	75.9	48.7	62.7	40.2	17.2	11.0	—	—	—	—	155.8
2005	128.1	45.8	125.7	45.0	25.7	9.2	—	—	—	—	279.5
2006	162.0	43.0	185.5	49.3	29.1	7.7	—	—	—	—	376.6
2007	381.9	62.1	163.2	26.5	69.8	11.4	—	—	—	—	614.9
2008	348.0	58.5	161.4	27.1	85.2	14.3	—	—	—	—	594.6
2009	248.3	60.0	90.9	22.0	53.5	12.9	8.9	2.1	12.5	3.0	414.1
2010	190.5	48.9	148.4	38.1	39.5	10.1	9.0	2.3	2.3	0.59	389.7
2011	402.5	72.9	98.0	17.7	41.3	7.5	10.2	1.8	0.2	0.04	552.2
2012	604.2	86.3	35.8	5.1	39.3	5.6	13.3	1.9	7.5	1.1	700.1
2013	637.2	88.5	37.3	5.2	24.8	3.4	15.1	2.1	6.0	0.8	720.4
2014	483.1	86.5	34.2	6.1	21.9	3.9	15.0	2.7	4.0	0.7	558.2
2015	360.7	85.6	32.8	7.8	15.8	3.8	11.9	2.8	—	—	421.2
2016	276.8	85.1	17.4	5.3	22.9	7.0	8.3	2.6	—	—	325.4
2017	260.8	77.6	22.9	6.8	23.9	7.1	22.3	6.6	6.0	1.8	335.9
2018	376.2	83.2	34.2	7.6	20.3	4.5	21.6	4.8	—	—	452.3
2019	357.5	87.2	25.5	6.2	10.2	2.5	13.6	3.3	3.1	0.8	409.9
2020	392.1	90.4	33.4	7.7	6.0	1.4	1.2	0.3	0.9	0.2	433.5

注：1. 数据来源于标普数据库(https://www.spglobal.com/marketintelligence/en/)。

2. "—"表示未收集到相关数据。

高级勘查公司是俄罗斯最为重要的矿业勘查投入来源，2001—2020 年投入金额为 3610 万～63 720 万美元，占该国勘查投入的 43.0%～90.4%，总体呈现多峰分布的变化趋势，与该国矿业勘查投入变化趋势基本一致（表 3-6，图 3-6）。

中级勘查公司在俄罗斯矿业勘查领域具有较为重要的地位，2001—2020 年投入金额为 380 万～18 550 万美元，占该国勘查投入的 5.1%～49.3%，总体呈现先增加、后降低的"A"字形变化趋势（表 3-6，图 3-6）。特别是 2003—2006 年、2010 年期间，中级勘查公司与高级勘查公司势均力敌，其投入基本上占据俄罗斯矿业勘查投入的半壁江山（38.1%～49.3%）。

初级勘查公司是俄罗斯矿业勘查投入的重要来源之一，是俄罗斯矿业勘查投入来源的重要补充，2001—2020 年投入金额为 100 万～8520 万美元，占该国勘查投入的 1.4%～23.7%，总体呈现逐年降低的变化趋势（表 3-6，图 3-6）。

俄罗斯政府在矿业勘查领域的投入相对较少（仅收集到 2008 年以后的数据），投入金额仅为 110 万～2230 万美元，占该国矿业勘查投入的 0.3%～6.6%（表 3-6，图 3-6）。

俄罗斯矿业勘查其他来源投入体量最小，投入金额仅为 20 万～1250 万美元，仅占该国矿业勘查投入的 0.04%～3.0%（表 3-6，图 3-6）。

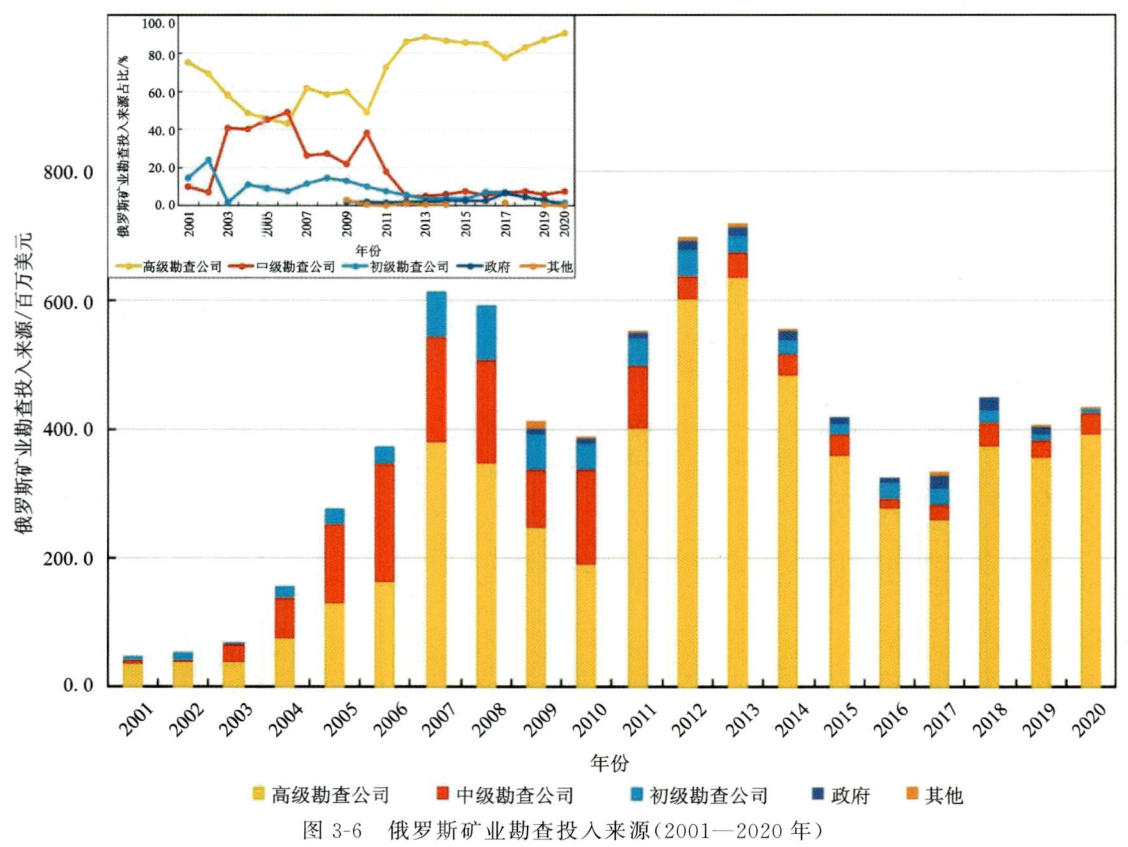

图 3-6 俄罗斯矿业勘查投入来源(2001—2020 年)

七、塔吉克斯坦——高级勘查公司和初级勘查公司主导

塔吉克斯坦矿业勘查投入,总体以高级勘查公司和初级勘查公司为主,其次是中级勘查公司,政府投入较少,矿业勘查投入在不同时间段占比不同,总体呈现分阶段的变化趋势(表 3-7,图 3-7)。其中,2008 年以前,塔吉克斯坦矿业勘查投入以初级勘查公司和中级勘查公司投入为主;2008—2015 年,该国矿业勘查投入主要以初级勘查公司和高级勘查公司为主,也有部分资金来源于中级勘查公司;2015 年以后,该国矿业勘查则以高级勘查公司投入为主。

表 3-7 塔吉克斯坦矿业勘查投入来源　　　　　　　　　　　　单位:百万美元

年份	高级勘查公司		中级勘查公司		初级勘查公司		政府		合计
	金额	占比/%	金额	占比/%	金额	占比/%	金额	占比/%	
2001	—	—	—	—	—	—	—	—	—
2002	—	—	—	—	—	—	—	—	—
2003	—	—	—	—	1.0	100.0	—	—	1.0
2004	—	—	1.5	100.0	—	—	—	—	1.5
2005	—	—	1.0	16.7	5.0	83.3	—	—	6.0
2006	—	—	2.0	62.5	1.2	37.5	—	—	3.2
2007	—	—	1.6	23.9	5.1	76.1	—	—	6.7

续表 3-7

年份	高级勘查公司		中级勘查公司		初级勘查公司		政府		合计
	金额	占比/%	金额	占比/%	金额	占比/%	金额	占比/%	
2008	2.5	46.3	0.5	9.3	2.4	44.4	—	—	5.4
2009	3.5	56.5	0.5	8.1	2.2	35.5	—	—	6.2
2010	1.2	48.0	0.5	20.0	0.8	32.0	—	—	2.5
2011	3.0	24.8	0.5	4.1	8.6	71.1	—	—	12.1
2012	4.0	29.6	—	—	9.5	70.4	—	—	13.5
2013	4.0	40.0	—	—	6.0	60.0	—	—	10.0
2014	2.5	55.6	—	—	2.0	44.4	—	—	4.5
2015	1.1	42.3	—	—	1.5	57.7	—	—	2.6
2016	1.1	78.6	—	—	0.3	21.4	—	—	1.4
2017	2.2	100.0	—	—	—	—	—	—	2.2
2018	1.6	66.7	—	—	0.5	20.8	0.3	12.5	2.4
2019	1.5	39.5	2.0	52.6	0.3	7.9	—	—	3.8
2020	1.4	70.0	0.1	5.0	0.5	25.0	—	—	2.0

注：1. 数据来源于标普数据库（https://www.spglobal.com/marketintelligence/en/）。
2. "—"表示未收集到相关数据。

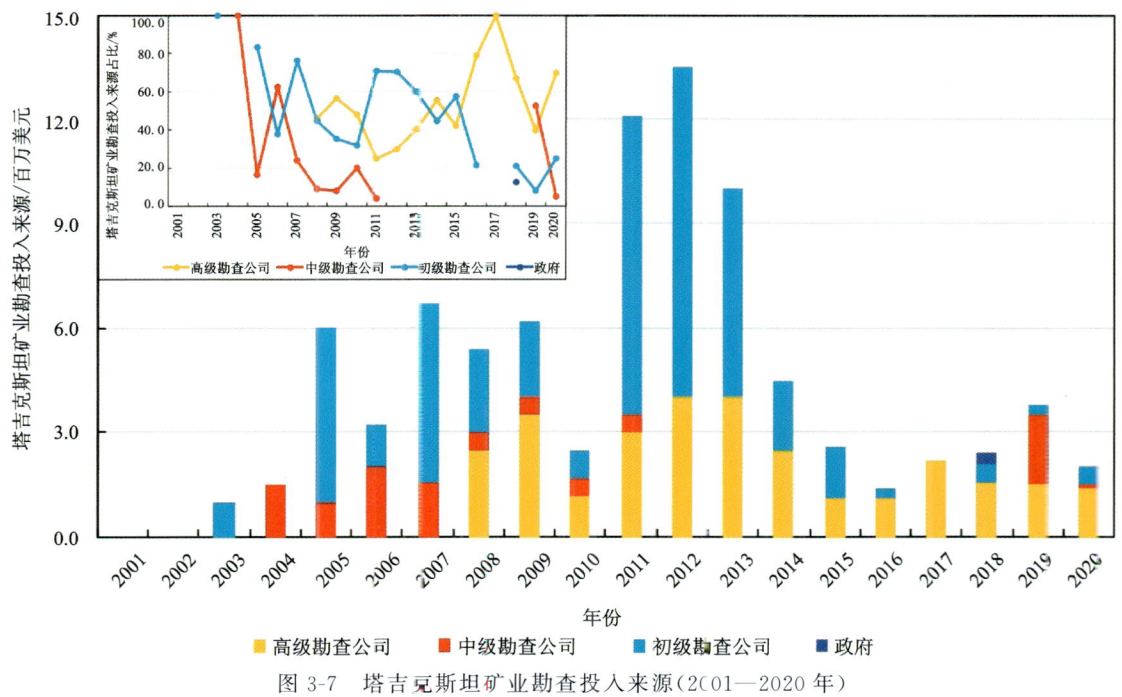

图 3-7 塔吉克斯坦矿业勘查投入来源（2001—2020 年）

高级勘查公司在塔吉克斯坦矿业勘查领域具有重要的地位，投入金额为 110 万～400 万美元，占该国矿业勘查投入的 24.8%～100.0%（表 3-7，图 3-7）。自 2009 年以来，高级勘查公司逐渐成为塔吉克斯坦最为重要的矿业勘查资金来源之一，是该国矿业勘查投入的重要组成部分（2013 年占比最少时，仍占据近 1/4 的份额）。特别是 2016 年以来，高级勘查公司超越初级勘查公司，成为塔吉克斯坦最重要的矿业勘查资金来源。

中级勘查公司是塔吉克斯坦重要的矿业勘查投入来源之一,投入金额为50万～200万美元,占该国矿业勘查投入的4.1%～100.0%(表3-7,图3-7)。其中,在2004—2007年、2019年,中级勘查公司是该国矿业勘查资金的重要补充。

初级勘查公司是塔吉克斯坦最为重要的矿业勘查投入来源,投入金额为30万～950万美元,占该国矿业勘查投入的7.9%～100.0%(表3-7,图3-7)。特别是2016年以前,初级勘查公司一直是该国最主要的矿业勘查资金来源,随后逐渐被高级勘查公司超越。

八、乌兹别克斯坦——高级勘查公司主导

乌兹别克斯坦矿业勘查投入来源较为稳定,以高级勘查公司为主,初级勘查公司、政府投入、其他来源虽然占有一定的市场份额,但总体呈现分阶段的变化趋势(表3-8,图3-8)。

高级勘查公司是乌兹别克斯坦矿业勘查最为重要的资金来源,与该国勘查投入的总体变化趋势基本一致,总体呈现增加、减少、再增加的"N"字形变化趋势。2001—2020年,高级勘查公司的投入金额为250万美元～2600万美元,占该国矿业勘查投入的29.1%～98.5%(表3-8,图3-8)。

表3-8 乌兹别克斯坦矿业勘查投入来源　　　　　　　　　　　　单位:百万美元

年份	高级勘查公司		初级勘查公司		政府		其他		合计
	金额	占比/%	金额	占比/%	金额	占比/%	金额	占比/%	
2001	2.5	29.1	6.1	70.9	—	—	—	—	8.6
2002	4.5	69.2	2.0	30.8	—	—	—	—	6.5
2003	6.9	71.9	2.7	28.1	—	—	—	—	9.6
2004	8.5	58.6	6.0	41.4	—	—	—	—	14.5
2005	9.2	66.7	4.6	33.3	—	—	—	—	13.8
2006	8.5	48.9	8.4	48.3	0.5	2.9	—	—	17.4
2007	14.0	81.4	2.7	15.7	0.5	2.9	—	—	17.2
2008	15.0	76.1	—	—	4.7	23.9	—	—	19.7
2009	20.0	84.4	2.0	8.4	1.6	6.8	0.1	0.4	23.7
2010	20.0	70.7	2.5	8.8	3.8	13.4	2.0	7.1	28.3
2011	20.0	76.9	—	—	3.0	11.5	3.0	11.5	26.0
2012	26.0	53.4	—	—	10.1	20.7	12.6	25.9	48.7
2013	21.6	55.7	—	—	6.6	17.0	10.6	27.3	38.8
2014	22.0	72.1	—	—	3.0	9.8	5.5	18.0	30.5
2015	18.8	76.1	—	—	0.4	1.6	5.5	22.3	24.7
2016	15.1	69.6	—	—	1.6	7.4	5.0	23.0	21.7
2017	12.0	88.2	—	—	1.6	11.8	—	—	13.6
2018	15.0	76.9	—	—	2.0	10.3	2.5	12.8	19.5
2019	17.0	94.4	—	—	1.0	5.6	—	—	18.0
2020	20.0	98.5	—	—	0.3	1.5	—	—	20.3

注:1. 数据来源于标普数据库(https://www.spglobal.com/marketintelligence/en/)。
　　2. "—"表示未收集到相关数据。

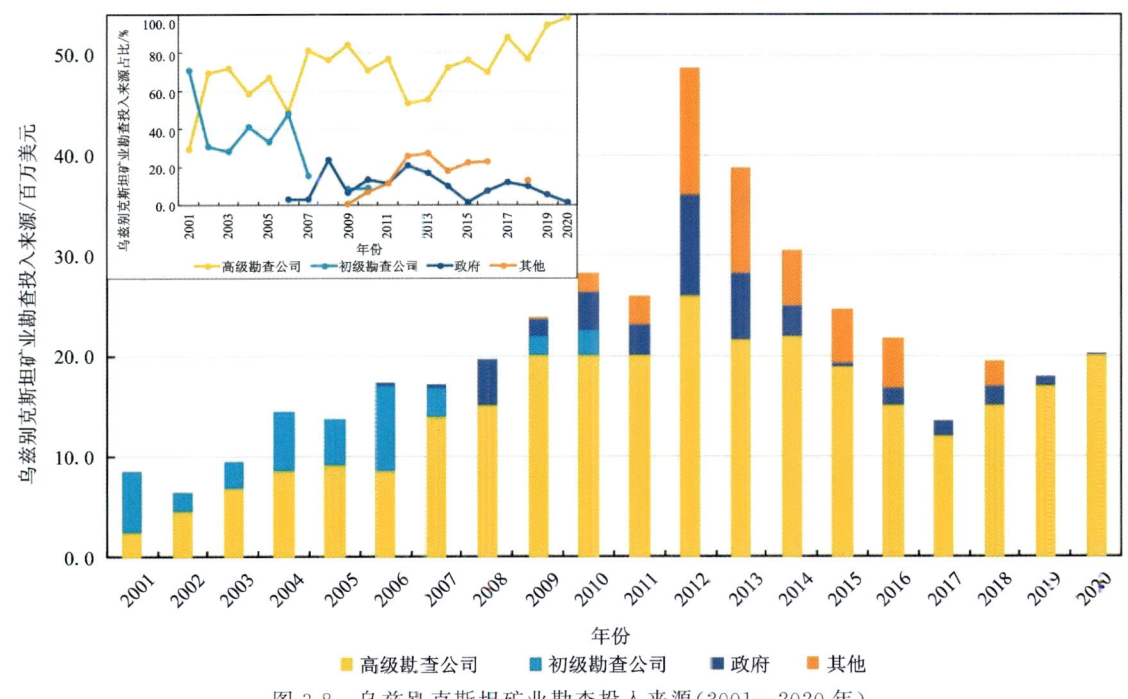

图 3-8　乌兹别克斯坦矿业勘查投入来源（2001—2020 年）

初级勘查公司是乌兹别克斯坦矿业勘查较为重要的资金来源之一，投入金额为 200 万~840 万美元，占该国矿业勘查投入的 8.4%~70.9%（表 3-8，图 3-8）。特别是 2008 年以前，初级勘查公司是仅次于高级勘查公司的乌兹别克斯坦的第二大矿业勘查投入来源，随后逐渐被政府投入超越。

乌兹别克斯坦政府在矿业勘查领域投入金额为 30 万~1010 万美元，占该国矿业勘查投入的 1.5%~23.9%（表 3-8，图 3-8）。自 2008 年超越初级勘查公司以来，政府投入成为乌兹别克斯坦第二大矿业勘查资金来源，随后在 2012 年被其他来源超越。

乌兹别克斯坦矿业勘查其他来源投入金额为 10 万~1260 万美元，占该国矿业勘查投入的 0.4%~27.3%（表 3-8，图 3-8）。其他来源在 2012—2016 年期间仅次于高级勘查公司，作为乌兹别克斯坦矿业勘查资金的重要来源。

第四章　国别勘查阶段投入

一、印度——以草根勘查为主

印度矿业勘查资金主要用于草根勘查阶段,2001—2020年该阶段的投入金额为730万～3310万美元,占该国矿业勘查投入的29.3%～100.0%(表4-1,图4-1)。特别是2009年以前,草根勘查投入在印度勘查投入中的占比最低也接近60%(2006年)。印度草根勘查阶段投入金额较为稳定,总体变化不大,但其在该国勘查投入中的占比却呈现逐渐减少的变化趋势。

表4-1　印度矿业勘查阶段投入　　　　单位:百万美元

年份	草根勘查阶段		后期及可行性研究阶段		矿区勘查阶段		合计
	金额	占比/%	金额	占比/%	金额	占比/%	
2001	7.3	100.0	—	—	—	—	7.3
2002	10.3	95.4	0.5	4.6	—	—	10.8
2003	15.1	100.0	—	—	—	—	15.1
2004	13.5	93.1	0.7	4.8	0.3	2.1	14.5
2005	15.2	96.8	—	—	0.5	3.2	15.7
2006	16.3	58.0	4.8	17.1	7.0	24.9	28.1
2007	19.8	84.3	—	—	3.7	15.7	23.5
2008	19.0	58.3	3.6	11.0	10.0	30.7	32.6
2009	10.3	30.7	11.2	33.4	12.0	35.8	33.5
2010	19.3	47.5	11.6	28.6	9.7	23.9	40.6
2011	20.8	29.3	35.7	50.3	14.5	20.4	71.0
2012	33.1	45.9	18.0	25.0	21.0	29.1	72.1
2013	23.1	41.0	11.2	19.9	22.0	39.1	56.3
2014	30.9	49.9	9.2	14.9	21.8	35.2	61.9
2015	23.0	45.8	7.2	14.3	20.0	39.8	50.2
2016	22.2	46.1	9.1	18.9	16.9	35.1	48.2
2017	29.5	48.0	9.5	15.4	22.5	36.6	61.5
2018	22.7	43.4	3.6	6.9	26.0	49.7	52.3

续表 4-1

年份	草根勘查阶段		后期及可行性研究阶段		矿区勘查阶段		合计
	金额	占比/%	金额	占比/%	金额	占比/%	
2019	21.5	39.7	6.9	12.8	25.7	47.5	54.1
2020	13.7	32.6	6.3	15.0	22.0	52.4	42.0

注：1. 数据来源于标普数据库（https://www.spglobal.com/marketintelligence/en/）。
2. "—"表示未收集到相关数据。

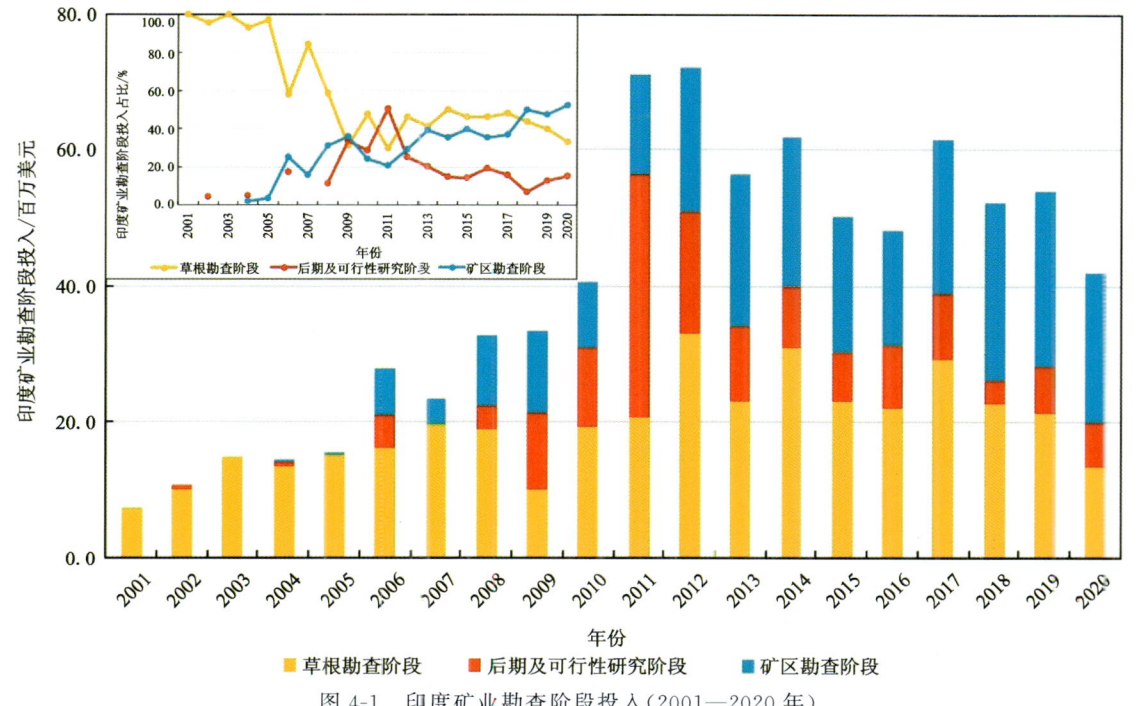

图 4-1 印度矿业勘查阶段投入（2001—2020 年）

后期及可行性研究阶段也是印度矿业勘查资金使用的重要阶段，但总体投入相对较少，且呈现先增加、后减少的"A"字形变化趋势。2001—2020 年，印度后期及可行性研究阶段投入金额为 50 万～3570 万美元，占该国矿业勘查投入的 4.6%～50.3%（表 4-1，图 4-1）。其中，2011 年后期及可行性研究阶段的投入金额占该国矿业勘查投入的一半左右。

矿区勘查阶段仅次于草根勘查阶段，是印度矿业勘查资金使用的第二大用途，总体呈现逐年增长的趋势。2001—2020 年，矿区勘查阶段投入金额为 30 万～2600 万美元，占该国矿业勘查投入的 2.1%～52.4%（表 4-1，图 4-1）。特别是 2008 年以来，矿区勘查阶段投入大部分占据印度矿业勘查投入的 1/3 以上份额。

二、哈萨克斯坦——以矿区勘查为主

2001—2020 年，哈萨克斯坦矿业勘查资金主要用于矿区勘查，其次是后期及可行性研究，也有部分资金用于草根勘查（表 4-2，图 4-2）。其中，矿区勘查是哈萨克斯坦矿业勘查资金使用最多的勘查阶段，2001—2020 年的投入金额为 170 万～11 990 万美元（占该国矿业勘查投入的 16.8%～60.6%），绝大多数年份投入基本占据该国矿业勘查投入的 1/3 以上。

表 4-2 哈萨克斯坦矿业勘查阶段投入　　　　　　　　　　单位：百万美元

年份	草根勘查阶段		后期及可行性研究阶段		矿区勘查阶段		合计
	金额	占比/%	金额	占比/%	金额	占比/%	
2001	1.3	28.9	1.2	26.7	2.0	44.4	4.5
2002	3.3	45.8	0.9	12.5	3.0	41.7	7.2
2003	2.0	30.8	2.5	38.5	2.0	30.8	6.5
2004	1.0	9.9	7.4	73.3	1.7	16.8	10.1
2005	5.9	20.4	17.4	60.2	5.6	19.4	28.9
2006	14.5	33.0	13.2	30.0	16.3	37.0	44.0
2007	33.0	39.6	16.6	19.9	33.8	40.5	83.4
2008	24.4	28.5	16.9	19.7	44.4	51.8	85.7
2009	13.4	23.7	22.0	38.9	21.2	37.5	56.6
2010	20.4	15.2	55.1	41.0	58.8	43.8	134.3
2011	27.4	14.3	72.0	37.7	91.6	48.0	191.0
2012	34.2	15.8	63.0	29.0	119.9	55.2	217.1
2013	25.0	18.6	37.7	28.0	71.8	53.4	134.5
2014	31.3	24.8	40.2	31.9	54.5	43.3	126.0
2015	15.0	19.4	25.1	32.5	37.2	48.1	77.3
2016	16.4	22.7	23.6	32.7	32.1	44.5	72.1
2017	21.5	22.4	20.4	21.3	53.9	56.3	95.8
2018	27.9	25.0	24.1	21.6	59.6	53.4	111.6
2019	23.8	24.7	14.1	14.7	58.3	60.6	96.2
2020	59.9	53.6	13.6	12.2	38.3	34.3	111.8

注：数据来源于标普数据库（https://www.spglobal.com/marketintelligence/en/）。

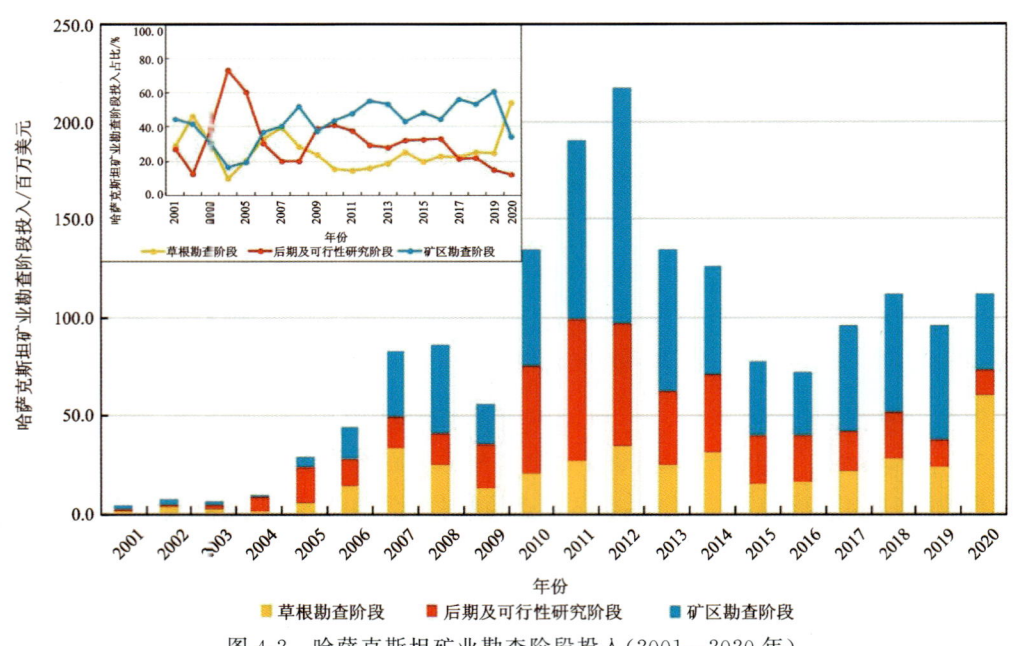

图 4-2 哈萨克斯坦矿业勘查阶段投入（2001—2020 年）

后期及可行性研究阶段是哈萨克斯坦矿业勘查投入的重要阶段,该阶段2001—2020年的投入金额为90万~7200万美元,占该国矿业勘查投入的12.2%~73.3%,总体呈现增加、减少、再增加、再减少的"M"字形变化趋势(表4-2,图4-2)。特别是2004—2005年,后期及可行性研究投入在哈萨克斯坦矿业勘查投入中的占比高达60%以上。

哈萨克斯坦草根勘查也是该国矿业勘查投入的重要用途之一,该阶段2001—2020年的投入金额为100万~5990万美元,占该国矿业勘查投入的9.9%~53.6%(表4-2,图4-2)。

三、中国——侧重于草根勘查和矿区勘查

2001—2020年,中国矿业勘查资金主要用于草根勘查阶段和矿区勘查阶段,也有部分资金用于后期及可行性研究阶段,总体呈现分阶段的变化趋势。其中,2008年以前投入资金主要用于草根勘查阶段,2008年以后则主要用于矿区勘查阶段(表4-3,图4-3)。

表 4-3 中国矿业勘查阶段投入 单位:百万美元

年份	草根勘查阶段		后期及可行性研究阶段		矿区勘查阶段		合计
	金额	占比/%	金额	占比/%	金额	占比/%	
2001	11.3	76.4	1.9	12.8	1.6	10.8	14.8
2002	7.3	55.7	1.5	11.5	4.3	32.8	13.1
2003	14.6	57.3	5.3	20.8	5.6	22.0	25.5
2004	45.6	53.3	29.8	34.9	10.1	11.8	85.5
2005	71.0	50.8	40.3	28.8	28.4	20.3	139.7
2006	71.9	33.3	97.2	45.0	46.7	21.6	215.8
2007	114.8	36.3	106.2	33.6	95.3	30.1	316.3
2008	123.7	35.3	108.1	30.9	118.2	33.8	350.0
2009	101.8	33.9	84.1	28.0	114.4	38.1	300.3
2010	116.9	29.4	109.4	27.5	171.3	43.1	397.6
2011	238.2	38.1	159.2	25.5	227.2	36.4	624.6
2012	270.9	37.6	191.1	26.5	258.4	35.9	720.4
2013	262.9	40.8	146.3	22.7	235.7	36.5	644.9
2014	213.5	35.9	140.2	23.6	240.7	40.5	594.4
2015	177.8	32.9	130.3	24.1	232.3	43.0	540.4
2016	114.3	29.0	98.0	24.9	182.0	46.2	394.3
2017	98.8	25.5	101.8	26.3	186.5	48.2	387.1
2018	164.5	33.8	123.9	25.5	198.1	40.7	486.5
2019	121.7	31.1	94.3	24.1	175.0	44.8	391.0
2020	84.4	27.1	59.7	19.2	167.0	53.7	311.1

注:数据来源于标普数据库(https://www.spglobal.com/marketintelligence/en/)。

矿区勘查是中国矿业勘查资金最为重要的用途之一，2001—2020 年的投入金额为 160 万～25 840 万美元，占该国矿业勘查投入的 10.8%～53.7%。投入占比自 2004 年开始总体呈现增加的变化趋势（表 4-3，图 4-3）。特别是 2009 年以来，矿区勘查阶段投入资金及其在中国矿业勘查投入中的占比首次超过草根勘查阶段，成为该国矿业勘查资金投入最多的领域。

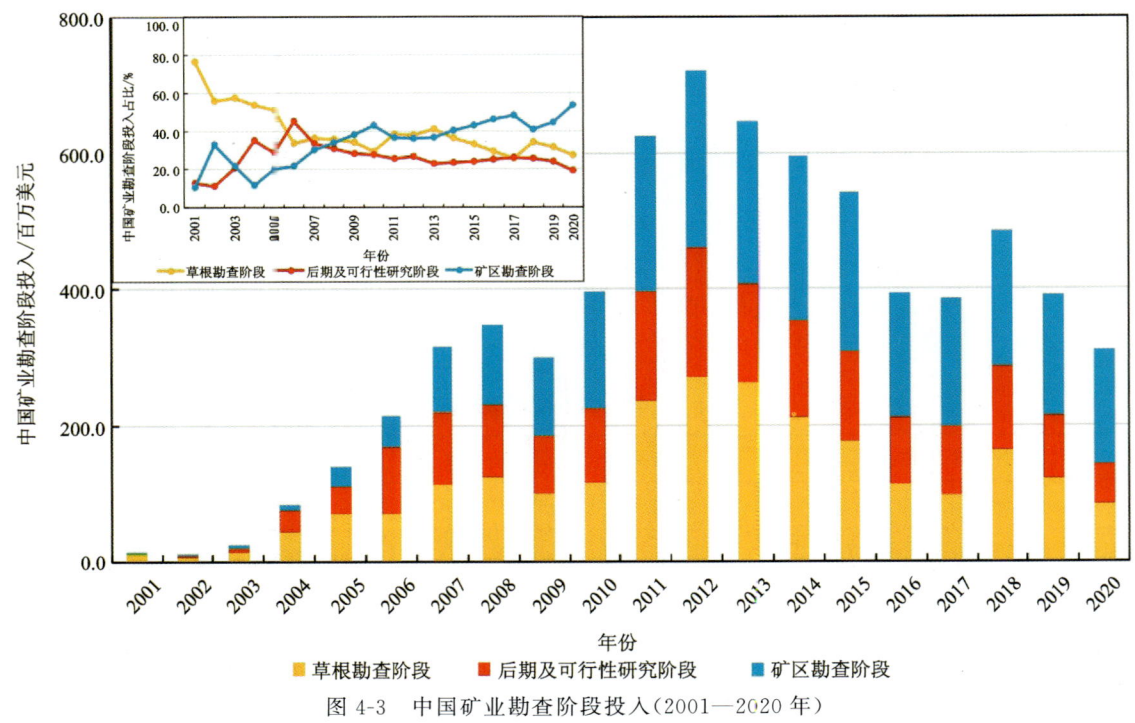

图 4-3　中国矿业勘查阶段投入（2001—2020 年）

后期及可行性研究阶段是中国矿业勘查投入的重要阶段，该阶段 2001—2020 年的投入金额为 150 万～19 110 万美元，占该国矿业勘查投入的 11.5%～45.0%，总体呈现先增加、后减少的"A"字形变化趋势（表 4-3，图 4-3）。

草根勘查在中国矿业勘查投入领域具有举足轻重的地位，特别是 2006 年以前，一直是该国矿业勘查投入最多的领域。2001—2020 年的投入金额为 730 万～27 090 万美元，占该国矿业勘查投入的 25.5%～76.4%（表 4-3，图 4-3）。中国草根勘查投入金额总体呈现先增加、后减少的"A"字形变化趋势，但其在中国矿业投入中的占比则总体呈现逐年递减的趋势。

四、吉尔吉斯斯坦——以后期及可行性研究为主

2002—2020 年，吉尔吉斯斯坦矿业勘查资金主要用于后期及可行性研究，其次是矿区勘查，也有部分资金用于草根勘查（表 1-4，图 4-4）。其中，后期及可行性研究是吉尔吉斯斯坦矿业勘查资金投入最多的领域，投入金额总体与该国矿业勘查投入变化趋势基本一致。2002—2020 年，后期及可行性研究阶段的投入金额为 110 万～4020 万美元（占该国矿业勘查投入的 7.7%～100.0%），绝大多数年份投入基本占据该国矿业勘查投入的 1/3 以上份额。

表 4-4　吉尔吉斯斯坦矿业勘查阶段投入　　　　　　　　　　　　　单位：百万美元

年份	草根勘查阶段		后期及可行性研究阶段		矿区勘查阶段		合计
	金额	占比/%	金额	占比/%	金额	占比/%	
2002	—	—	1.9	100.0	—	—	1.9
2003	0.4	22.2	1.4	77.8	—	—	1.8
2004	1.4	20.3	1.1	15.9	4.4	63.8	6.9
2005	4.3	19.2	4.7	21.0	13.4	59.8	22.4
2006	6.4	22.8	6.3	22.4	15.4	54.8	28.1
2007	17.3	45.5	5.2	13.7	15.5	40.8	38.0
2008	24.6	36.3	26.4	38.9	16.8	24.8	67.8
2009	16.2	34.7	18.5	39.6	12.0	25.7	46.7
2010	16.2	30.7	22.6	42.8	14.0	26.5	52.8
2011	2.9	4.3	40.2	60.3	23.6	35.4	66.7
2012	6.1	12.4	25.8	52.7	17.1	34.9	49.0
2013	2.4	8.3	18.9	65.6	7.5	26.0	28.8
2014	1.6	10.2	10.6	67.5	3.5	22.3	15.7
2015	3.3	20.0	11.6	70.3	1.6	9.7	16.5
2016	—	—	8.3	71.6	3.3	28.4	11.6
2017	5.7	20.1	11.0	38.7	11.7	41.2	28.4
2018	6.1	19.6	16.5	52.9	8.6	27.6	31.2
2019	2.3	7.7	14.1	47.2	13.5	45.2	29.9
2020	1.7	5.0	2.6	7.7	29.5	87.3	33.8

注：1. 数据来源于标普数据库（https://www.spglobal.com/marketintelligence/en/）。
2. "—"表示未收集到相关数据。

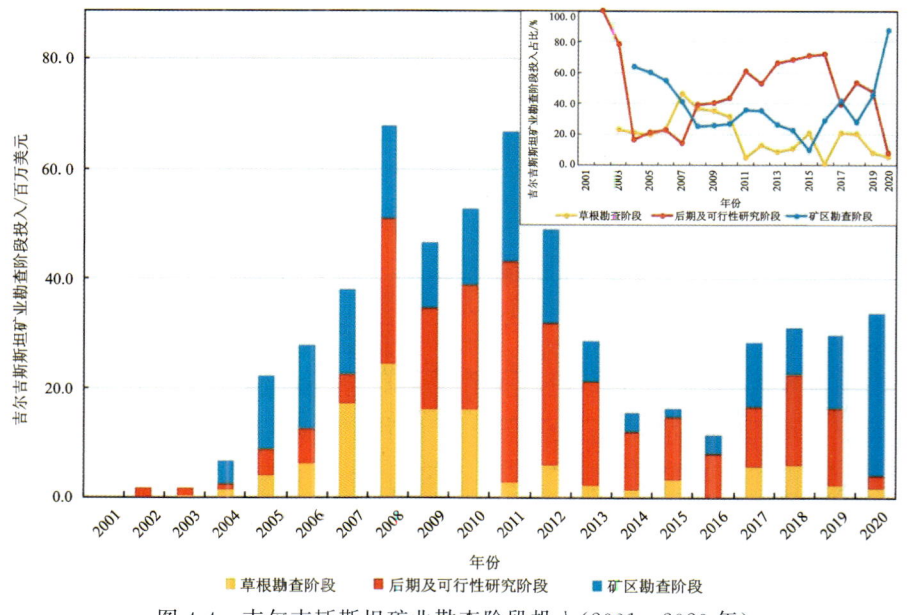

图 4-4　吉尔吉斯斯坦矿业勘查阶段投入（2001—2020 年）

矿区勘查是吉尔吉斯斯坦矿业勘查资金投入的重要用途之一,该阶段2001—2020年的投入金额为160万～2950万美元,占该国矿业勘查投入的9.7%～87.3%(表4-4,图4-4)。特别是2004—2007年、2017年、2020年,矿区勘查阶段的投入超过后期及可行性研究阶段的投入,矿区勘查成为吉尔吉斯斯坦矿业勘查投入最多的领域。

吉尔吉斯斯坦草根勘查也是该国矿业勘查投入的重要用途之一。2001—2020年,草根勘查阶段的投入金额为40万～2460万美元,占该国矿业勘查投入的4.3%～45.5%(表4-4,图4-4)。

五、巴基斯坦——以后期及可行性研究为主

2001—2020年,巴基斯坦矿业勘查资金主要用于后期及可行性研究,也有少量资金用于矿区勘查和草根勘查,总体呈现分阶段的变化趋势(表4-5,图4-5)。其中,2009年及以前,巴基斯坦矿业勘查资金主要用于后期及可行性研究(2002—2003年主要用于草根勘查),2009年以后则主要用于矿区勘查(2010年、2012—2013年除外)。

表4-5 巴基斯坦矿业勘查阶段投入　　　　　　　　　　　　　　　　　　　　单位:百万美元

年份	草根勘查阶段		后期及可行性研究阶段		矿区勘查阶段		合计
	金额	占比/%	金额	占比/%	金额	占比/%	
2001	—	—	0.2	100.0	—	—	0.2
2002	0.2	66.7	0.1	33.3	—	—	0.3
2003	0.1	100.0	—	—	—	—	0.1
2004	0.1	6.3	1.5	93.8	—	—	1.6
2005	0.1	4.2	2.3	95.8	—	—	2.4
2006	1.2	4.4	26.0	95.6	—	—	27.2
2007	—	—	33.7	100.0	—	—	33.7
2008	0.8	1.1	74.0	98.9	—	—	74.8
2009	1.0	3.0	31.2	92.6	1.5	4.5	33.7
2010	1.1	52.4	—	—	1.0	47.6	2.1
2011	0.7	12.1	4.0	69.0	1.1	19.0	5.8
2012	1.0	47.6	—	—	1.1	52.4	2.1
2013	0.3	100.0	—	—	—	—	0.3
2014	0.1	12.5	0.7	87.5	—	—	0.8
2015	0.5	35.7	0.1	7.1	0.8	57.1	1.4
2016	—	—	—	—	0.9	100.0	0.9
2017	0.1	5.0	0.5	25.0	1.4	70.0	2.0
2018	0.3	17.6	0.1	5.9	1.3	76.5	1.7
2019	—	—	—	—	1.3	100.0	1.3
2020	0.4	28.6	—	—	1.0	71.4	1.4

注:1. 数据来源于标普数据库(https://www.spglobal.com/marketintelligence/en/)。
　　2. "—"表示未收集到相关数据。

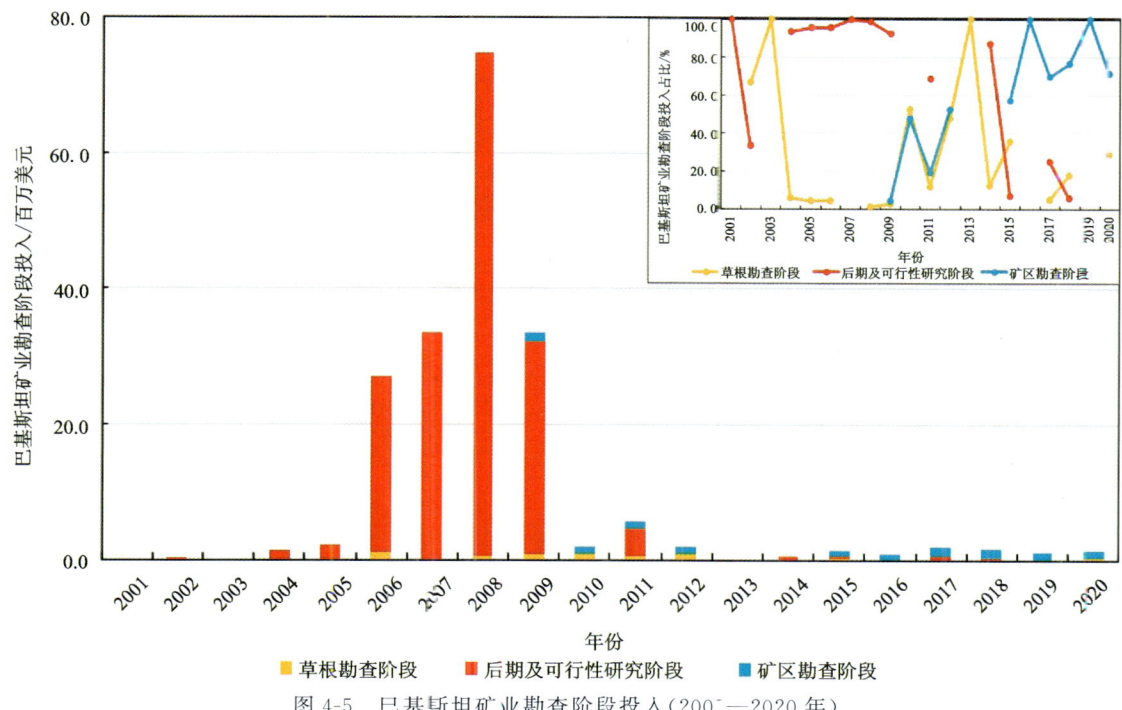

图 4-5 巴基斯坦矿业勘查阶段投入(2001—2020 年)

后期及可行性研究是巴基斯坦矿业勘查资金使用最多的领域，2001—2020 年的投入金额为 10 万～7400 万美元，占该国矿业勘查投入的 5.9%～100%，绝大多数年份投入基本占据该国矿业勘查投入的 60% 以上（表 4-5，图 4-5）。特别是 2006—2009 年，巴基斯坦矿业勘查投入均在 2000 万美元以上，其中 90% 以上资金用于后期及可行性研究。

巴基斯坦矿区勘查投入体量较小，但 2009 年以后矿区勘查逐渐成为巴基斯坦最为重要的勘查资金用途。2001—2020 年，巴基斯坦矿区勘查的投入金额为 80 万～150 万美元，占该国矿业勘查投入的 4.5%～100.0%（表 4-5，图 4-5）。

巴基斯坦草根勘查投入相对较少，最少仅占该国矿业勘查投入的 1.1%。2001—2020 年，巴基斯坦草根勘查投入金额为 10 万～120 万美元，这与该国矿业勘查投入体量较小密切相关（表 4-5，图 4-5）。

六、俄罗斯——各勘查阶段投入势均力敌

2001—2020 年，俄罗斯矿区勘查阶段投入、后期及可行性研究阶段投入、草根勘查阶段投入在该国矿业勘查资金投入方面势均力敌，呈现"三分天下"的分布态势，投入金额均呈现先增加、后减少的变化趋势（表 4-6，图 4-6）。由图表可知，矿区勘查阶段投入在俄罗斯矿业投入中的占比总体呈现逐年略微上升的趋势，2001—2020 年的投入金额为 1220 万～28 600 万美元，占该国矿业勘查投入的 25.5%～49.1%。

表 4-6 俄罗斯矿业勘查阶段投入　　　　　　　　　单位：百万美元

年份	草根勘查阶段		后期及可行性研究阶段		矿区勘查阶段		合计
	金额	占比/%	金额	占比/%	金额	占比/%	
2001	16.3	34.0	19.4	40.5	12.2	25.5	47.9
2002	16.1	29.8	21.4	39.6	16.5	30.6	54.0

续表 4-6

年份	草根勘查阶段		后期及可行性研究阶段		矿区勘查阶段		合计
	金额	占比/%	金额	占比/%	金额	占比/%	
2003	22.0	33.3	24.3	36.8	19.7	29.8	66.0
2004	43.8	28.1	53.7	34.5	58.3	37.4	155.8
2005	98.8	35.3	106.8	38.2	73.9	26.4	279.5
2006	154.8	41.1	121.7	32.3	100.1	26.6	376.6
2007	200.6	32.6	201.3	32.7	213.0	34.6	614.9
2008	200.0	33.6	230.6	38.8	164.0	27.6	594.6
2009	125.5	30.3	161.4	39.0	127.2	30.7	414.1
2010	86.2	22.1	116.0	29.8	187.5	48.1	389.7
2011	140.7	25.5	140.5	25.4	271.0	49.1	552.2
2012	175.5	25.1	249.4	35.6	275.2	39.3	700.1
2013	173.9	24.1	260.5	36.2	286.0	39.7	720.4
2014	138.2	24.8	188.7	33.8	231.3	41.4	558.2
2015	114.1	27.1	149.5	35.5	157.6	37.4	421.2
2016	94.5	29.0	119.8	36.8	111.1	34.1	325.4
2017	67.8	20.2	121.4	36.1	146.7	43.7	335.9
2018	96.4	21.3	187.5	41.5	168.4	37.2	452.3
2019	80.0	19.5	166.8	40.7	163.1	39.8	409.9
2020	78.4	18.1	171.3	39.5	183.8	42.4	433.5

数据来源：标普数据库（https://www.spglobal.com/marketintelligence/en/）。

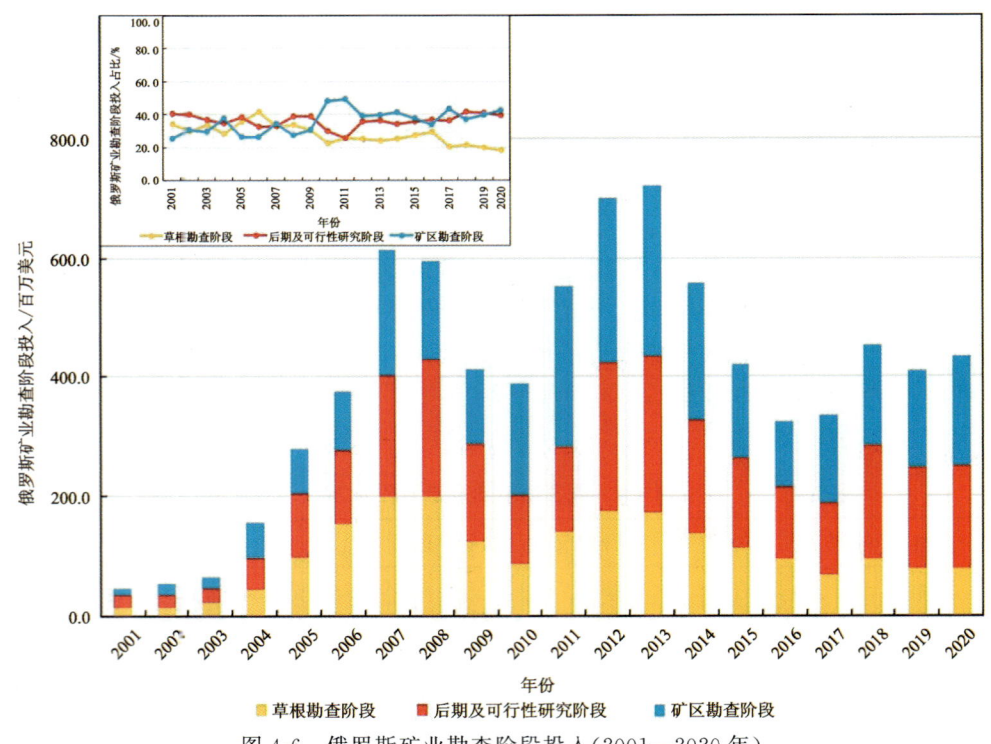

图 4-6 俄罗斯矿业勘查阶段投入（2001—2020 年）

后期及可行性研究阶段的投入在俄罗斯矿业勘查投入中的占比相对稳定,总体变化不大,2001—2020年投入金额为1940万~26 050万美元,占该国矿业勘查投入的25.4%~41.5%(表4-6,图4-6)。

草根勘查阶段的投入在俄罗斯矿业勘查投入中的占比总体呈现上升、下降、再上升、再下降的"M"字形变化趋势,2001—2020年投入金额为1610万~20 060万美元,占该国矿业勘查投入的18.1%~41.1%(表4-6,图4-6)。

七、塔吉克斯坦——以矿区勘查为主

2001—2020年,塔吉克斯坦矿业勘查投入主要用于矿区勘查,其次是后期及可行性研究,已有部分资金用于草根勘查,总体呈现分阶段的变化趋势(表4-7,图4-7)。其中,矿区勘查是塔吉克斯坦矿业勘查资金使用最为稳定的领域,2001—2020年的投入金额为20万~450万美元,占该国矿业勘查投入的6.3%~100.0%,绝大多数年份投入占据该国矿业勘查投入的1/3以上份额。

表4-7 塔吉克斯坦矿业勘查阶段投入　　　　　　　　　单位:百万美元

年份	草根勘查阶段		后期及可行性研究阶段		矿区勘查阶段		合计
	金额	占比/%	金额	占比/%	金额	占比/%	
2003	—	—	—	—	1.0	100.0	1.0
2004	—	—	—	—	1.5	100.0	1.5
2005	1.2	20.0	3.7	61.7	1.1	18.3	6.0
2006	0.2	6.3	1.0	31.3	2.0	62.5	3.2
2007	1.1	16.4	4.5	67.2	1.1	16.4	6.7
2008	1.1	20.4	2.8	51.9	1.5	27.8	5.4
2009	0.8	12.9	3.4	54.8	2.0	32.3	6.2
2010	0.5	20.0	1.0	40.0	1.0	40.0	2.5
2011	1.5	12.4	8.1	66.9	2.5	20.7	12.1
2012	1.5	11.1	7.5	55.6	4.5	33.3	13.5
2013	4.5	45.0	1.0	10.0	4.5	45.0	10.0
2014	2.0	44.4	—	—	2.5	55.6	4.5
2015	1.0	38.5	—	—	1.6	61.5	2.6
2016	0.3	21.4	—	—	1.1	78.6	1.4
2017	—	—	—	—	2.2	100.0	2.2
2018	0.3	12.5	—	—	2.1	87.5	2.4
2019	—	—	—	—	3.8	100.0	3.8
2020	—	—	—	—	2.0	100.0	2.0

注:1.数据来源于标普数据库(https://www.spglobal.com/marketintelligence/en/)。
　　2."—"表示未收集到相关数据。

2001—2020年,塔吉克斯坦后期及可行性研究阶段的投入金额为100万~810万美元,占该国矿业勘查投入的10.0%~67.2%(表4-7,图4-7)。其中,2005—2012年,后期及可行性研究阶段是塔吉克斯坦矿业勘查资金投入最多的阶段(2006年、2010年除外),投入金额在该国矿业勘查投入中的占比高达

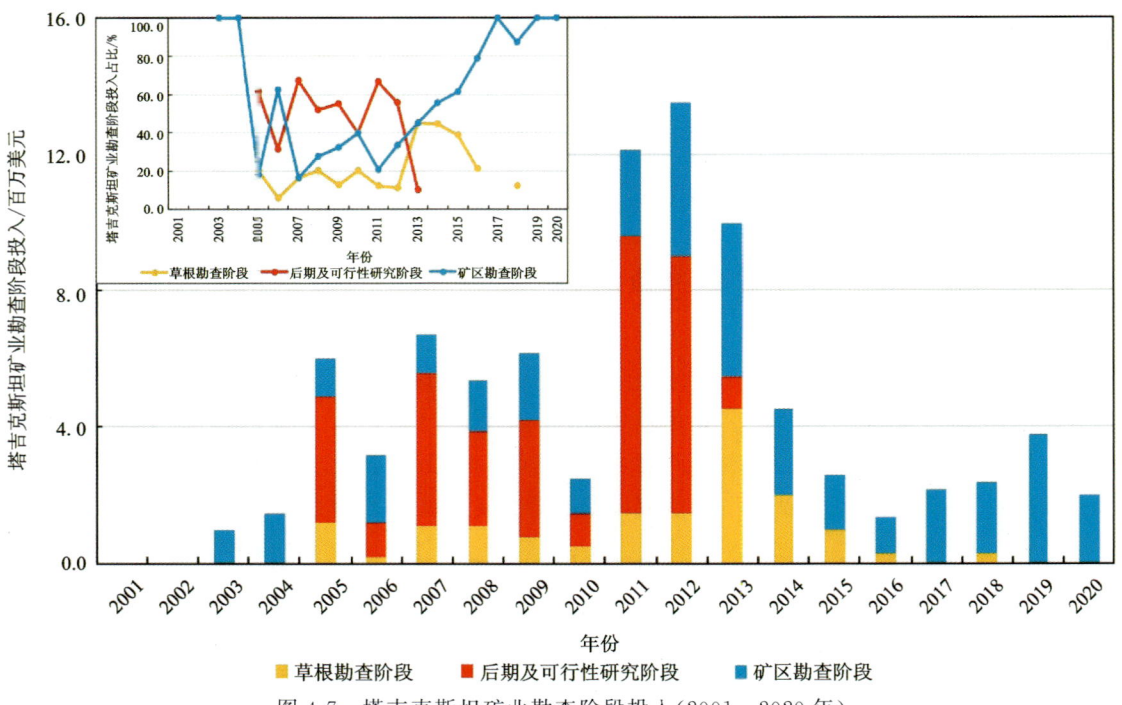

图 4-7 塔吉克斯坦矿业勘查阶段投入（2001—2020 年）

50%以上，这一时间段也是塔吉克斯坦矿业勘查投入的"高光时刻"。

草根勘查也是塔吉克斯坦矿业勘查投入的重要用途之一，2001—2020 年的投入金额为 20 万～450 万美元，占该国矿业勘查投入的 6.3%～45.0%（表 4-7，图 4-7）。

八、乌兹别克斯坦——以后期及可行性研究为主

2001—2020 年，乌兹别克斯坦矿业勘查投入主要用于后期及可行性研究，其次是矿区勘查，也有部分资金用于草根勘查，总体呈现分阶段的变化趋势（表 4-8，图 4-8）。其中，2012 年以前，乌兹别克斯坦矿业勘查投入总体以后期及可行性研究为主（2003 年、2006 年除外），2014 年以后的投入则主要以矿区勘查为主。

表 4-8 乌兹别克斯坦矿业勘查阶段投入　　　　　　　　　　　　　　　　　　　　单位：百万美元

年份	草根勘查阶段		后期及可行性研究阶段		矿区勘查阶段		合计
	金额	占比/%	金额	占比/%	金额	占比/%	
2001	0.5	5.8	7.1	82.6	1.0	11.6	8.6
2002	0.5	7.7	4.0	61.5	2.0	30.8	6.5
2003	2.9	30.2	2.7	28.1	4.0	41.7	9.6
2004	1.0	6.9	10.7	73.8	2.8	19.3	14.5
2005	2.3	16.7	8.6	62.3	2.9	21.0	13.8
2006	2.5	14.4	6.4	36.8	8.5	48.9	17.4
2007	2.0	11.6	7.7	44.8	7.5	43.6	17.2
2008	7.0	35.5	7.7	39.1	5.0	25.4	19.7

续表 4-8

年份	草根勘查阶段		后期及可行性研究阶段		矿区勘查阶段		合计
	金额	占比/%	金额	占比/%	金额	占比/%	
2009	3.7	15.6	12.0	50.6	8.0	33.8	23.7
2010	5.8	20.5	14.5	51.2	8.0	28.3	23.3
2011	5.0	19.2	11.0	42.3	10.0	38.5	26.0
2012	16.7	34.3	17.0	34.9	15.0	30.8	48.7
2013	13.8	35.6	15.0	38.7	10.0	25.8	38.8
2014	10.5	34.4	10.0	32.8	10.0	32.8	30.5
2015	5.7	23.1	9.0	36.4	10.0	40.5	24.7
2016	3.7	17.1	9.0	41.5	9.0	41.5	21.7
2017	3.0	22.1	0.6	4.4	10.0	73.5	13.6
2018	4.5	23.1	2.0	10.3	13.0	66.7	19.5
2019	4.0	22.2	—	—	14.0	77.8	18.0
2020	5.3	26.1	—	—	15.0	73.9	20.3

注：1. 数据来源于标普数据库（https://www.spglobal.com/marketintelligence/cn/）。
2. "—"表示未收集到相关数据。

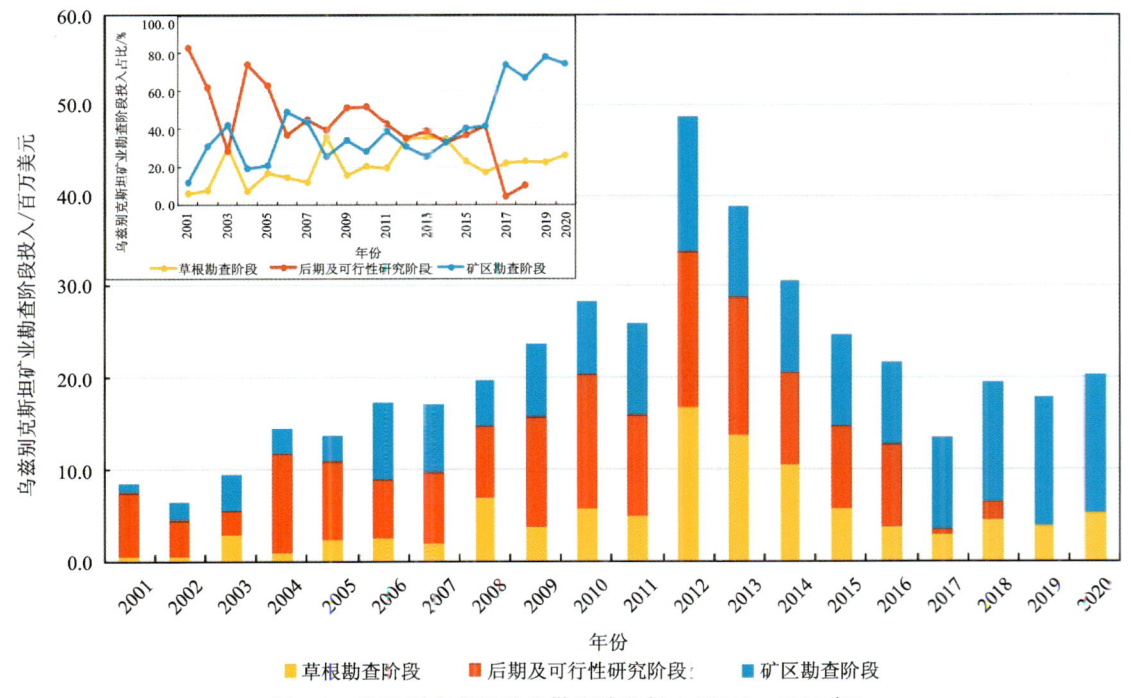

图 4-8　乌兹别克斯坦矿业勘查阶段投入（2001—2020年）

后期及可行性研究是乌兹别克斯坦矿业勘查资金投入最多的领域，绝大多数年份投入占据该国矿业勘查投入的1/3以上份额。2001—2020年，乌兹别克斯坦后期及可行性研究的投入金额为60万～1700万美元，投入金额总体呈现先增加、后减少的"Λ"字形变化趋势；投入金额占该国矿业勘查投入的4.4%～82.6%，总体呈现减少的趋势（表4-8，图4-8）。

矿区勘查在乌兹别克斯坦矿业勘查资金使用方面具有极其重要的地位，投入金额及其在该国矿业勘查投入中的占比整体呈现逐年增加的趋势。2001—2020年，乌兹别克斯坦矿区勘查的投入金额为100万~1500万美元，占该国矿业勘查投入的11.6%~77.8%，特别是2017年以来，投入资金占据该国矿业勘查投入的2/3以上份额（表4-8，图4-8）。

草根勘查也是乌兹别克斯坦矿业勘查投入的重要领域之一，2001—2020年的投入金额为50万~1670万美元，占该国矿业勘查投入的5.8%~35.6%（表4-8，图4-8）。其中，2012—2014年，草根勘查与后期及可行性研究、矿区勘查"三分天下"，共同构成乌兹别克斯坦矿业勘查的三大领域。

第五章　矿业勘查小结及展望

（1）矿业勘查是矿业开发的基础性和先行性工作，是一项高投入的社会生产活动（经济活动），明显受全球经济规律（重大事件）的影响和（或）制约。2001—2020年，上合组织成员国矿业勘查投入与美国、加拿大、澳大利亚等传统矿业大国相比具有较大差距，但其总体变化规律与传统矿业大国基本一致，均随着世界经济的变化而变化，明显受全球重大经济事件的影响。

（2）以中国、俄罗斯为代表的上合组织成员国逐渐成为全球重要的矿业勘查投资地区。上合组织成员国矿业勘查投入已由2001年的8330万美元攀升至2020年的9.559亿美元，在全球勘查投入的占比也由3.97%攀升至11.48%。其中，俄罗斯和中国在2020年的勘查投入分别为4.335亿美元、3.111亿美元，分别占全球当年投入的5.21%和3.74%，基本位于全球矿产勘查投入第二梯队（投入金额大于3亿美元；俄罗斯位居全球第六位、中国位居全球第八位）；而印度、吉尔吉斯斯坦、巴基斯坦、塔吉克斯坦、乌兹别克斯坦等国的勘查投入均不足5000万美元。

（3）上合组织成员国对矿业（矿产资源）的依赖程度不一样，导致其矿业勘查投入在本国GDP中的占比也不尽相同。例如，吉尔吉斯斯坦、塔吉克斯坦、哈萨克斯坦、乌兹别克斯坦、俄罗斯等国大都以矿业为主要支柱产业（属于资源依赖型经济），与澳大利亚、加拿大等矿业大国类似，其矿业勘查投入在本国GDP中的占比明显高于全球平均水平，而中国、巴基斯坦、印度等国则低于全球平均水平（与美国类似）。

（4）上合组织成员国由于各自国情及其相应的矿业政策不同，其勘查投入各有特色，明显受本国经济、政治环境的影响和（或）制约。例如，印度勘查投入稳中有升，主要由高级勘查公司和政府主导，以草根勘查为主，勘查矿种主要为金刚石、铅锌、铜等矿产；哈萨克斯坦勘查投入呈现"N"字形变化趋势，以高级勘查公司主导的矿区勘查为主，勘查矿种主要为金、铜、铀；中国作为崛起的矿业大国，勘查投入来源各有千秋，侧重于草根勘查和矿区勘查，勘查矿种以金矿为主，铜铅锌次之；吉尔吉斯斯坦勘查投入较少，初级勘查公司投入持续稳定，金矿的投入则以后期及可行性研究为主；巴基斯坦勘查投入体量较小，其来源分阶段变化，以铜矿的后期及可行性研究为主；俄罗斯勘查投入呈现多峰式变化，主要由高级勘查公司主导，各勘查阶段投入势均力敌，以金、金刚石为主；塔吉克斯坦勘查投入体量较小，以高级勘查公司和初级勘查公司主导的矿区勘查为主，勘查矿种以金矿为主；乌兹别克斯坦勘查投入较少，基本由高级勘查公司主导，侧重于金矿和铀矿的后期及可行性研究。

（5）未来，世界地缘政治环境的变化和大国间基于能源资源的博弈必将影响和（或）带动上合组织成员国矿业勘查投入的巨大变化。中国、俄罗斯作为域内大国，在矿业勘查领域仍将发挥中流砥柱的作用，其勘查投入极有可能紧随或超越传统矿业大国；俄罗斯矿业勘查投入可能受其政治、经济环境影响，导致增幅较慢，但不影响其整体地位。印度、哈萨克斯坦两国分别受其国民经济的发展和国内需求的增长，抑或国内矿业形势（矿业政策变化等）的影响，勘查投入可能会进一步提升。

中篇　矿业开发

　　矿产资源是指经过地质成矿作用而形成的,天然赋存于地壳内部或地表,埋藏于地下或出露于地表,呈固态、液态或气态的,并具有开发利用价值的矿物或有用元素的集合体。矿与非矿的本质区别是能否被开发利用。任何一种矿产之所以有用,是因为在当时的技术经济条件下,其内部所含有的有用元素或其物理性能能够被利用。因此,矿是地质、技术、经济三方面的动态概念,是目前技术经济条件下可以利用的一切矿石、矿体、矿床的总称。矿产资源开发是指把经济矿床(包括固体矿产和液体矿产)的矿石矿物开采出来,通过选、冶、加工等一系列工序,将有用矿物提炼或提纯成为一定形式产品。矿业开发不仅可以满足各国对矿产品的需求,也在一定程度上反映出各国在矿山技术、装备水平、经济实力等方面存在的差异。在经济全球化时代,科学技术作为第一生产力,已成为当代经济发展的决定性因素之一。矿产资源作为经济社会发展的重要物质基础和工业"粮食",如果能在其勘查开发过程中应用创新技术(例如,人工智能、数字化等高科技、智能化技术正进入矿业领域,改变着矿业),就可能促进矿业脱胎换骨,使其获得高质量发展。

第六章 运营矿业项目

一、运营矿业项目总体概况

据不完全统计,上合组织成员国矿业项目主要集中在中国(3760个)和俄罗斯(1340个),其次是印度(795个)、哈萨克斯坦(383个)和吉尔吉斯斯坦(166个),巴基斯坦(31个)、塔吉克斯坦(36个)和乌兹别克斯坦(54个)等国矿业项目较少(表6-1,图6-1)。

表6-1 上合组织成员国矿业项目运营状态统计表

国家	运营	停运	暂时搁置	项目维护	司法纠纷	状态不明	修复	合计
印度	421	234	21	4	2	113	—	795
哈萨克斯坦	134	210	4	6	—	28	1	383
中国	1771	1357	37	17	1	576	1	3760
吉尔吉斯斯坦	24	129	3	—	3	7	—	166
巴基斯坦	14	16	—	—	1	—	—	31
俄罗斯	520	532	18	11	1	258	—	1340
塔吉克斯坦	13	21	1	—	—	1	—	36
乌兹别克斯坦	14	28	1	—	1	10	—	54

注:1. 数据来源于标普数据库(https://www.spglobal.com/marketintelligence/en/)。
2. "—"表示未收集到相关数据。

就项目运营状态而言,各国的矿业项目主要处于运营状态或停运状态,其次为状态不明的项目,暂时搁置、项目维护、司法纠纷、修复等状态的项目相对较少。其中,中国、印度两国运营项目在本国占据优势,而哈萨克斯坦、吉尔吉斯斯坦、俄罗斯、塔吉克斯坦、乌兹别克斯坦等国则是停运项目多于运营项目(表6-1,图6-1)。

运营矿业项目统计数据显示,上合组织成员国运行项目主要集中在中国、俄罗斯、印度、哈萨克斯坦四国。各国运营矿业项目大多处于生产/预生产阶段,占本国运营项目总数的60%以上(吉尔吉斯斯坦除外,仅占37.50%),其次处于勘查阶段(中国为矿山建设阶段),可研/预可研阶段项目数量相对较少,也有个别项目处于其他阶段(表6-2,图6-1)。

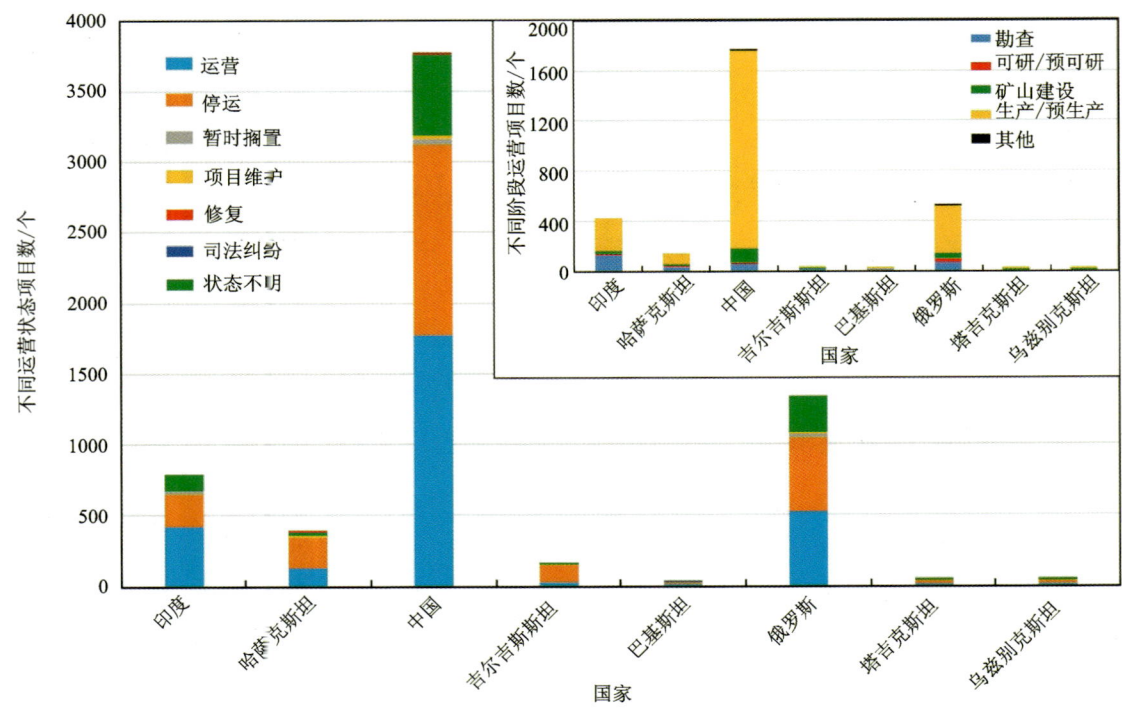

图 6-1　上合组织成员国矿业项目运营状态(2001—2020 年)

表 6-2　上合组织成员国运营矿业项目不同生产阶段统计表

国家	勘查	可研/预可研	矿山建设	生产/预生产	其他	合计
印度	126	11	21	263	—	421
哈萨克斯坦	27	9	13	85	—	134
中国	50	13	112	1592	4	1771
吉尔吉斯斯坦	7	5	3	9	—	24
巴基斯坦	3	1	1	9	—	14
俄罗斯	59	33	48	378	2	520
塔吉克斯坦	—	1	2	10	—	13
乌兹别克斯坦	—	—	3	11	—	14

注：1. 数据来源于标普数据库(https://www.spglobal.com/marketintelligence/en/)。
　　2. "—"表示未收集到相关数据。

二、印度——侧重于煤炭、铅锌、铁锰

据不完全统计，印度运营矿业项目主要为生产/预生产项目(263 个)，约占运营项目总数的 62.47%；其次是勘查项目(126 个)，约占运营项目总数的 29.93%；矿山建设项目、可研/预可研项目较少，分别占运营项目总数的 4.99% 和 2.61%(表 6-3，图 6-2)。

表 6-3 印度运营矿业项目概况

矿种	勘查	可研/预可研	矿山建设	生产/预生产	小计
金	1	3	1	8	13
铜	—	2	5	12	19
铅锌	—	2	3	107	112
铁锰	4	1	5	42	52
铝土矿	7	2	2	18	29
铬铁矿	—	—	1	6	7
煤炭	113	—	—	63	176
其他	1	1	4	7	13
合计	126	11	21	263	421

注：1. 数据来源于标普数据库(https://www.spglobal.com/marketintelligence/en/)。
2. "—"表示未收集到相关数据。

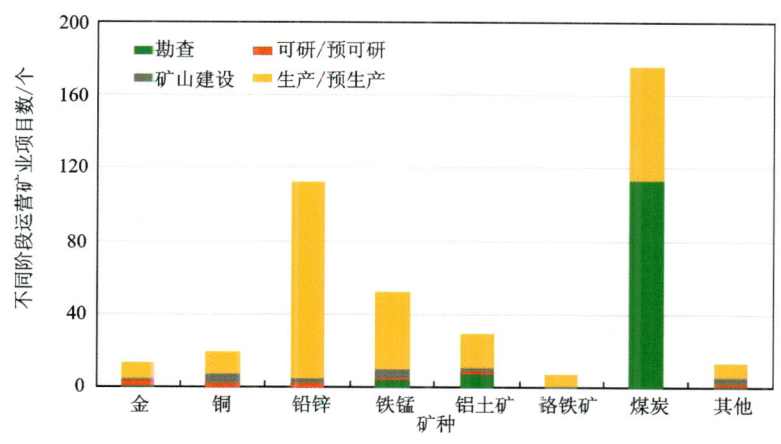

图 6-2 印度运营矿业项目概况

就运营项目所涉及的矿种而言，印度运营矿业项目主要为煤炭(176 个)、铅锌(112 个)，分别占运营项目总数的 41.81%、26.60%；其次是铁锰(52 个)、铝土矿(29 个)，分别占运营项目总数的 12.35%、6.89%；铜、金、铬铁矿等矿种也占有一定的份额，其他矿种(银、钛铁矿、镍、铀、金刚石、石墨等)运营项目数相对较少(表 6-3，图 6-2)。

就运营项目所处生产阶段而言，印度绝大多数矿种处于生产/预生产阶段(煤炭除外)，约占该矿种运营项目总数的 60%以上；印度的煤炭运营项目则大多处于勘查阶段，约占该矿种运行项目总数的 64.20%，其次是生产/预生产阶段，约占该矿种运行项目总数的 35.80%(表 6-3，图 6-2)。

三、哈萨克斯坦——侧重于金、铜、铀、铅锌、铁锰

据不完全统计，哈萨克斯坦运营矿业项目主要为生产/预生产项目(85 个)，约占运营项目总数的 63.43%；其次是勘查项目(27 个)，约占运营项目总数的 20.15%；矿山建设项目、可研/预可研项目较少，分别占运营项目总数的 9.70%和 6.72%(表 6-4，图 6-3)。

表 6-4 哈萨克斯坦运营矿业项目概况

矿种	勘查	可研/预可研	矿山建设	生产/预生产	小计
金	7	2	2	20	31
铜	3	2	2	16	23
钼	2	—	—	—	2
铅锌	2	—	—	13	15
铁锰	3	1	1	7	12
铬铁矿	—	—	—	4	4
铝土矿	—	—	—	2	2
钨	—	1	1	3	5
钒	—	1	1	—	2
铀	2	—	4	14	20
煤炭	8	—	1	4	13
磷酸盐	—	—	1	2	3
钾盐	—	2	—	—	2
合计	27	9	13	85	134

注：1. 数据来源于标普数据库（https://www.spglobal.com/marketintelligence/en/）。
2. "—"表示未收集到相关数据。

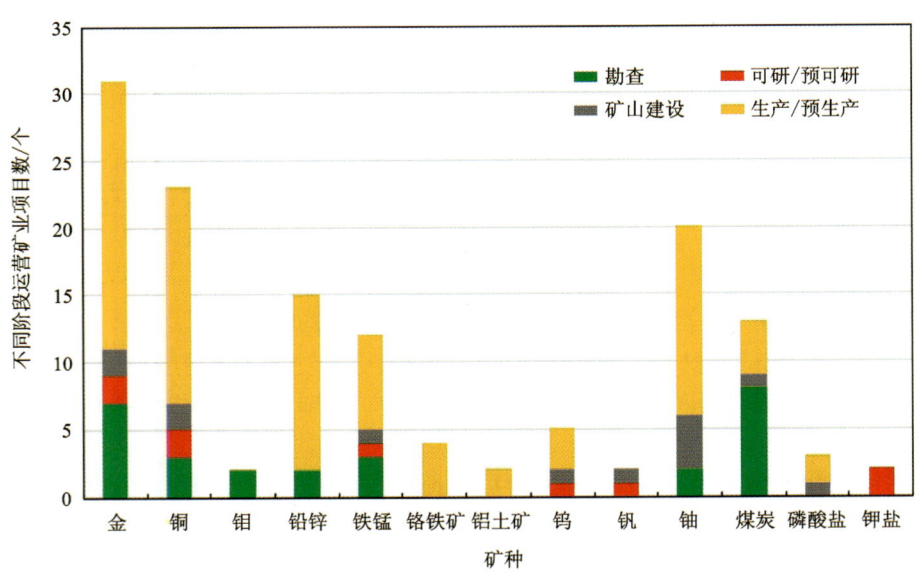

图 6-3 哈萨克斯坦运营矿业项目概况

就运营项目所涉及的矿种而言，哈萨克斯坦运营矿业项目主要为金（31个）、铜（23个）、铀（20个），分别占运营项目总数的23.13%、17.16%、14.93%；其次是铅锌（15个）、煤炭（13个）、铁锰（12个），分别占运营项目总数的11.19%、9.70%、8.96%；钼、铬铁矿、铝土矿、钨、钒、磷酸盐、钾盐等矿种运营项目数相对较少（表6-4，图6-3）。

就运营项目所处生产阶段而言，哈萨克斯坦绝大多数矿种处于生产/预生产阶段（钼、钒、钾盐、煤炭除外),约占该矿种运营项目总数的60%以上;其次为勘查阶段(煤炭运营项目主要处于该阶段),可研/预可研阶段和矿山建设项目数量相对较少(表6-4,图6-3)。

四、中国——侧重于铅锌、煤炭、铁锰、铜、金

据不完全统计,中国运营矿业项目绝大多数为生产/预生产项目(1592个),约占运营项目总数的89.89%;其次是矿山建设项目(112个)和勘查项目(50个),约占运营项目总数的6.32%和2.82%;可研/预可研项目、闭坑/其他项目较少,分别占运营项目总数的0.73%和0.23%(表6-5,图6-4)。

表6-5 中国运营矿业项目概况

矿种	勘查	可研/预可研	矿山建设	生产/预生产	闭坑/其他	小计
金	10	4	22	139	—	175
银	7	—	2	10	—	19
铜	6	2	23	221	—	252
钼	—	—	5	16	—	21
铅锌	5	2	7	443	3	460
锑	—	—	—	6	—	6
铁锰	—	1	17	264	—	282
铝土矿	—	—	—	45	—	45
锡	3	—	1	10	—	14
钨	—	—	—	12	—	12
钒	1	—	—	7	—	8
锂	—	—	3	8	—	11
镍	1	2	2	56	1	62
镧系	4	1	—	2	—	7
铀	—	—	1	7	—	8
煤炭	11	1	29	338	—	379
其他	2	—	—	8	—	10
合计	50	13	112	1592	4	1771

注:1.数据来源于标普数据库(https://www.spglobal.com/marketintelligence/en/)。
   2."—"表示未收集到相关数据。

就运营项目所涉及的矿种而言,中国运营矿业项目主要为铅锌(460个)和煤炭(379个),分别占运营项目总数的25.97%、21.40%;其次是铁锰(282个)、铜(252个)、金(175个),分别占运营项目总数的15.92%、14.23%、9.88%;镍(62个)、铝土矿(45个)也占有一定的份额,银、钼、锑、锡、钨、钒、锂、镧系、铀,以及其他矿种(铬铁矿、钛、铂、石墨、磷酸盐、钾盐)运营项目数相对较少(表6-5,图6-4)。

就运营项目所处生产阶段而言,中国绝大多数矿种处于生产/预生产阶段(镧系除外),约占该矿种运营项目总数的70%以上,其次是矿山建设阶段和勘查阶段,可研/预可研阶段、闭坑/其他阶段的项目数量相对较少(表6-5,图6-4)。

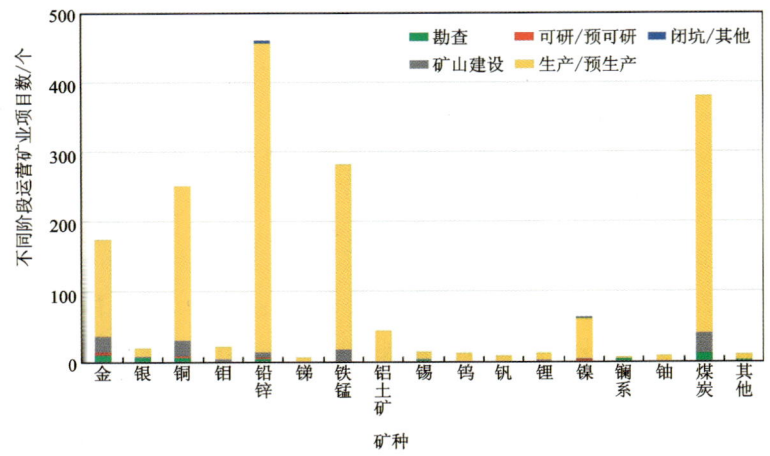

图 6-4　中国运营矿业项目概况

五、吉尔吉斯斯坦——以金为主

据不完全统计,吉尔吉斯斯坦运营矿业项目相对较少,主要为生产/预生产项目(9 个),约占运营项目总数的 37.50%;其次是勘查项目(7 个),约占运营项目总数的 29.17%;矿山建设项目、可研/预可研项目较少,分别占运营项目总数的 12.50% 和 20.83%(表 6-6,图 6-5)。

吉尔吉斯斯坦运营矿业项目绝大多数为金(19 个),占运营项目总数的 79.17%,运营的金矿大多处于生产/预生产阶段(其他阶段相对较少);铜、钼、铀、煤炭等矿种也占有一定的份额,但运营项目数相对较少,所处生产阶段也有所不同(表 6-6,图 6-5)。

表 6-6　吉尔吉斯斯坦运营矿业项目概况

矿种	勘查	可研/预可研	矿山建设	生产/预生产	小计
金	4	4	3	8	19
铜	2	—	—	—	2
钼	—	—	—	1	1
铀	—	1	—	—	1
煤炭	1	—	—	—	1
合计	7	5	3	9	24

注:1. 数据来源于标普数据库(https://www.spglobal.com/marketintelligence/en/)。
　　2. "—"表示未收集到相关数据。

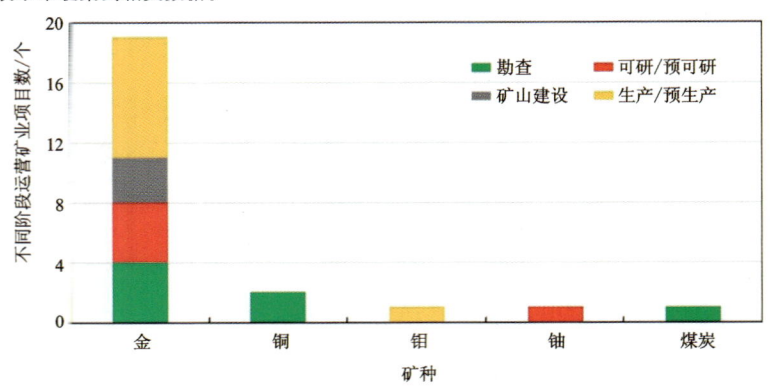

图 6-5　吉尔吉斯斯坦运营矿业项目概况

六、巴基斯坦——以煤炭为主，铜、铅锌次之

巴基斯坦运营矿业项目相对较少，项目运营情况相对简单。据不完全统计，巴基斯坦运营矿业项目主要为煤炭（7个），其次是铜（4个）、铅锌（3个）；运营项目大多数处于生产/预生产阶段（9个，绝大多数矿种处于该阶段），其次是勘查阶段（3个），矿山建设、可研/预可研阶段项目较少（表6-7，图6-6）。

表6-7　巴基斯坦运营矿业项目概况

矿种	勘查	可研/预可研	矿山建设	生产/预生产	小计
铜	2	—	—	2	4
铅锌	—	—	—	3	3
煤炭	1	—	1	4	7
合计	3	—	1	9	14

注：1. 数据来源于标普数据库（https://www.spglobal.com/marketinte.ligence/en/）。
　　2. "—"表示未收集到相关数据。

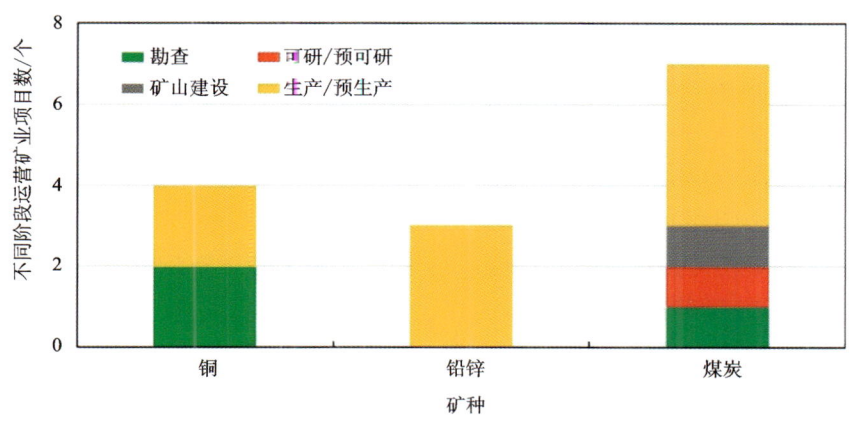

图6-6　巴基斯坦运营矿业项目概况

七、俄罗斯——以煤炭、金为主，铜、铁、铅锌次之

据不完全统计，俄罗斯运营矿业项目绝大多数为生产/预生产项目（378个），约占运营项目总数的72.69%；其次是勘查项目（59个）、矿山建设项目（48个）、可研/预可研项目（33个），分别占运营项目总数的11.35%、9.23%、6.35%；其他阶段项目仅占0.38%（表6-8，图6-7）。

表6-8　俄罗斯运营矿业项目概况

矿种	勘查	可研/预可研	矿山建设	生产/预生产	闭坑/其他	小计
金	14	14	15	92	1	136
银	1	1	1	3	—	6
铜	5	4	5	33	—	47
铅锌	—	2	2	22	—	26

续表6-8

矿种	勘查	可研/预可研	矿山建设	生产/预生产	闭坑/其他	小计
铝土矿	—	—	2	21	—	23
铁	3	2	8	13	1	27
镍	2	4	3	8	—	17
铂族	2	1	1	4	—	8
铀	—	1	1	3	—	5
钾盐	1	1	4	10	—	16
金刚石	8	—	—	13	—	21
煤炭	22	1	3	143	—	169
其他	1	2	3	13	—	19
合计	59	33	48	378	2	520

注：1. 数据来源于标普数据库（https://www.spglobal.com/marketintelligence/en/）。
2. "—"表示未收集到相关数据。

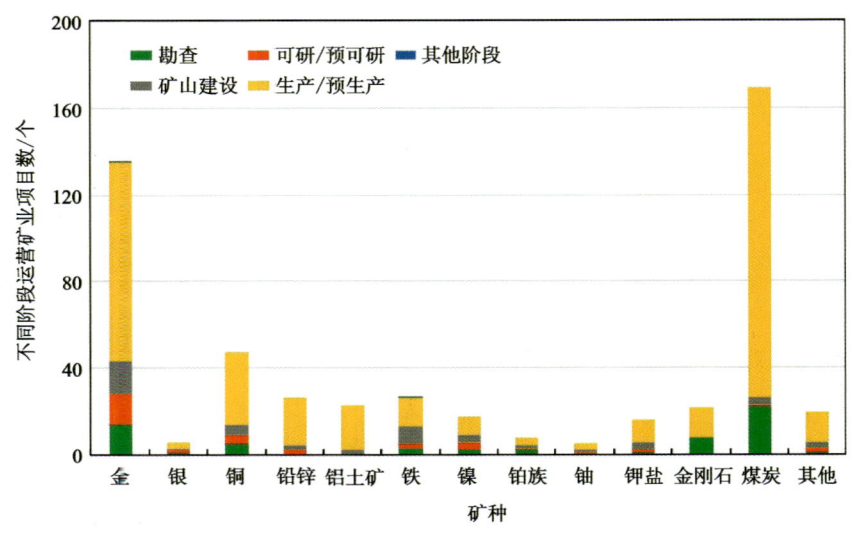

图6-7 俄罗斯运营矿业项目概况

就运营项目所涉及的矿种而言，俄罗斯运营矿业项目主要为煤炭（169个）、金（136个），分别占运营项目总数的32.50%、26.15%；其次是铜（47个）、铁（27个）、铅锌（26个）、铝土矿（23个）、金刚石（21个）、镍（17个）、钾盐（16个），都占运营项目总数的3.00%以上；银、铂族、铀矿种运营项目数相对较少（仅为个位数）；其他矿种（锡、钼、铬铁矿、锂、锑、钛、钒铁、磷酸盐等）运营项目数仅为19个（表6-8，图6-7）。

就运营项目所处生产阶段而言，俄罗斯统计的矿种基本均处于生产/预生产阶段，最低约占该矿种运营项目总数的50%左右，特别是铝土矿、铅锌、煤炭等占比超过80%；勘查阶段、可研/预可研阶段、矿山建设阶段各矿种的分布参差不齐，各有侧重（表6-8，图6-7）。

八、塔吉克斯坦——以金为主

塔吉克斯坦运营矿业项目相对较少，项目运营情况相对简单。据不完全统计，塔吉克斯坦运营矿业项目主要为金(8个),其次是银(2个)、铅锌(2个)、锑(1个);运营项目大多数处于生产/预生产阶段(10个,绝大多数矿种处于该阶段),矿山建设(2个)、可研/预可研阶段(1个)项目较少(表6-9,图6-8)。

表6-9　塔吉克斯坦运营矿业项目概况

矿种	可研/预可研	矿山建设	生产/预生产	小计
金	—	2	6	8
银	1	—	1	2
锑	—	—	1	1
铅锌	—	—	2	2
合计	1	2	10	13

注:1. 数据来源于标普数据库(https://www.spglobal.com/marketintelligence/en/)。
　　2. "—"表示未收集到相关数据。

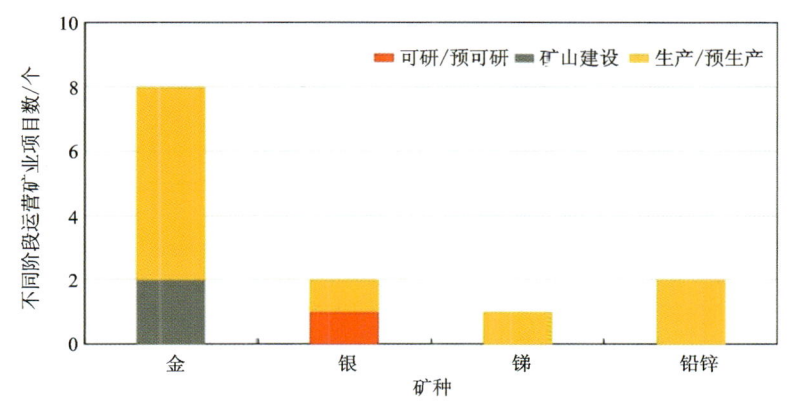

图6-8　塔吉克斯坦运营矿业项目概况

九、乌兹别克斯坦——以金为主

乌兹别克斯坦运营矿业项目数量相对较少,项目运营情况极其简单。据不完全统计,乌兹别克斯坦运营矿业项目大多数为金(8个),其次是铜(3个)、煤炭(2个)、锌(1个);运营项目仅分为两个运营阶段,绝大多数项目处于生产/预生产阶段(11个,绝大多数矿种处于该阶段),极少数项目处于矿山建设(3个)阶段(表6-10,图6-9)。

表6-10　乌兹别克斯坦运营矿业项目概况

矿种	矿山建设	生产/预生产	小计
金	3	5	8
铜	—	3	3
锌	—	1	1
煤炭	—	2	2
合计	3	11	14

注:1. 数据来源于标普数据库(https://www.spglobal.com/marketintelligence/en/)。
　　2. "—"表示未收集到相关数据。

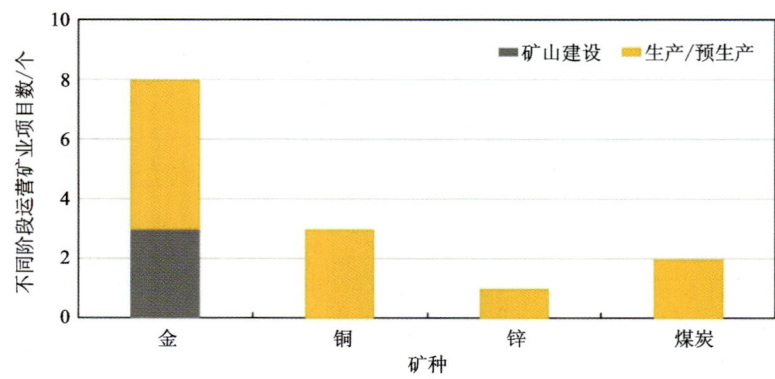

图 6-9 乌兹别克斯坦运营矿业项目概况

第七章 矿产产量

一、印度——全球重要的铬、铁、铝、煤炭、锌生产国之一

印度作为上合组织成员国重要的矿产品生产国之一,部分矿产的产量在全球占有较为重要的地位,如铬铁矿、铁矿、铝土矿、煤炭、锌等,其产量在全球的占比大于5%,最高可达15%;其次为锰、铅、银、钛等矿产,其产量在全球的占比为1%~5%;铜、金、铀、金刚石、磷酸盐等矿产的产量相对较少,其产量在全球的占比低于1%(表7-1,图7-1)。

表 7-1 印度矿产产量(2013—2020 年)

矿种	2013 年		2014 年		2015 年		2016 年	
	产量	全球占比/%	产量	全球占比/%	产量	全球占比/%	产量	全球占比/%
铝土矿/万吨	2 042.10	6.928	2 038.80	8.129	2 638.30	9.194	2 421.90	8.809
铬铁矿/万吨	390.00	15.000	336.80	11.614	261.20	8.543	335.06	11.107
煤炭/百万吨	608.54	7.371	646.23	7.901	674.15	8.483	689.81	9.224
铜/万吨	3.55	0.194	3.03	0.160	3.16	0.161	3.42	0.168
金刚石/万克拉	3.60	0.028	—	—	—	—	—	—
金/万盎司	6.40	0.067	5.03	0.051	4.24	0.042	4.97	0.047
铁矿/百万吨	136.10	6.892	139.70	6.651	142.50	6.704	184.51	8.423
铅/万吨	13.09	2.478	13.45	2.716	16.03	3.392	19.65	4.035
锰/万吨	240.00	5.217	244.70	5.229	164.42	3.376	220.89	3.699
磷酸盐/万吨	127.00	0.564	121.00	0.509	150.00	0.622	200.00	0.784
银/万盎司	1 306.96	1.516	1 315.70	1.514	1 619.45	1.761	1 916.07	2.088
钛/万吨	11.28	2.247	12.48	2.500	12.50	2.745	12.50	2.658
铀/吨	385.00	0.649	385.00	0.687	385.00	0.638	385.00	0.609
锌/万吨	81.70	6.227	77.60	5.775	75.52	5.597	75.39	5.689
矿种	2017 年		2018 年		2019 年		2020 年	
	产量	全球占比/%	产量	全球占比/%	产量	全球占比/%	产量	全球占比/%
铝土矿/万吨	2 277.60	7.689	2 300.00	7.034	2 300.00	6.425	2 200.00	5.930
铬铁矿/万吨	275.30	8.296	430.00	9.977	413.90	9.239	400.00	10.000

续表 7-1

矿种	2017年 产量	2017年 全球占比/%	2018年 产量	2018年 全球占比/%	2019年 产量	2019年 全球占比/%	2020年 产量	2020年 全球占比/%
煤炭/百万吨	711.68	9.240	760.41	9.417	753.94	9.270	756.49	9.772
铜/万吨	3.32	0.163	3.64	0.174	3.42	0.164	3.42	0.162
金刚石/万克拉	—	—	—	—	—	—	—	—
金/万盎司	4.84	0.045	5.10	0.047	17.97	0.171	5.10	0.051
铁矿/百万吨	201.82	8.863	182.42	7.980	214.04	9.327	209.22	8.854
铅/万吨	23.76	4.799	20.79	4.200	20.78	4.086	22.19	4.170
锰/万吨	256.59	4.195	—	—	—	—	—	—
磷酸盐/万吨	159.00	0.591	160.00	0.643	148.00	0.652	150.00	0.673
银/万盎司	2 143.08	2.425	2 523.10	2.846	2 384.12	2.718	2 527.57	3.014
钛/万吨	10.00	1.796	—	—	—	—	—	—
铀/吨	421.00	0.696	423.00	0.781	308.00	0.563	400.00	0.838
锌/万吨	83.30	6.212	80.00	5.982	79.92	5.840	87.47	6.526

注：1. 铀矿数据来源于 World Nuclear Association（世界核协会，网址为 https://www.world-nuclear.org/）。

2. 磷酸盐数据、部分铝土矿（2018—2020年）、铬铁矿（2018—2020年）数据来源于美国地质调查局 *Mineral Commodity Summaries* 2015—2021。

3. 煤炭数据来源于BP集团《BP世界能源统计年鉴2021》。

4. 其他数据来源于标普数据库（https://www.spglobal.com/marketintelligence/en/）。

5. "—"表示未收集到相关数据。

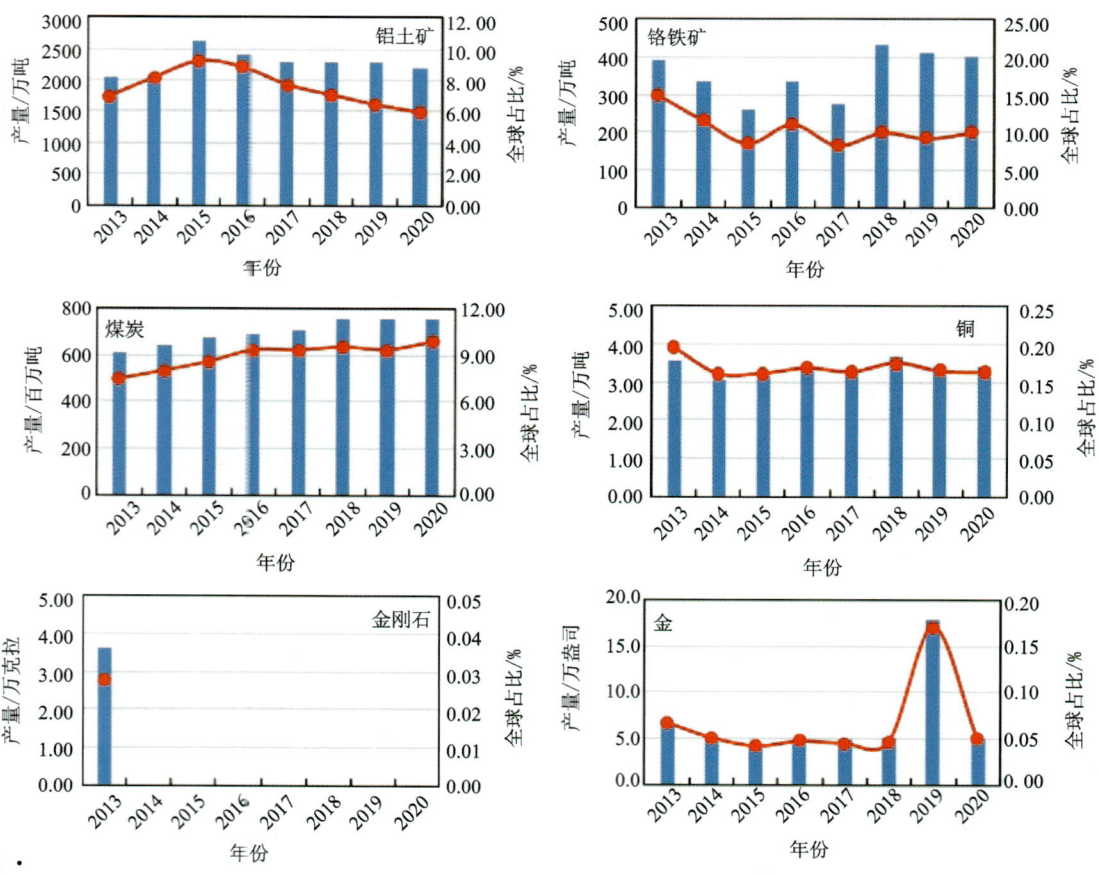

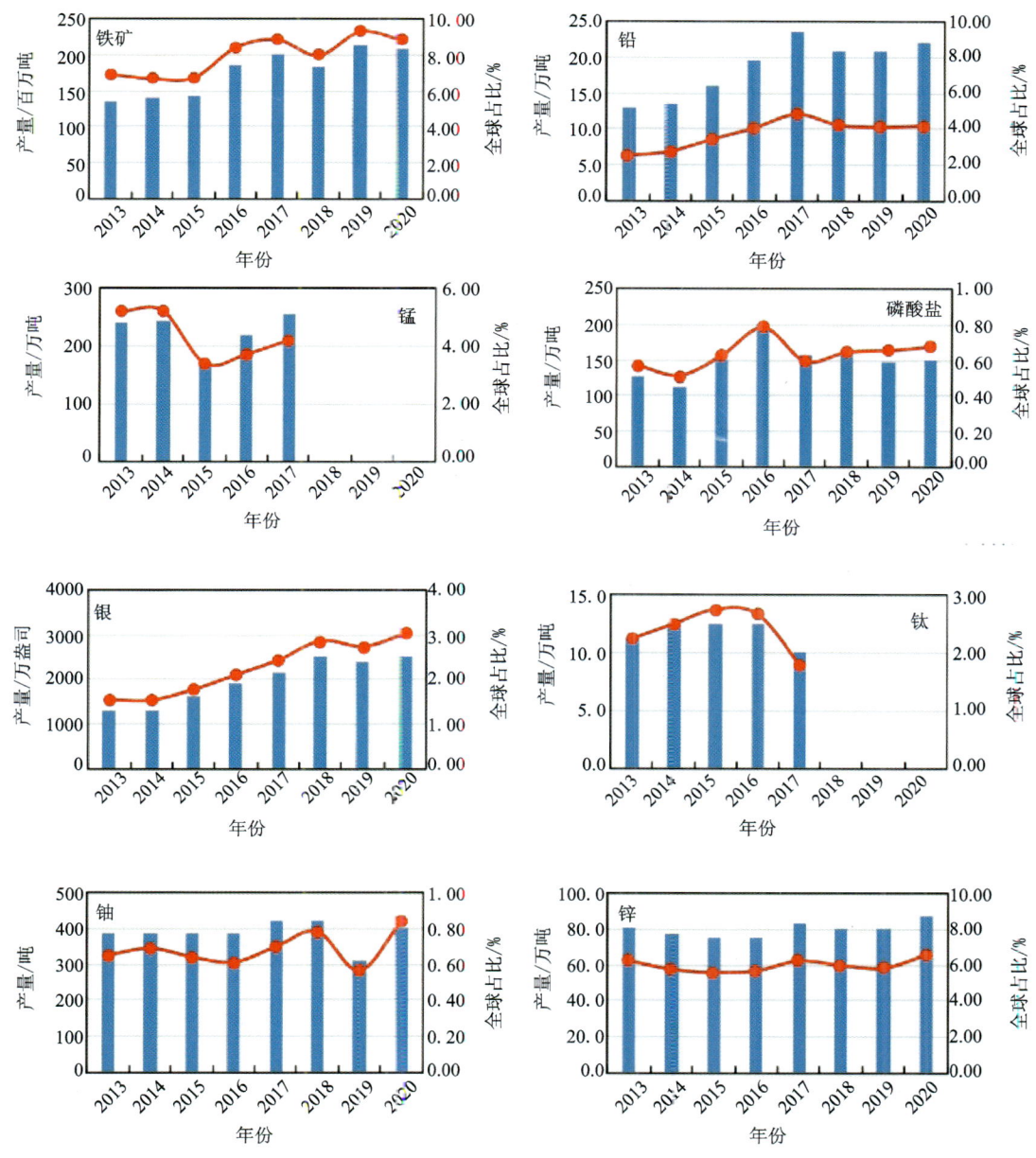

图 7-1 印度矿产产量（2013—2020 年）

铬铁矿、铁矿、铝土矿、煤炭、锌等矿产均是印度的优势矿产，该地区同时也是全球重要的铬铁矿（全球第四，2020年）、铁矿（全球第四）、铝土矿（全球第六）、煤炭（全球第二，仅次于中国）、锌（全球第四）等矿产地之一。2013—2020年，印度铬铁矿的产量为261.20万～430.00万吨，其产量占全球产量的8.296%～15.000%；铁矿产量及其全球占比分别为136.10百万～214.04百万吨、6.651%～9.327%；铝土矿产量及其全球占比分别为2 042.10万～2 638.30万吨、5.930%～9.194%；煤炭产量及其全球占比分别为608.54百万～760.41百万吨、7.371%～9.772%；锌产量及其全球占比分别为75.52万～87.47万吨、5.597%～6.526%（表7-1，图7-1）。

锰、铅、银、钛等矿产是印度较为重要的矿产资源，在全球具有一定的影响力。印度2013—2020年的锰产量为164.42万～256.59万吨，其产量在全球的占比为3.376%～5.229%；铅产量及其全球占比分别为13.09万～23.76万吨、2.478%～4.799%；银产量及其全球占比分别为1 306.96万～2 527.57

万盎司、1.514%～3.014%;钛产量及其全球占比分别为10.00万～12.50万吨、1.796%～2.745%(表7-1,图7-1)。

印度铜、金、铀、金刚石、磷酸盐等矿产产量及其在全球的占比均相对较小。印度2013—2020年的铜产量为3.03万～3.64万吨,其产量在全球的占比为0.160%～0.194%;金产量及其全球占比分别为4.24万～17.97万盎司、0.042%～0.171%;铀产量及其全球占比分别为308.00～421.00吨、0.563%～0.781%;金刚石产量及其全球占比分别为3.60万克拉、0.028%(仅收集到2013年的数据);磷酸盐产量及其全球占比分别为111.00万～200.00万吨、0.509%～0.784%(表7-1,图7-1)。

二、哈萨克斯坦——全球最为重要的铀、铬生产国

哈萨克斯坦作为上合组织成员国乃至全球重要的矿产品生产国之一,特别是铀矿、铬铁矿的产量在全球具有举足轻重的地位;其次为铜、金、锌、锰、银、铅等矿产,分别占全球产量的1%～3%;铝土矿、煤炭、钒等矿产也占有一定的份额,其产量在全球的占比大于1%;铁矿、钼矿、磷酸盐等矿产产量相对较少,其全球占比不足1%(表7-2,图7-2)。

表7-2 哈萨克斯坦矿产产量(2013—2020年)

矿种	2013年 产量	全球占比/%	2014年 产量	全球占比/%	2015年 产量	全球占比/%	2016年 产量	全球占比/%
锑/吨	—	—	481.00	0.000 3	916.00	0.589	574.00	0.404
铝土矿/万吨	535.00	1.815	451.50	1.774	468.30	1.632	470.00	1.710
铬铁矿/万吨	370.00	12.847	370.00	14.015	549.00	18.059	538.00	17.815
煤炭/百万吨	119.57	1.448	113.99	1.394	107.32	1.350	103.07	1.378
铜/万吨	45.33	2.472	47.14	2.490	47.63	2.427	47.48	2.326
金/万盎司	136.69	1.427	161.84	1.636	203.08	2.012	222.27	2.107
铁矿/万吨	1 965.50	0.995	1 956.00	0.931	1 390.00	0.654	1 350.00	0.616
铅/万吨	4.97	0.941	4.19	0.846	4.10	0.868	7.10	1.458
锰/万吨	110.00	2.391	261.73	5.593	164.42	3.376	156.94	2.628
钼/吨	500.00	0.184	500.00	0.161	500.00	0.178	500.00	0.177
磷酸盐/万吨	160.00	0.711	160.00	0.734	184.00	0.763	150.00	0.588
银/万盎司	1 947.70	2.259	1 846.12	2.124	1 526.95	1.661	1 791.97	1.953
铀/吨	22 451.00	37.840	23 127.00	41.268	23 607.00	39.147	24 689.00	39.061
钒/吨	1 000.00	1.182	—	—	—	—	—	—
锌/万吨	41.72	3.180	39.15	2.913	29.85	2.212	36.98	2.790
矿种	2017年 产量	全球占比/%	2018年 产量	全球占比/%	2019年 产量	全球占比/%	2020年 产量	全球占比/%
锑/吨	400.00	0.311	300.00	0.204	300.00	0.185	300.00	0.196
铝土矿/万吨	484.32	1.635	—	—	580.00	1.620	580.00	1.563
铬铁矿/万吨	458.00	12.829	669.00	15.522	670.00	15.227	670.00	16.750
煤炭/百万吨	112.29	1.458	118.48	1.467	115.00	1.414	113.17	1.462

续表 7-2

矿种	2017年 产量	全球占比/%	2018年 产量	全球占比/%	2019年 产量	全球占比/%	2020年 产量	全球占比/%
铜/万吨	65.18	3.194	69.52	3.327	70.14	3.358	70.23	3.329
金/万盎司	273.28	2.543	313.24	2.880	342.52	3.255	347.61	3.477
铁矿/万吨	1 460.00	0.641	1 560.00	0.682	1 780.00	0.776	1 736.63	0.735
铅/万吨	11.00	2.222	11.50	2.323	11.50	2.262	11.50	2.161
锰/万吨	161.28	2.637	—	—	—	—	—	—
钼/吨	356.00	0.115	355.00	0.117	364.00	0.120	490.00	0.165
磷酸盐/万吨	150.00	0.558	130.00	0.522	150.00	0.661	150.00	0.673
银/万盎司	1 993.75	2.256	2 019.96	2.279	1 933.18	2.204	1 743.79	2.079
铀/吨	23 321.00	38.538	21 705.00	40.080	22 803.00	41.665	19 477.00	40.806
钒/吨	—	—	—	—	—	—	—	—
锌/万吨	29.22	2.179	34.60	2.587	29.30	2.163	32.09	2.394

注：1.铀矿数据来源于 World Nuclear Association(https://www.world-nuclear.org/)。
2.铬铁矿、磷酸盐数据，以及部分锑(2018—2020年)、铝土矿(2019—2020年)数据来源于美国地质调查局 2015—2021 年的 *Mineral Commodity Summaries*。
3.煤炭数据来源于 BP 集团《BP 世界能源统计年鉴 2021》。
4.其他数据来源于标普数据库(https://www.spglobal.com/marketintelligence/en/)。
5."—"表示未收集到相关数据。

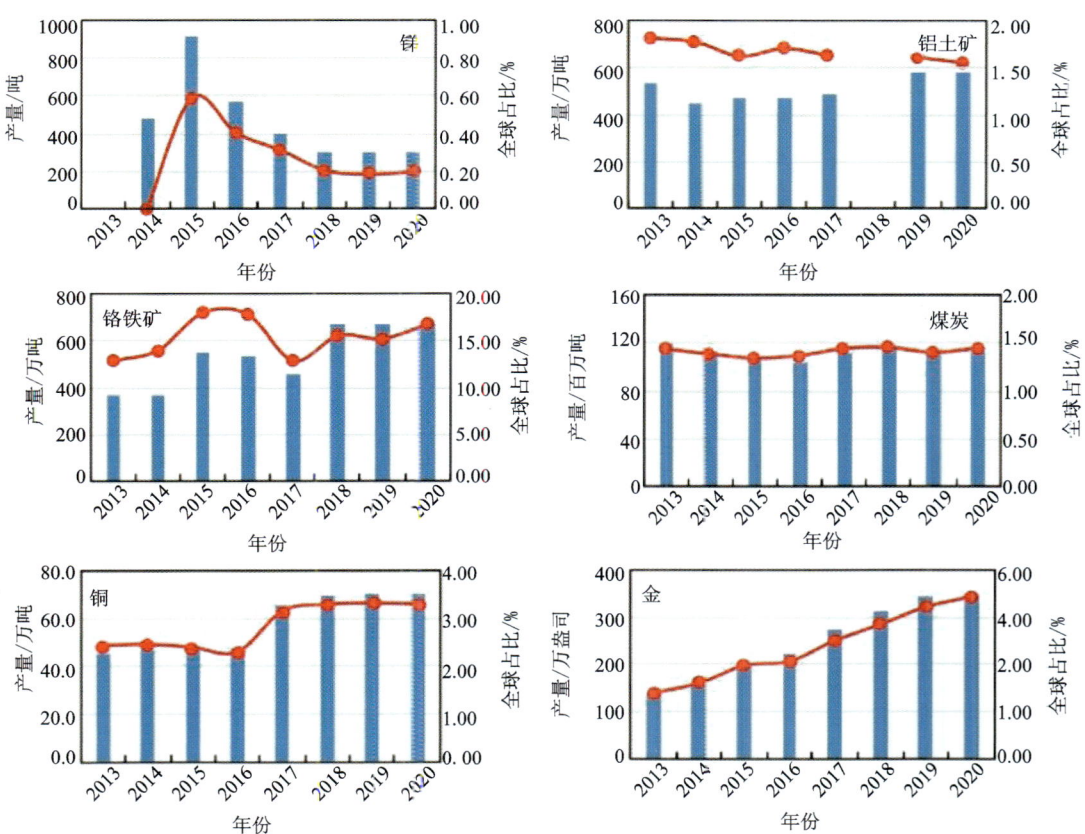

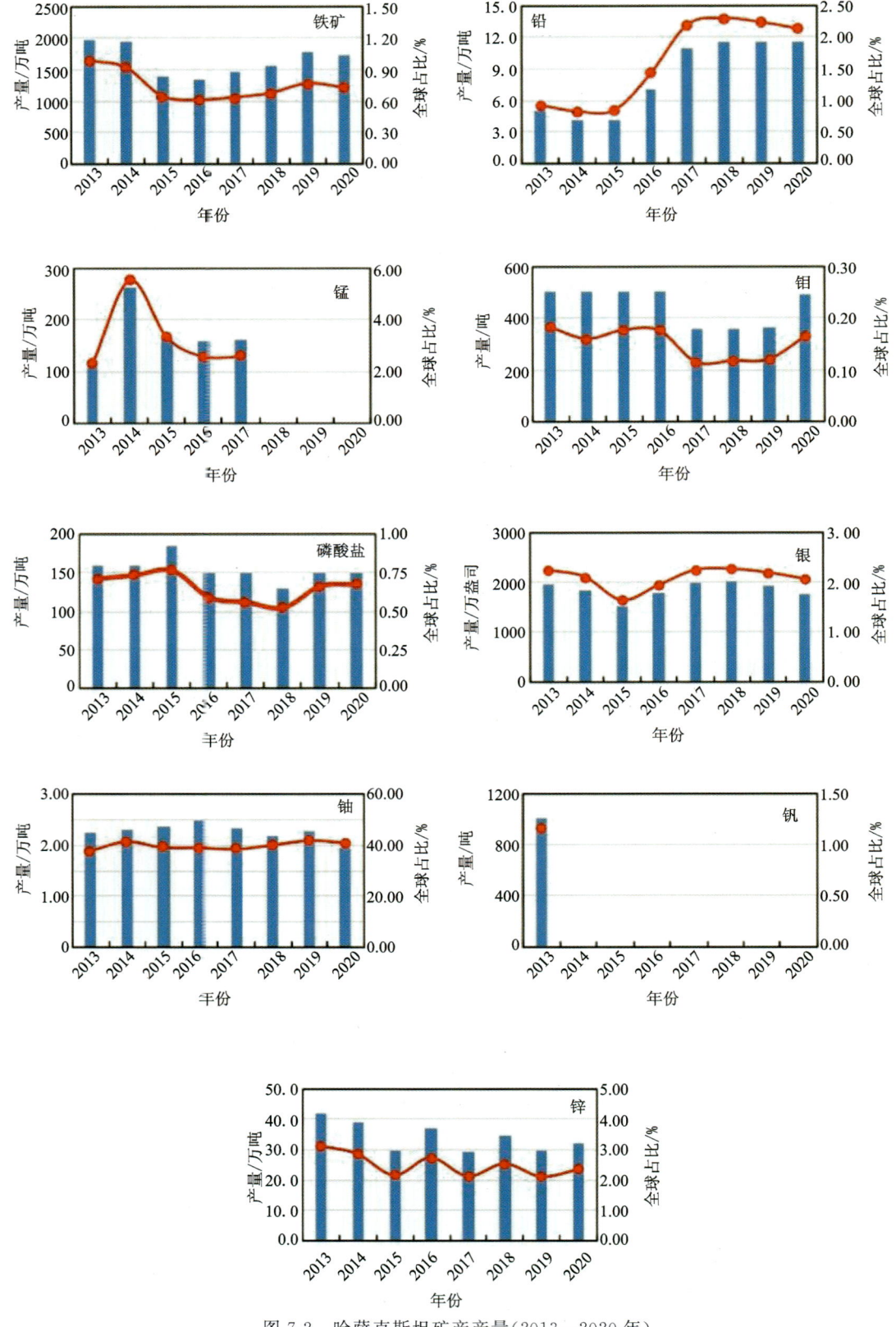

图 7-2 哈萨克斯坦矿产产量（2013—2020 年）

铀矿、铬铁矿是哈萨克斯坦最具全球影响力的优势矿产,基本影响着全球铀矿、铬铁矿的供应格局。哈萨克斯坦是全球第一大铀矿生产国、第三大铬铁矿生产国(仅次于南非、土耳其)。2013—2020年,哈萨克斯坦铀矿的产量为19 477.00~24 689.00吨,其产量占全球产量的37.840%~41.665%;铬铁矿产量及其全球占比分别为370.00~670.00吨、12.829%~18.059%(表7-2,图7-2)。

铜、金、锌、锰、银、铅等矿产均为哈萨克斯坦较为重要的矿产资源之一,在全球具有一定的影响力,该地区也是全球重要的铜、金、锌、锰、银、铅等矿产的生产地之一。2013—2020年,哈萨克斯坦铜产量为45.33万~70.23万吨,其产量在全球的占比为2.326%~3.353%;金产量及其全球占比分别为136.69万~347.61万盎司、1.427%~3.477%;锌产量及其全球占比分别为29.22万~41.72万吨、2.163%~3.180%;锰产量及其全球占比分别为110.00万~261.73万吨、2.391%~5.593%;银产量及其全球占比分别为1 526.95万~2 019.96万盎司、1.661%~2.279%;铅产量及其全球占比分别为4.10万~11.50万吨、0.846%~2.323%(表7-2,图7-2)。

铝土矿、煤炭、钒等矿产在哈萨克斯坦也具有一定的地位。2013—2020年,哈萨克斯坦铝土矿产量为451.50万~580.00万吨,其产量在全球的占比为1.35%~1.815%;煤炭产量及其全球占比分别为103.07百万~119.57百万吨、1.389%~1.467%;钒产量及其全球占比分别为1 000.00吨(仅收集到2013年的数据)、1.182%(表7-2,图7-2)。

哈萨克斯坦铁矿、钼矿、磷酸盐等矿产的产量及其在全球的占比相对较小。2013—2020年,哈萨克斯坦铁矿产量及其全球占比分别为1 350.00万~1 965.50万吨、0.616%~0.995%;钼矿产量及其全球占比分别为355.00~500.00吨、0.115%~0.184%;磷酸盐产量及其全球占比分别为130.00万~184.00万吨、0.522%~0.763%(表7-2,图7-2)。

三、中国——钨、锑、煤炭、铅、锌、钼、锰、锡、钒、磷酸盐产量全球领先

中国作为上合组织成员国,乃至全球最为重要的矿产品生产国之一,特别是钨矿、锑矿的产量在全球具有绝对领先的地位,最高可达95%;其次为钒、磷酸盐、铅、煤炭、钼、锌、锰、锡等矿产,分别占全球产量的1/3以上;铝土矿、金、钾盐、银、铌、铁、铜、镍等矿产也占有一定的份额,其产量在全球的占比为5%~20%;铀、钴、铂、钯、钛等矿产产量相对较少,其产量在全球的占比均不足5%(表7-3,图7-3)。

表7-3 中国矿产产量(2013—2020年)

矿种	2013年		2014年		2015年		2016年	
	产量	全球占比/%	产量	全球占比/%	产量	全球占比/%	产量	全球占比/%
锑/万吨	15.21	78.992	12.00	75.949	12.07	77.577	10.80	75.928
铝土矿/万吨	5 033.90	17.077	5 921.20	23.266	6 500.00	22.652	6 500.00	23.642
煤炭/百万吨	3 974.32	48.140	3 873.92	47.365	3 746.54	47.145	3 410.60	45.606
钴/吨	1 886.00	2.028	1 890.00	1.902	1 902.00	1.678	1 928.00	1.672
铜/万吨	179.58	9.794	183.38	10.004	190.66	9.716	194.31	9.521
金/万盎司	1 376.56	14.371	1 452.56	14.682	1 446.95	14.335	1 457.98	13.821
铁矿/百万吨	266.09	13.474	181.39	8.636	177.61	8.355	167.45	7.644
铅/万吨	269.70	51.058	230.10	46.472	214.70	45.433	234.00	48.051
锂/万吨	2.58	14.303	2.97	14.793	3.56	18.356	3.65	15.984
锰/万吨	1 550.00	33.696	2 500.00	53.419	2 500.00	51.335	2 500.00	41.853

续表 7-3

矿种	2013 年		2014 年		2015 年		2016 年	
	产量	全球占比/%	产量	全球占比/%	产量	全球占比/%	产量	全球占比/%
钼/万吨	11.11	40.809	13.20	42.517	12.67	45.092	12.89	45.593
镍/万吨	12.62	4.858	12.80	6.116	12.74	5.962	12.75	6.387
钯/万盎司	7.24	1.123	7.33	1.222	6.94	1.057	7.13	1.126
磷酸盐/百万吨	108.00	48.000	100.00	45.872	120.00	49.793	135.00	52.941
铂/万盎司	8.58	1.398	9.07	1.856	9.66	1.580	10.17	1.667
钾盐/万吨	430.00	12.464	440.00	11.340	620.00	15.233	620.00	15.776
银/百万盎司	111.84	12.973	82.77	9.522	113.55	12.350	118.76	12.942
锡/万吨	10.00	43.478	17.40	58.784	14.66	40.829	15.31	39.043
钛/万吨	7.50	1.494	7.50	1.502	7.50	1.647	7.50	1.595
钨/万吨	8.50	85.779	7.00	84.952	7.10	83.659	7.10	79.027
铀/吨	1 500.00	2.528	1 500.00	2.677	1 616.00	2.680	1 616.00	2.557
钒/万吨	4.10	51.899	4.50	54.414	4.20	53.985	4.50	56.962
锌/万吨	467.70	35.644	494.40	36.795	518.70	38.444	520.08	39.244
矿种	2017 年		2018 年		2019 年		2020 年	
	产量	全球占比/%	产量	全球占比/%	产量	全球占比/%	产量	全球占比/%
锑/万吨	9.60	74.733	8.96	60.952	8.90	54.938	8.00	52.288
铝土矿/万吨	6 078.77	20.521	7 900.00	24.159	7 000.00	19.553	6 000.00	16.173
煤炭/百万吨	3 523.56	45.750	3 697.74	45.791	3 846.33	47.291	3 902.00	50.403
钴/吨	1 819.00	1.540	1 816.00	1.313	2 002.00	1.300	2 084.00	1.503
铜/万吨	180.98	8.869	182.58	8.738	181.88	8.707	187.55	8.891
金/万盎司	1 370.07	12.749	1 289.62	11.859	1 222.46	11.618	1 174.59	11.748
铁矿/百万吨	171.97	7.552	178.45	7.806	200.22	8.725	249.54	10.560
铅/万吨	234.00	47.271	240.00	48.487	242.50	47.687	242.60	45.585
锂/万吨	4.33	10.859	4.15	8.929	4.83	10.703	5.05	12.183
锰/万吨	2 500.00	40.874	—	—	—	—	—	—
钼/万吨	13.34	42.953	13.47	44.484	13.64	44.981	11.91	40.051
镍/万吨	13.22	5.918	10.02	4.294	10.73	4.242	10.40	4.287
钯/万盎司	7.31	1.096	7.40	1.106	7.88	1.131	7.53	1.123
磷酸盐/百万吨	144.00	53.532	120.00	48.193	95.00	41.850	90.00	40.359
铂/万盎司	10.76	1.770	11.32	1.839	11.75	1.924	11.88	2.261
钾盐/万吨	551.00	13.309	500.00	11.547	500.00	12.107	500.00	11.628
银/百万盎司	113.70	12.868	121.43	13.699	118.98	13.564	113.96	13.587
锡/万吨	16.30	43.940	9.00	28.302	8.45	28.547	8.10	30.000

续表 7-3

矿种	2017年		2018年		2019年		2020年	
	产量	全球占比/%	产量	全球占比/%	产量	全球占比/%	产量	全球占比/%
钛/万吨	7.50	1.347	—	—	—	—	—	—
钨/万吨	8.50	95.237	6.50	80.148	6.90	82.339	6.90	82.143
铀/吨	1 692.00	2.796	1 885.00	3.481	1 885.00	3.443	1 885.00	3.949
钒/万吨	4.00	56.180	4.00	56.180	5.40	62.212	5.30	61.628
锌/万吨	525.70	39.206	458.80	35.056	458.35	33.491	434.65	32.425

注：1. 铀矿数据来源于 World Nuclear Association(https://www.world-nuclear.org/)。
2. 磷酸盐、钾盐、钒数据，以及部分锑(2014年、2018—2020年)、铝土矿、锡、钨等数据(2018—2020年)来源于美国地质调查局 2015—2021年 Mineral Commodity Summaries。
3. 煤炭数据来源于 BP 集团《BP 世界能源统计年鉴 2021》。
4. 其他数据来源于标普数据库(https://www.spglobal.com/marketintelligence/en/)。
5. "—"表示未收集到相关数据。

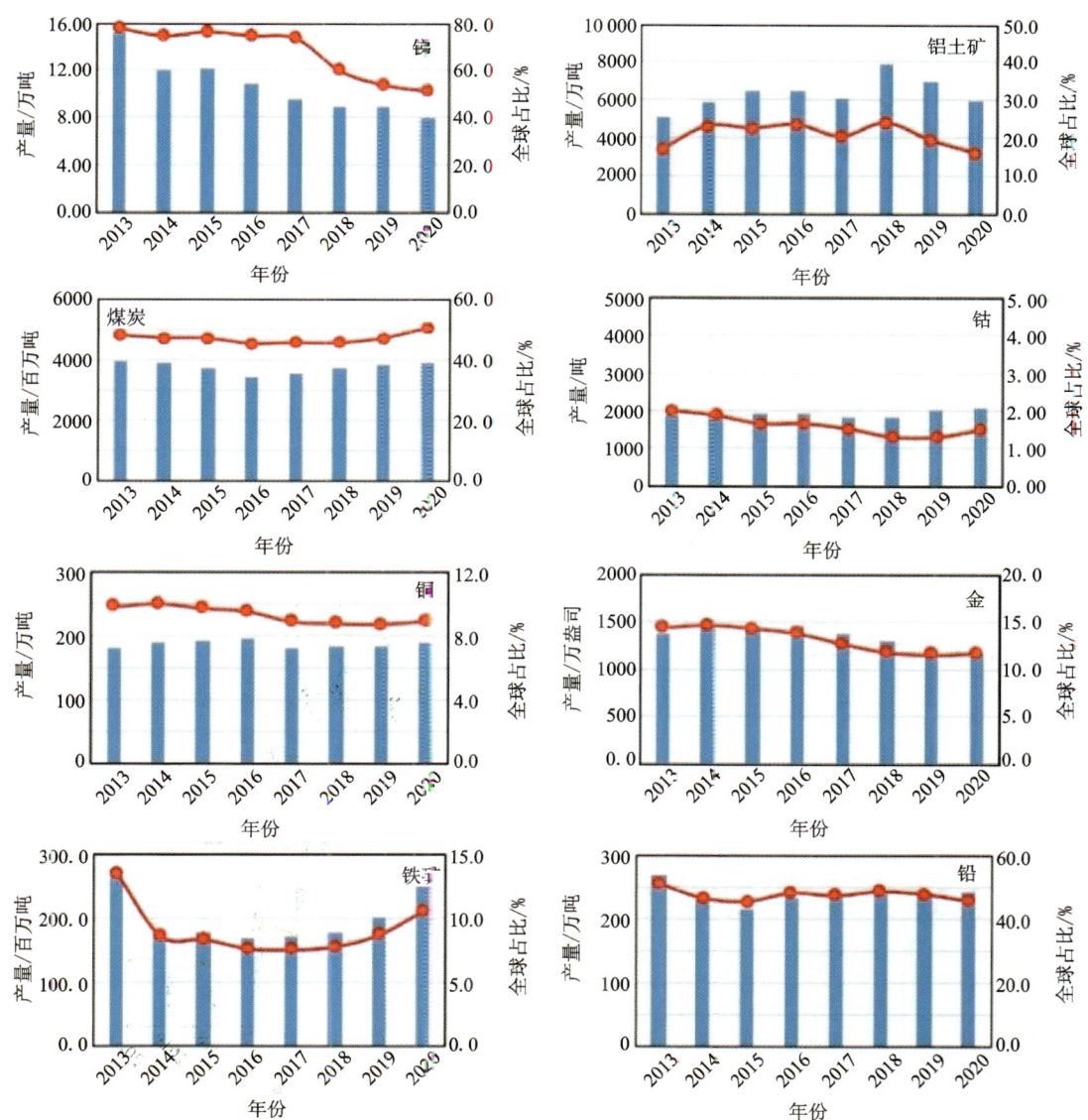

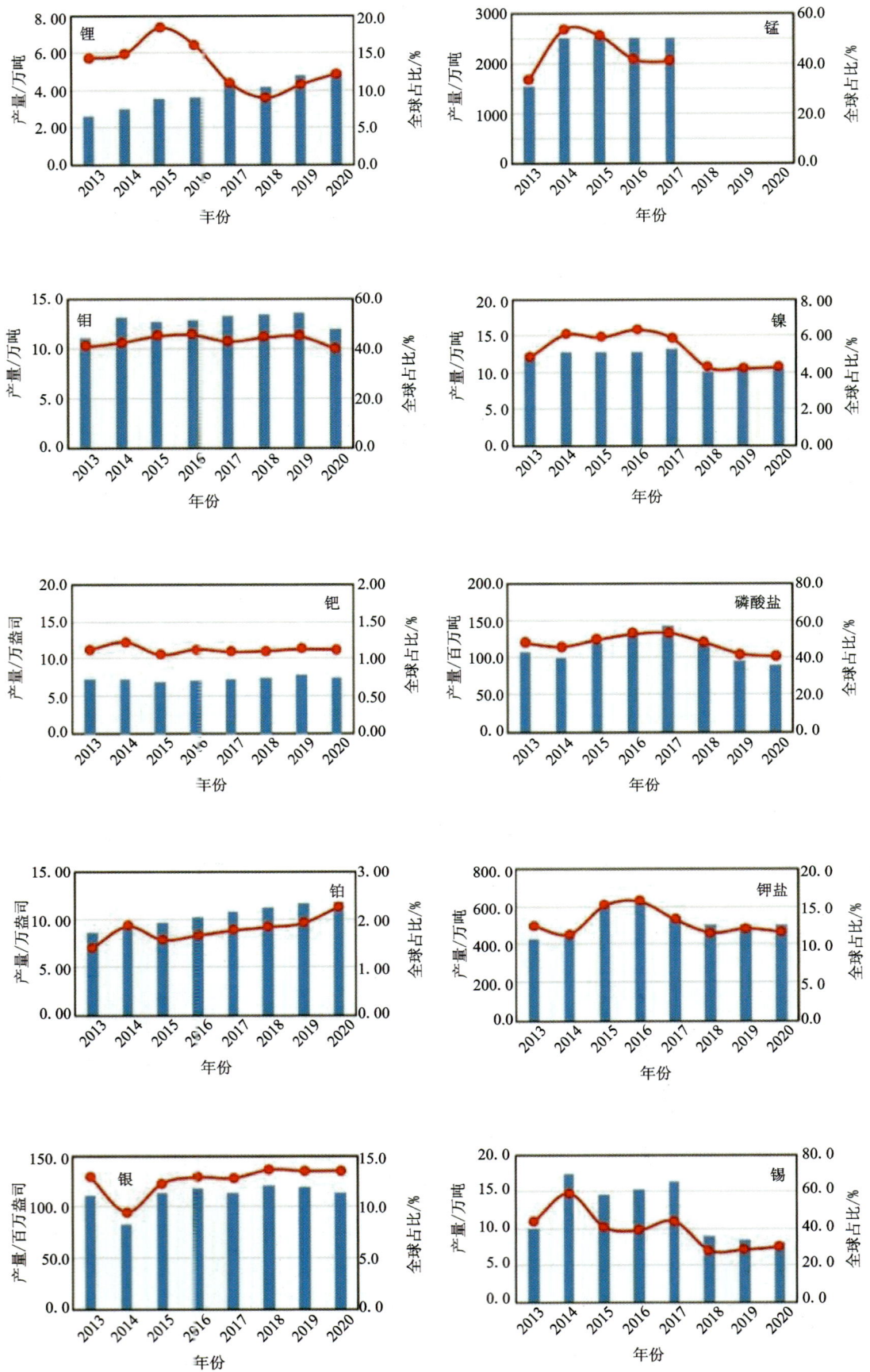

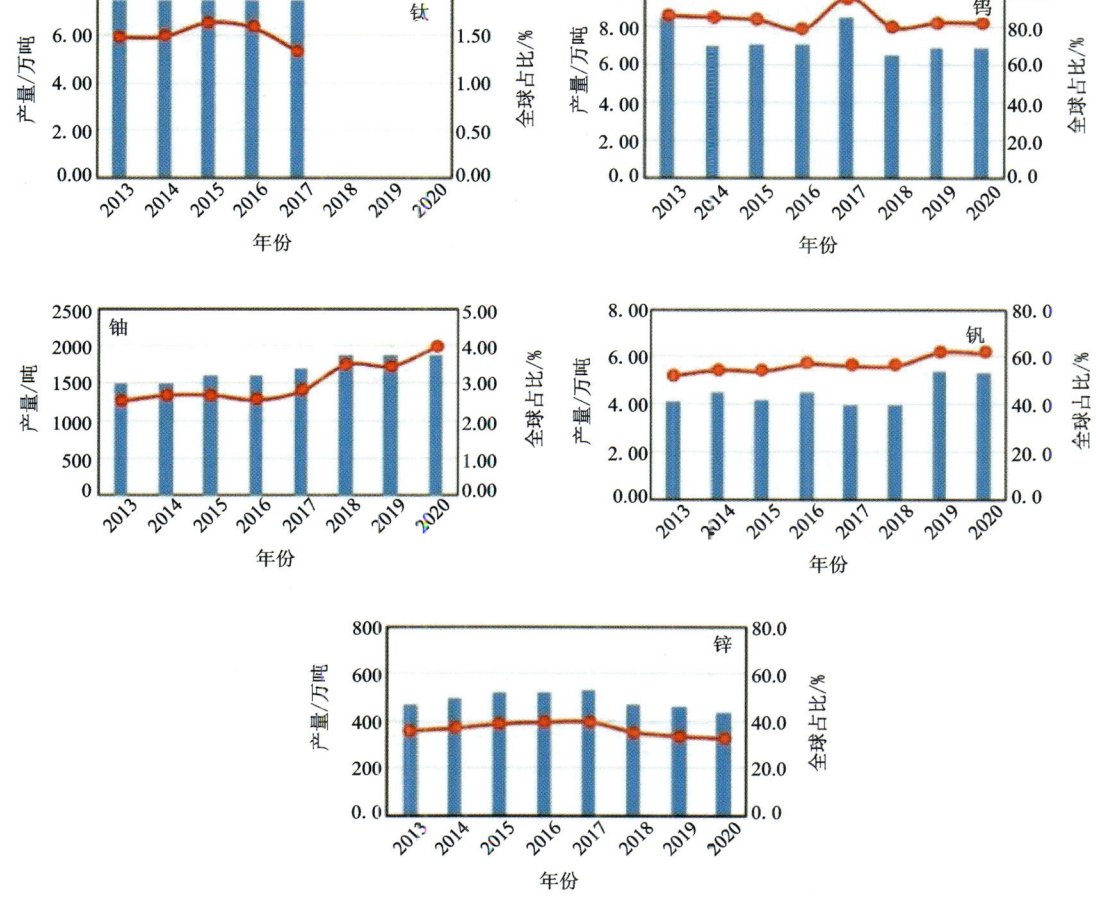

图 7-3 中国矿产产量(2013—2020 年)

钨矿、锑矿是中国在全球具有绝对优势的矿产资源,其产量占据全球市场的绝大多数。2013—2020年,中国钨矿、锑矿的产量分别为 6.50 万~8.50 万吨、8.00 万~15.21 万吨,其产量在全球的占比均高达 79.027%~95.237%、52.288%~78.992%(表 7-3,图 7-3)。

钒、磷酸盐、铅、煤炭、钼、锌、锰、锡等矿产是中国在全球极其重要的矿产资源,基本占据着全球该类矿产生产的半壁江山。2013—2020 年,中国钒产量为 4.00 万~5.40 万吨,其产量在全球的占比为51.899%~62.212%;磷酸盐产量及其全球占比分别为 90.00 百万~144.00 百万吨、40.359%~53.532%;铅产量及其全球占比分别为 214.70 万~269.70 万吨、45.433%~51.058%;煤炭产量及其全球占比分别为 3 410.60 百万~3 974.32 百万吨、45.606%~50.403%;钼产量及其全球占比分别为 11.11 万~13.64 万吨、40.051%~45.593%;锌产量及其全球占比分别为 434.65 万~525.70 万吨、34.425%~39.244%;锰产量及其全球占比分别为 1 550.00 万~2 500.00 万吨、33.696%~53.419%;锡产量及其全球占比分别为 8.10 万~17.40 万吨、28.302%~58.784%(表 7-3,图 7-3)。

中国的铝土矿、金、钾盐、银、锂、铁、铜、镍等矿在全球具有一定的影响力,是全球该类矿产的重要生产来源之一。2013—2020 年,中国铝土矿产量为 5 033.90 万~7 900.00 万吨,其产量在全球的占比为 16.173%~24.159%;金产量及其全球占比分别为 1 174.59 万~1 457.98 万盎司、11.618%~14.682%;钾盐产量及其全球占比分别为 430.00 万~620.00 万吨、11.340%~15.776%;银产量及其全球占比分别为 82.77 百万~121.43 百万盎司、9.522%~13.699%;锂产量及其全球占比分别为 2.58 万~5.05 万吨、8.929%~18.356%;铁产量及其全球占比分别为 167.45 百万~266.09 百万吨、7.552%~13.474%;铜产量及其全球占比分别为 179.58 万~194.31 万吨、8.707%~10.004%;镍产量及其全球占比分别为10.02万~13.22万吨、4.242%~6.387%(表7-3,图7-3)。

中国铀、钴、铂、钯、钛等矿产的产量及其在全球的占比均相对较小,但仍具有一定的影响力。2013—2020年,中国铀产量为1 500.00~1 885.00吨,其产量在全球的占比为2.528%~3.949%;钴产量及其全球占比分别为1 816.00~2 084.00吨、1.300%~2.028%;铂产量及其全球占比分别为8.58万~11.88万盎司、1.398%~2.261%;钯产量及其全球占比分别为6.94万~7.88万盎司、1.057%~1.222%;钛产量及其全球占比分别为7.50万吨、1.347%~1.647%(表7-3,图7-3)。

四、吉尔吉斯斯坦——以金、银、铜、锑、钨开采为主

吉尔吉斯斯坦开采的矿产相对较少,主要开采金、银、铜、锑、钨等矿产,其体量在全球也相对较少,基本不具影响力。其中,2013—2020年,吉尔吉斯斯坦金产量为55.60万~73.63万盎司,其产量在全球的占比仅为0.551%~0.700%;银产量及其全球占比分别为17.52万~78.35万盎司、0.020%~0.093%;铜产量及其全球占比分别为3 081.00~8 296.00吨、0.016%~0.041%;锑产量及其全球占比分别为900.00~1 880.00吨、0.001%~1.322%;钨产量及其全球占比分别为100.00吨、0.101%~0.121%(表7-4,图7-4)。

表7-4 吉尔吉斯斯坦矿产产量(2013—2020年)

矿种	2013年		2014年		2015年		2016年	
	产量	全球占比/%	产量	全球占比/%	产量	全球占比/%	产量	全球占比/%
锑/吨	900.00	0.467	1 450.00	0.001	1 200.00	0.771	1 880.00	1.322
铜/吨	—	—	—	—	3 081.00	0.016	8 296.00	0.041
金/万盎司	62.61	0.654	58.20	0.588	55.60	0.551	65.04	0.617
银/万盎司	17.52	0.020	17.52	0.020	31.80	0.035	59.19	0.065
钨/吨	100.00	0.101	100.00	0.121	100.00	0.118	100.00	0.111
矿种	2017年		2018年		2019年		2020年	
	产量	全球占比/%	产量	全球占比/%	产量	全球占比/%	产量	全球占比/%
锑/吨	1 077.00	0.838	—	—	—	—	—	—
铜/吨	8 000.00	0.039	7 600.00	0.036	7 300.00	0.035	5 400.00	0.026
金/万盎司	68.72	0.640	66.93	0.615	73.63	0.700	68.54	0.686
银/万盎司	58.20	0.066	47.82	0.054	68.99	0.079	78.35	0.093
钨/吨	100.00	0.112						

注:1. 数据来源于标普数据库(https://www.spglobal.com/marketintelligence/en/)。
   2. "—"表示未收集到相关数据。

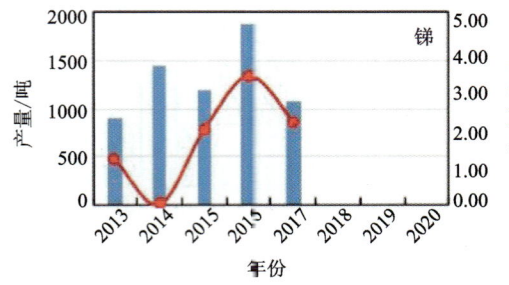
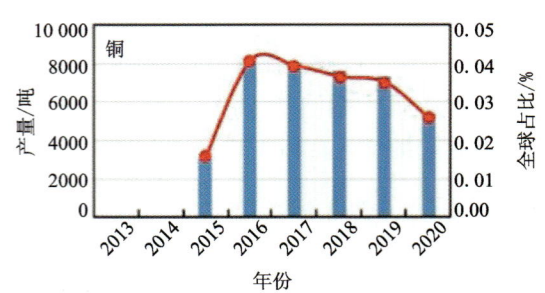

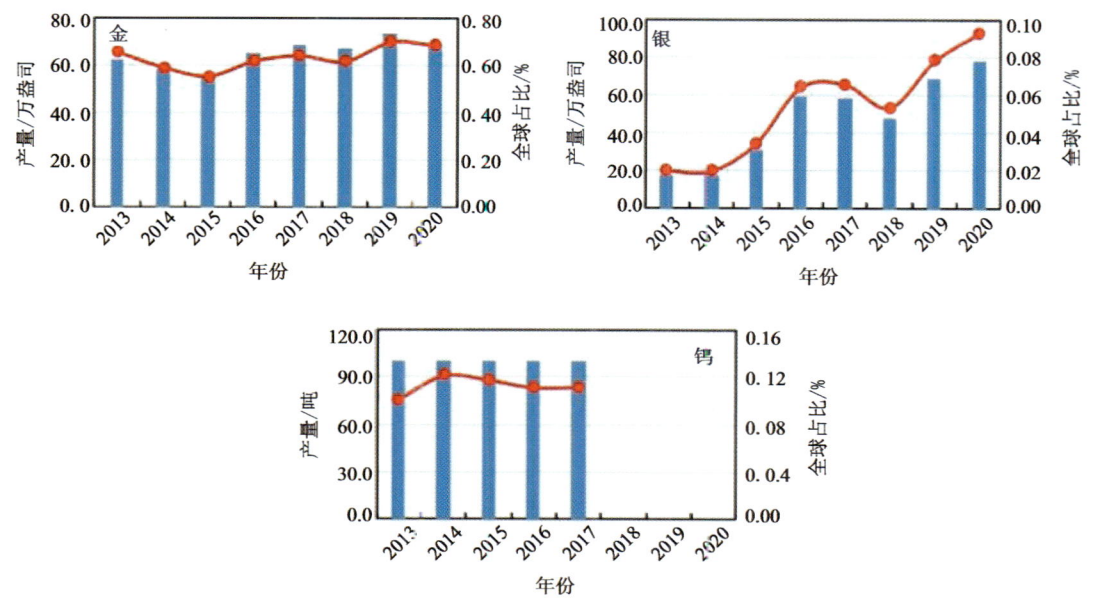

图 7-4 吉尔吉斯斯坦矿产产量（2013—2020 年）

五、巴基斯坦——以铜、银、煤炭、铀、铅、锌、锑、铁开采为主

巴基斯坦仅有几处矿山在运营，主要开采铜、银、煤炭、铀、铅、锌、锑、铁等矿产，其产量及其在全球的占比微乎其微，基本不具影响力。其中，2013—2020 年，巴基斯坦铜产量为 1.01 万～1.71 万吨，其产量在全球的占比仅为 0.049%～0.093%；银产量及其全球占比分别为 10.00 万盎司、0.011%～0.012%；煤炭产量及其全球占比分别为 2.99 百万～7.74 百万吨、0.036%～0.100%；铀产量及其全球占比分别为 45.00 吨、0.071%～0.094%；铅产量及其全球占比分别为 100.00～13 481.00 吨、0.002%～0.265%；锌产量及其全球占比分别为 0.77 万～5.40 万吨、0.053%～0.404%；锑产量及其全球占比分别为 28.00～120.00 吨、0.000 1%～0.071%；铁矿产量及其全球占比分别为 25.51 万～28.89 万吨、0.012%～0.014%（表 7-5，图 7-5）。

表 7-5 巴基斯坦矿产产量（2013—2020 年）

矿种	2013 年		2014 年		2015 年		2016 年	
	产量	全球占比/%	产量	全球占比/%	产量	全球占比/%	产量	全球占比/%
锑/吨	90.00	0.047	120.00	0.000 1	110.00	0.071	38.00	0.027
铬铁矿/万吨	25.00	0.962	32.87	1.133	30.59	1.001	28.14	0.933
煤炭/百万吨	2.99	0.036	3.38	0.041	3.33	0.042	4.10	0.055
铜/万吨	1.71	0.093	1.56	0.082	1.46	0.074	1.41	0.059
铁矿/万吨	—	—	25.51	0.012	28.89	0.014	—	—
铅/吨	300.00	0.006	200.00	0.004	100.00	0.002	1 994.00	0.041
银/万盎司	10.00	0.012	10.00	0.012	10.00	0.011	10.00	0.011

续表 7-5

矿种	2013 年		2014 年		2015 年		2016 年	
	产量	全球占比/%	产量	全球占比/%	产量	全球占比/%	产量	全球占比/%
铀/吨	45.00	0.076	45.00	0.080	45.00	0.075	45.00	0.071
锌/万吨	—	—	—	—	—	—	0.77	0.058

矿种	2017 年		2018 年		2019 年		2020 年	
	产量	全球占比/%	产量	全球占比/%	产量	全球占比/%	产量	全球占比/%
锑/吨	56.00	0.044	28.00	0.019	30.00	0.019	—	—
铬铁矿/万吨	32.58	0.982	—	—	—	—	—	—
煤炭/百万吨	4.17	0.054	4.40	0.054	6.77	0.083	7.74	0.100
铜/万吨	1.01	0.049	1.25	0.060	1.30	0.063	1.32	0.063
铁矿/万吨	—	—	—	—	—	—	—	—
铅/吨	5 079.00	0.103	8 036.00	0.162	13 481.00	0.265	7 094.00	0.133
银/万盎司	10.00	0.011	10.00	0.011	10.00	0.011	10.00	0.012
铀/吨	45.00	0.074	45.00	0.083	45.00	0.082	45.00	0.094
锌/万吨	1.34	0.100	5.40	0.404	3.60	0.263	3.30	0.246

注：1. 铀矿数据来源于 World Nuclear Association (https://www.world-nuclear.org/)。
2. 部分锑矿数据(2018—2019 年)来源于美国地质调查局 Mineral Commodity Summaries 2020。
3. 煤炭数据来源于 BP 集团《BP 世界能源统计年鉴 2021》。
4. 其他数据来源于标普数据库(https://www.spglobal.com/marketintelligence/en/)。
5. "—"表示未收集到相关数据。

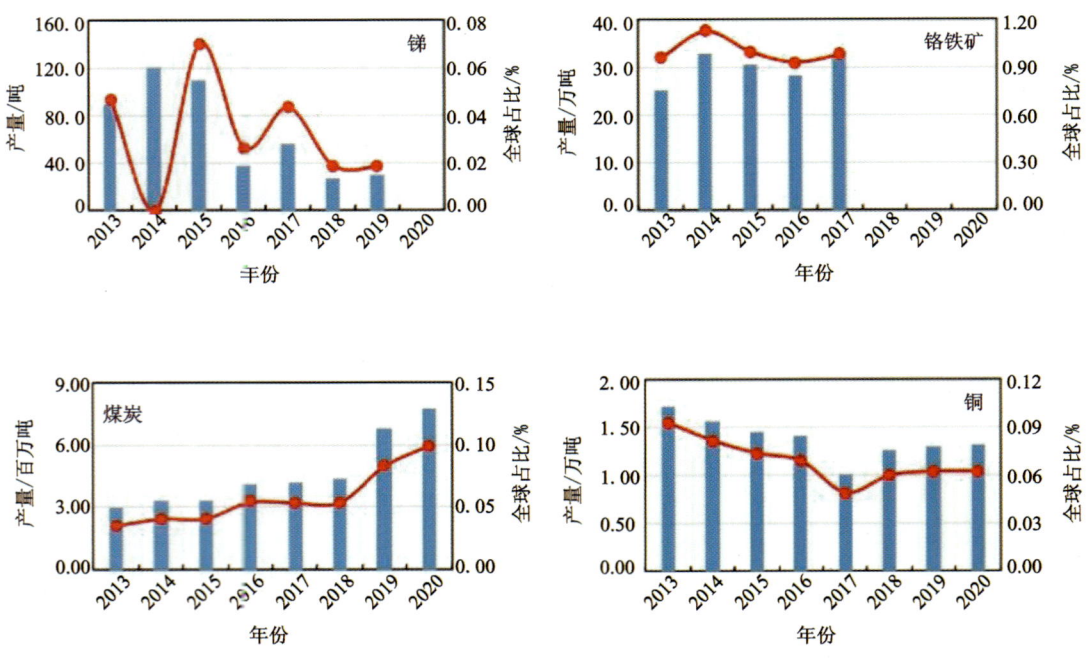

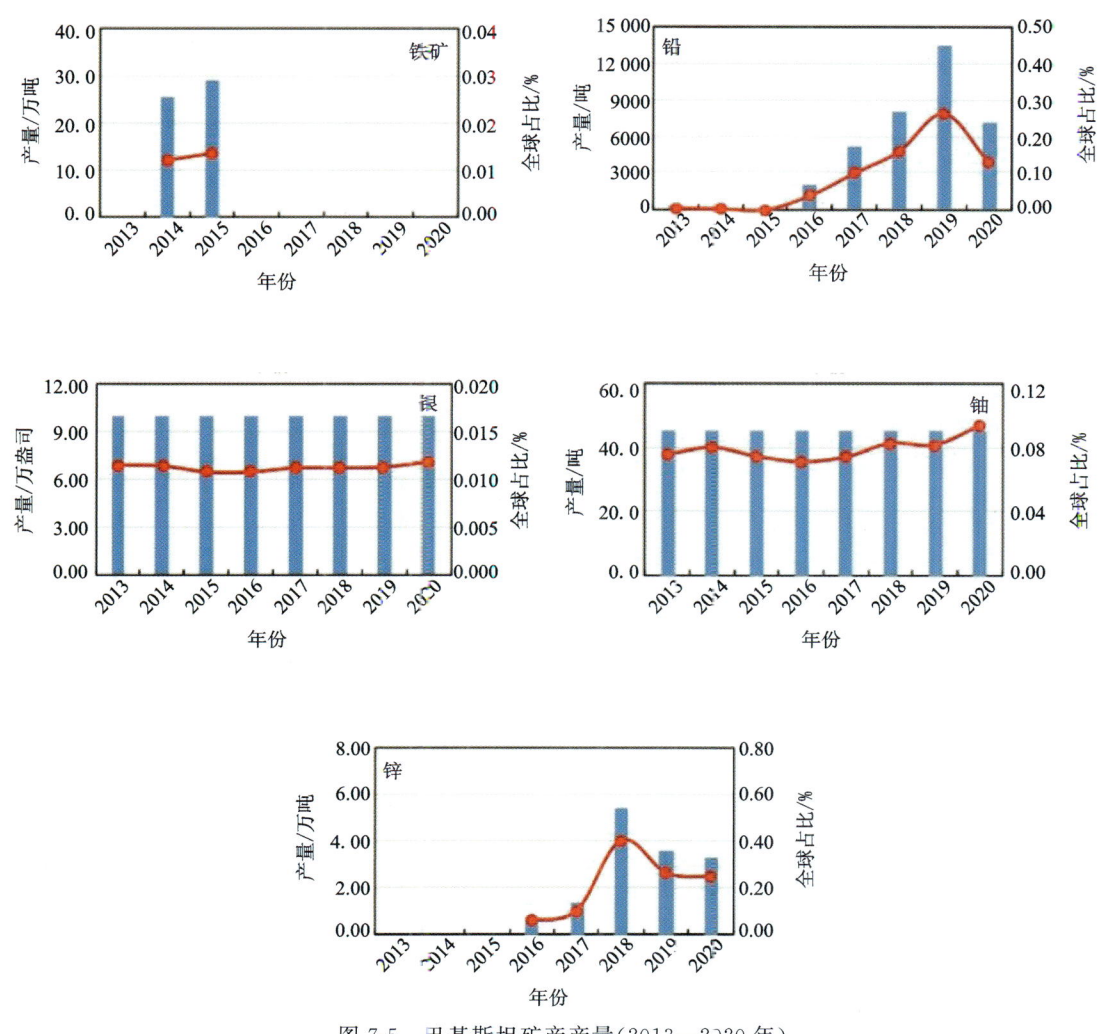

图 7-5 巴基斯坦矿产产量（2013—2020 年）

六、俄罗斯——金刚石、钯、铂、锑、钴、钾盐、钒、金、镍产量全球领先

俄罗斯是上合组织成员国乃至全球最为重要的矿产品生产国之一，特别是金刚石、钯、铂、锑、钴、钾盐、钒、金、镍等矿产在全球具有极其重要的地位，是该类矿产最为重要的生产国之一；其次为煤炭、铜、铁矿、铅、磷酸盐、银、铀等矿产，是全球该类矿产的重要来源之一；铝土矿、铬铁矿、钼、钨、锌等矿产的产量在全球也占有一定的份额，锰和锡等矿产的产量相对较少，其产量在全球的占比微乎其微（表 7-6，图 7-6）。

其中，俄罗斯是全球金刚石、铂族元素第一大生产国（2020 年），2013—2020 年的金刚石、钯、铂产量分别为 17.00 百万～20.00 百万克拉、230.48 万～291.29 万盎司、62.66 万～75.01 万盎司，其产量在全球的占比分别高达 28.333%～36.364%、36.429%～43.444%、10.269%～14.299%（表 7-6，图 7-6）。

表 7-6 俄罗斯矿产产量（2013—2020 年）

矿种	2013 年		2014 年		2015 年		2016 年	
	产量	全球占比/%	产量	全球占比/%	产量	全球占比/%	产量	全球占比/%
锑/万吨	0.70	4.545	0.90	5.696	0.90	6.338	0.80	5.405
铝土矿/万吨	532.20	1.806	558.90	2.196	539.80	1.881	543.10	1.975
铬铁矿/万吨	50.00	1.923	38.00	1.310	50.30	1.645	50.30	1.667
煤炭/百万吨	355.23	4.303	357.40	4.370	372.48	4.687	386.61	5.170
钴/吨	5 000.00	5.377	5 000.00	5.030	5 187.00	4.577	5 103.00	4.424
铜/万吨	68.90	3.757	71.68	3.786	72.17	3.678	70.23	3.441
金刚石/百万克拉	17.00	28.333	17.00	32.075	18.00	31.579	18.00	29.032
金/万盎司	764.22	7.978	741.71	7.497	753.32	7.463	814.05	7.717
铁矿/百万吨	106.35	5.385	103.69	4.937	105.51	4.964	95.64	4.366
铅/万吨	16.20	3.067	16.95	3.423	15.75	3.333	19.20	3.943
锰/万吨	1.00	0.022	3.69	0.079	1.86	0.038	1.22	0.021
钼/吨	4 800.00	1.763	4 800.00	1.546	4 594.00	1.635	4 094.00	1.448
镍/万吨	26.40	10.163	26.40	12.617	26.10	12.212	22.30	11.174
钯/万盎司	252.90	39.222	258.20	43.061	257.50	39.213	230.48	36.429
磷酸盐/万吨	1 000.00	4.444	1 100.00	5.046	1 160.00	4.813	1 240.00	4.863
铂/万盎司	75.01	12.218	69.91	14.299	71.90	11.753	62.66	10.269
钾盐/万吨	610.00	17.681	738.00	19.021	699.00	17.174	648.00	16.489
银/万盎司	4 841.91	5.616	5 098.35	5.865	5 476.93	5.957	5 124.32	5.584
锡/吨	700.00	0.304	321.00	0.108	578.00	0.161	618.00	0.158
钨/吨	2 412.00	2.434	1 998.00	2.425	1 526.00	1.798	3 132.00	3.486
铀/吨	3 135.00	5.284	2 990.00	5.335	3 055.00	5.066	3 004.00	4.753
钒/万吨	1.50	18.987	1.51	18.259	1.60	20.566	1.60	20.253
锌/万吨	19.30	1.471	19.20	1.429	20.68	1.533	28.20	2.128
矿种	2017 年		2018 年		2019 年		2020 年	
	产量	全球占比/%	产量	全球占比/%	产量	全球占比/%	产量	全球占比/%
锑/万吨	1.44	10.511	3.00	20.408	3.00	18.519	3.00	19.608
铝土矿/万吨	552.40	1.865	565.00	1.728	557.00	1.556	610.00	1.644
铬铁矿/万吨	50.30	1.516	—	—	—	—	—	—
煤炭/百万吨	412.54	5.356	441.58	5.468	440.91	5.421	399.77	5.164
钴/吨	5 229.00	4.428	5 334.00	3.855	3 687.00	2.394	3 794.00	2.736
铜/万吨	72.20	3.538	77.30	3.700	79.26	3.795	88.16	4.179
金刚石/百万克拉	19.00	30.159	19.00	32.759	20.00	36.364	19.00	35.185
金/万盎司	869.03	8.087	899.90	8.275	955.84	9.084	940.05	9.402
铁矿/百万吨	107.96	4.741	113.73	4.975	115.17	5.019	113.35	4.796

续表 7-6

矿种	2017 年		2018 年		2019 年		2020 年	
	产量	全球占比/%	产量	全球占比/%	产量	全球占比/%	产量	全球占比/%
铅/万吨	21.06	4.254	20.50	4.142	20.00	3.933	20.00	3.758
锰/万吨	0.59	0.010	—	—	—	—	—	—
钼/吨	3 594.00	1.157	3 094.00	1.022	3 094.00	1.020	3 094.00	1.040
镍/万吨	22.10	9.896	22.52	9.226	23.16	9.155	23.30	9.604
钯/万盎司	254.05	38.083	249.91	37.351	282.61	40.551	291.29	43.444
磷酸盐/万吨	1 330.00	4.944	1 400.00	5.622	1 310.00	5.771	1 300.00	5.830
铂/万盎司	66.84	10.996	63.39	10.303	70.18	11.492	73.36	13.965
钾盐/万吨	730.00	17.633	717.00	16.559	734.00	17.772	760.00	17.674
银/万盎司	4 616.33	5.224	4 522.07	5.102	4 375.56	4.988	4 058.15	4.839
锡/吨	702.00	0.189	—	—	—	—	—	—
钨/吨	2 400.00	2.689	1 500.00	1.850	2 200.00	2.625	2 200.00	2.619
铀/吨	2 917.00	4.820	2 904.00	5.362	2 911.00	5.318	2 846.00	5.963
钒/万吨	1.80	25.281	1.80	25.281	1.84	21.198	1.80	20.930
锌/万吨	27.50	2.051	31.00	2.318	30.00	2.192	26.51	1.978

注：1. 铀矿数据来源于 World Nuclear Association(https://www.world-nuclear.org/)。
2. 锑、金刚石、磷酸盐、钾盐、钒等矿产数据 以及部分铝土矿、钨矿(2018—2020 年)数据来源于美国地质调查局 *Mineral Commodity Summaries* 2015—2021。
3. 煤炭数据来源于 BP 集团《BP 世界能源统计年鉴 2021》。
4. 其他数据来源于标普数据库(https://www.spglobal.com/marketintelligence/en/)。
5. "—"表示未收集到相关数据。

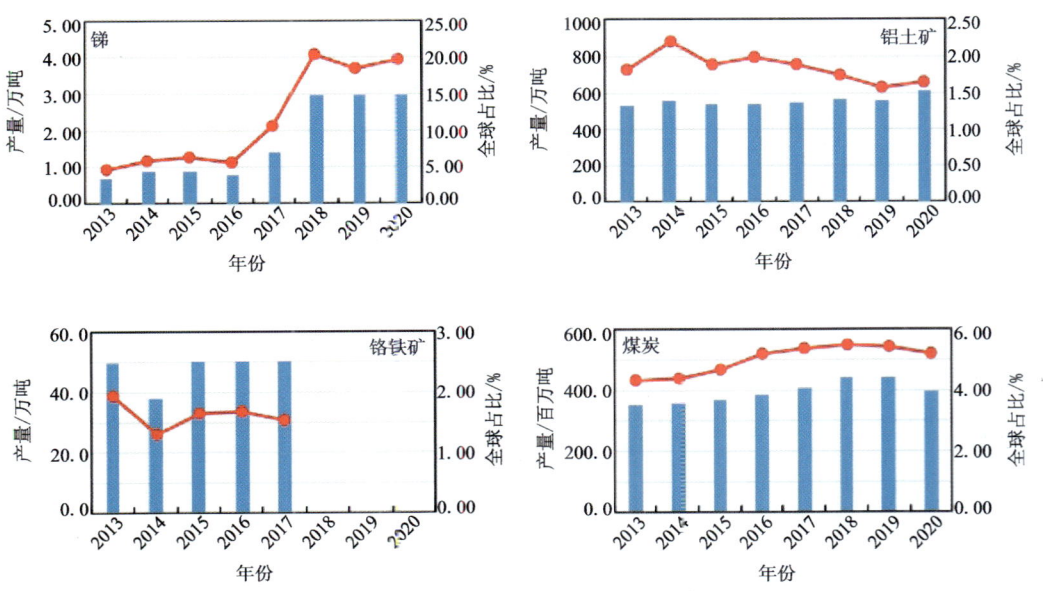

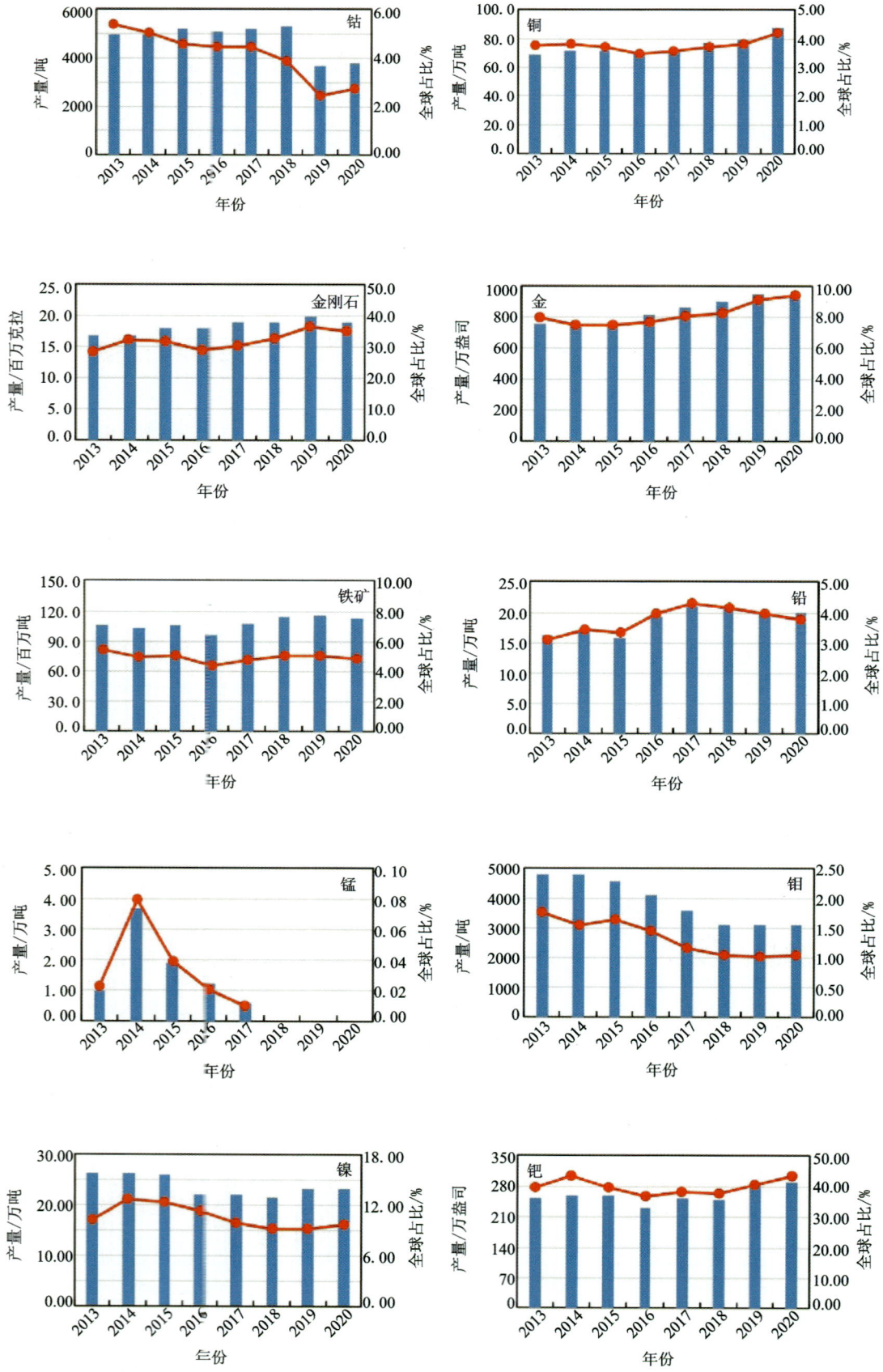

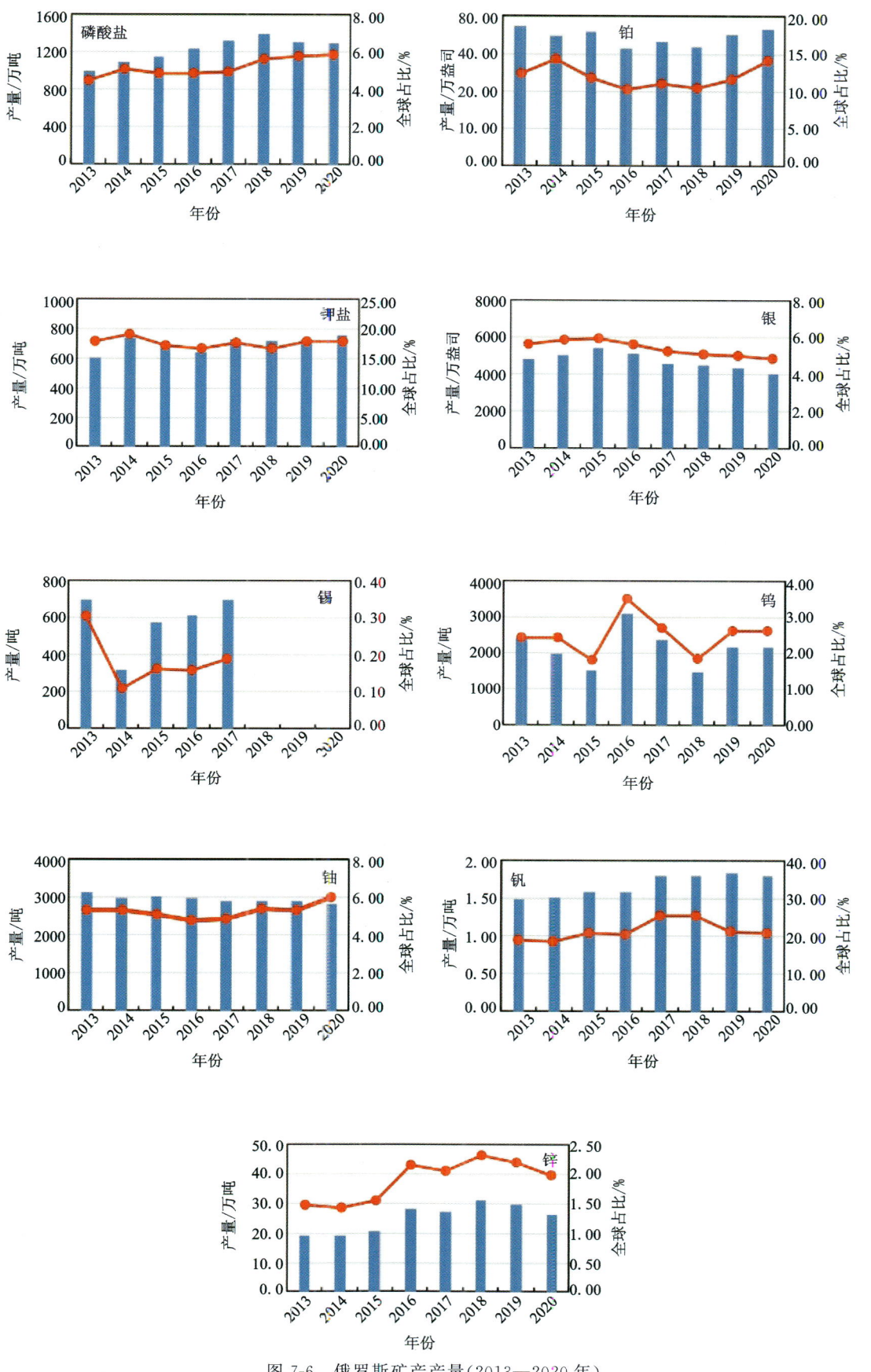

图 7-6 俄罗斯矿产产量(2013—2020 年)

俄罗斯是全球第二大锑(仅次于中国)、钴[仅次于刚果(金)]、钾盐(仅次于加拿大)、钒(仅次于中国)生产国(2020年)。2013—2020年的锑产量为0.70万～3.00万吨,其产量在全球的占比为4.545%～20.408%;钴产量及其全球占比分别为3 687.00～5 334.00吨、2.394%～5.377%;钾盐产量及其全球占比分别为610.00万～760.00万吨、16.489%～19.021%;钒产量及其全球占比分别为1.50万～1.84万吨、18.259%～25.281%(表7-6,图7-6)。

俄罗斯的金、镍产量位居全球第三(2020年),分别仅次于中国和澳大利亚、印度尼西亚和菲律宾。2013—2020年的金产量为741.71万～955.84万盎司,其产量在全球的占比为7.463%～9.402%;镍产量及其全球占比分别为21.52万～26.40万吨、9.155%～12.617%(表7-6,图7-6)。

俄罗斯煤炭(全球第六,2020年)、铜(全球第七)、铁矿(全球第五)、铅(全球第六)、磷酸盐(全球第四)、银(全球第四)、铀(全球第七)等矿产的产量在全球具有较为重要的地位。2013—2020年的煤炭产量为355.23百万～441.58百万吨,其产量在全球的占比为4.303%～5.468%;铜产量及其全球占比分别为68.90万～88.16万吨、3.441%～4.179%;铁矿产量及其全球占比分别为95.64百万～115.17百万吨、4.366%～5.385%;铅产量及其全球占比分别为15.75万～21.06万吨、3.067%～4.254%;磷酸盐产量及其全球占比分别为1 000.00万～1 400.00万吨、4.444%～5.830%;银产量及其全球占比分别为4 058.15万～5 476.93万盎司、4.839%～5.957%;铀产量及其全球占比分别为2 846.00～3 135.00吨、4.753%～5.963%(表7-6,图7-6)。

俄罗斯2013—2020年的铝土矿产量为532.20万～610.00万吨,其产量在全球的占比为1.556%～2.196%;铬铁矿产量及其全球占比分别为38.00万～50.30万吨、1.310%～1.923%;钼产量及其全球占比分别为3 094.00～4 800.00吨、1.020%～1.763%;钨产量及其全球占比分别为1 500.00～3 132.00吨、1.798%～3.486%;锌产量及其全球占比分别为19.20万～31.00万吨、1.429%～2.318%;锰产量及其全球占比分别为0.59万～3.69万吨、0.010%～0.079%;锡产量及其全球占比分别为321.00～702.00吨、0.108%～0.304%(表7-6,图7-6)。

七、塔吉克斯坦——以金、铅、锌、银开采为主

塔吉克斯坦在产矿产较少,除了锑矿在全球具有较高的影响力以外,金、铅、银、锌等矿产产量相对较少,其全球的占比微乎其微(表7-7,图7-7)。其中,2013—2020年,塔吉克斯坦锑产量为0.47万～2.80万吨,其产量在全球的占比高达2.975%～18.301%,仅次于中国、俄罗斯两国,位居全球第三(2020年)。

表7-7 塔吉克斯坦矿产产量(2013—2020年)

矿种	2013年		2014年		2015年		2016年	
	产量	全球占比/%	产量	全球占比/%	产量	全球占比/%	产量	全球占比/%
锑/万吨	0.47	3.052	0.47	2.975	0.80	5.634	1.40	9.458
金/万盎司	8.66	0.090	11.04	0.112	14.01	0.139	16.29	0.154
铅/万吨	1.90	0.360	2.93	0.592	3.55	0.751	4.70	0.965
银/万盎司	10.00	0.012	10.00	0.012	10.00	0.011	10.00	0.011
锌/万吨	2.44	0.186	4.79	0.357	5.77	0.428	5.70	0.430

续表 7-7

矿种	2017 年		2018 年		2019 年		2020 年	
	产量	全球占比/%	产量	全球占比/%	产量	全球占比/%	产量	全球占比/%
锑/万吨	1.40	10.219	1.52	10.340	2.80	17.284	2.80	18.301
金/万盎司	19.52	0.182	21.51	0.198	20.04	0.191	20.57	0.206
铅/万吨	3.62	0.730	4.00	0.808	4.50	0.885	4.50	0.846
银/万盎司	10.00	0.011	10.00	0.011	10.00	0.011	10.00	0.012
锌/万吨	7.70	0.574	7.00	0.523	7.00	0.512	8.80	0.657

注：1. 锑矿数据来源于美国地质调查局 *Mineral Commodity Summaries* 2015—2020。
2. 其他数据来源于标普数据库（https://www.spglobal.com/marketintelligence/en/）。

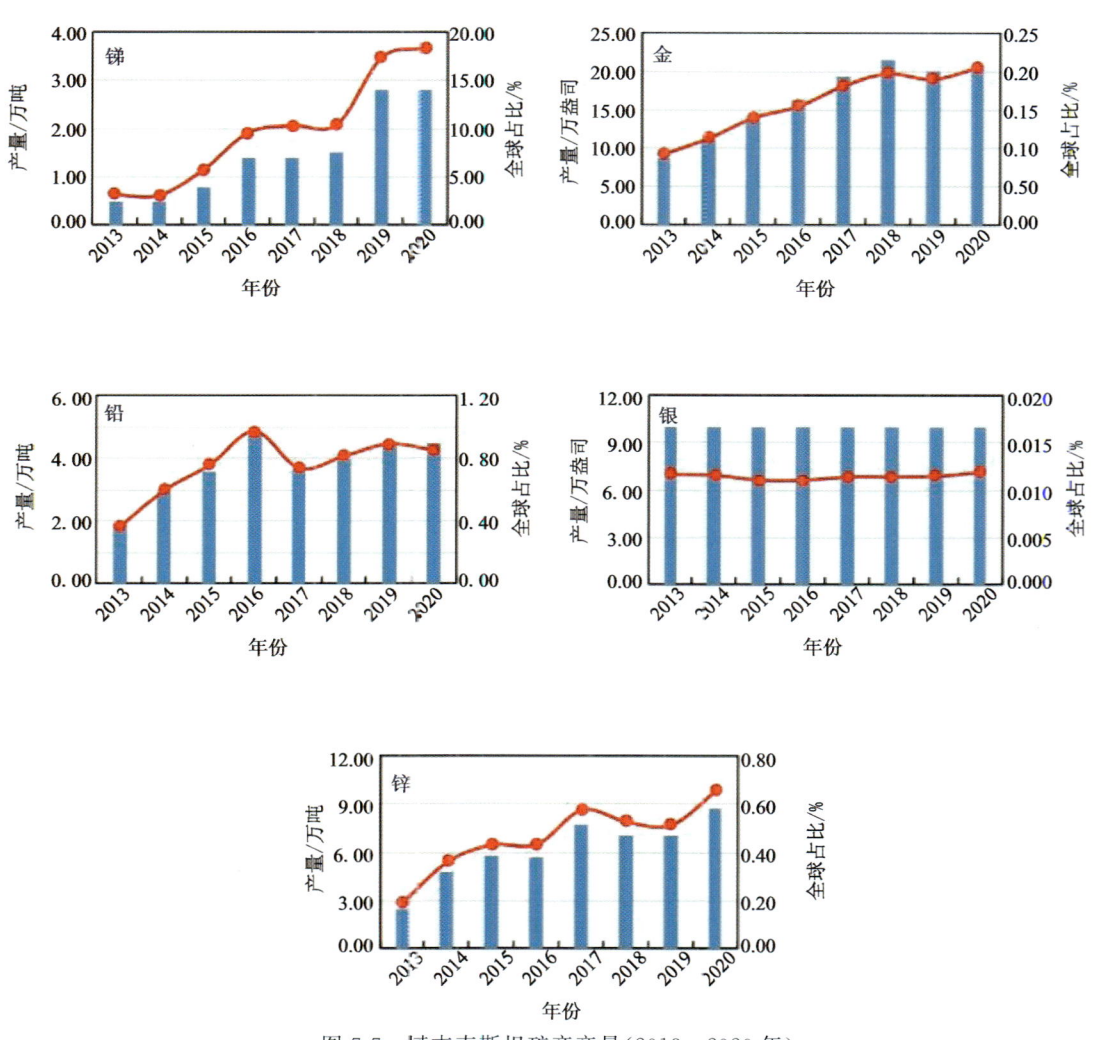

图 7-7　塔吉克斯坦矿产产量（2013—2020 年）

2013—2020 年，塔吉克斯坦金产量为 8.66 万～21.51 万盎司，其产量在全球的占比为 0.090%～0.206%；铅产量为 1.90 万～4.70 万吨，其产量在全球的占比为 0.360%～0.965%；银产量均为 10.00 万盎司，其产量在全球的占比为 0.011%～0.012%；锌产量为 2.44 万～8.80 万吨，其产量在全球的占比高达 0.186%～0.657%（表 7-7，图 7-7）。

八、乌兹别克斯坦——全球重要的铀、金生产国之一

乌兹别克斯坦在产矿产较少,除了铀、金产量相对较多以外,铜、铅、钼、银、钨、锌、煤炭等矿产的产量相对较少,其在全球的占比微乎其微(表7-8,图7-8)。其中,铀、金是乌兹别克斯坦最为重要的优势矿产,其产量在全球具有一定影响力。2013—2020年,乌兹别克斯坦铀产量为2 385.00~3 500.00吨,其产量在全球的占比为3.955%~7.333%,位居全球第五位(2020年);金产量为236.56万~342.15万盎司,其产量在全球的占比为2.470%~3.326%。

表7-8 乌兹别克斯坦矿产产量(2013—2020年)

矿种	2013年 产量	全球占比/%	2014年 产量	全球占比/%	2015年 产量	全球占比/%	2016年 产量	全球占比/%
煤炭/百万吨	4.09	0.050	4.40	0.053 8	3.49	0.044	3.87	0.052
铜/万吨	9.85	0.537	10.00	0.528 3	10.00	0.510	7.33	0.359
金/万盎司	236.56	2.470	294.73	2.979 0	295.52	2.928	319.18	3.026
铅/吨	3 000.00	0.057	3 000.00	0.060 6	3 000.00	0.064	2 000.00	0.041
钼/吨	501.00	0.184	599.00	0.192 9	578.00	0.206	474.00	0.168
银/万盎司	195.56	0.227	173.32	0.199	160.76	0.175	162.28	0.177
钨/吨	300.00	0.303	300.00	0.364	300.00	0.354	300.00	0.334
铀/吨	2 400.00	4.045	2 400.00	4.283	2 385.00	3.955	3 325.00	5.260
锌/万吨	0.80	0.061	4.50	0.335	4.50	0.334	5.00	0.377

矿种	2017年 产量	全球占比/%	2018年 产量	全球占比/%	2019年 产量	全球占比/%	2020年 产量	全球占比/%
煤炭/百万吨	4.04	0.052	4.17	0.051 7	4.05	0.050	4.13	0.053
铜/万吨	8.00	0.392	8.00	0.382 9	8.29	0.397	8.50	0.403
金/万盎司	330.51	3.076	331.25	3.046 0	342.15	3.252	332.52	3.326
铅/吨	2 000.00	0.040	2 000.00	0.040 4	2 000.00	0.039	2 000.00	0.038
钼/吨	722.00	0.232	776.00	0.256 3	776.00	0.256	698.00	0.235
银/万盎司	160.41	0.182	149.63	0.169	153.14	0.175	158.06	0.189
钨/吨	300.00	0.336	—	—	—	—	—	—
铀/吨	3 400.00	5.619	3 450.00	6.371	3 500.00	6.394	3 500.00	7.333
锌/万吨	1.82	0.136	2.40	0.180	4.00	0.292	4.50	0.336

注:1.铀矿数据来源于World Nuclear Association(https://www.world-nuclear.org/)。
2.煤炭数据来源于BP集团《BP世界能源统计年鉴2021》。
3.其他数据来源于标普数据库(https://www.spglobal.com/marketintelligence/en/)。
4."—"表示未收集到相关数据。

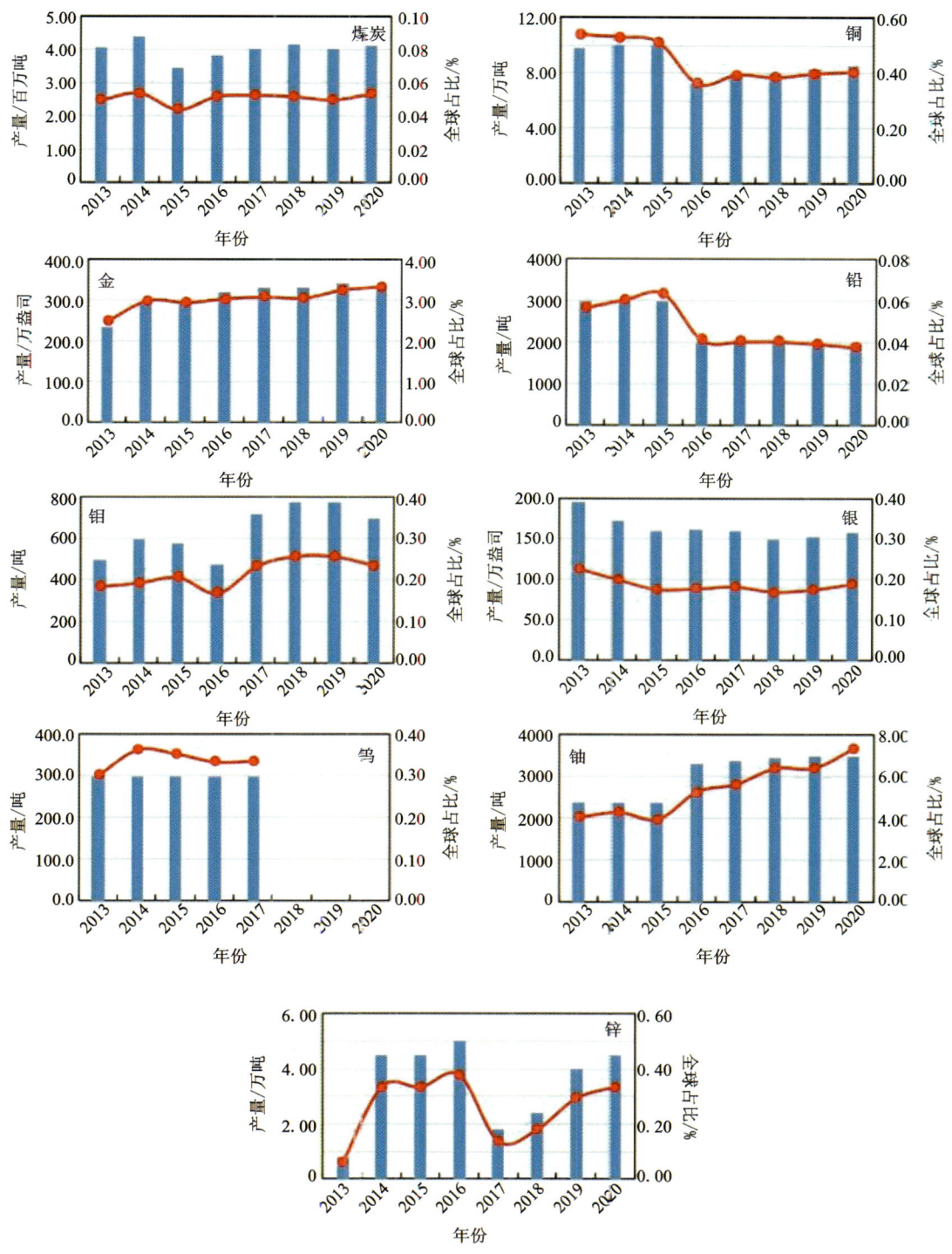

图 7-8 乌兹别克斯坦矿产产量(2013—2020 年)

乌兹别克斯坦铜产量为 7.33 万～10.00 万吨，其产量在全球的占比为 0.359%～0.537%；铅产量为 2 000.00～3 000.00 吨，其产量在全球的占比为 0.038%～0.064%；钼产量为 474.00～776.00 吨，其产量在全球的占比为 0.168%～0.256%；银产量为 149.63 万～195.56 万盎司，其产量在全球的占比为 0.169%～0.227%；钨产量均为 300.00 吨，其产量在全球的占比为 0.303%～0.364%；锌产量为 0.80万～5.00 万吨，其产量在全球的占比为 0.061%～0.377%（表 7-8，图 7-8）。

第八章 在产矿业项目产值

一、在产矿业项目产值总体概况

据不完全统计,上合组织成员国 2013—2020 年在产项目矿业产值为 103 390.49 百万～345 631.31 百万美元,占全球矿业产值的 18.15%～24.62%,是全球最为重要的矿产品生产地之一(表 8-1,图 8-1)。

表 8-1 成员国在产项目矿业产值(2013—2020 年) 单位:百万美元

国别	2013 年 产值	占比/%	2014 年 产值	占比/%	2015 年 产值	占比/%	2016 年 产值	占比/%
印度	68 270.96	4.69	45 592.22	3.76	47 996.00	4.81	53 501.84	5.24
哈萨克斯坦	20 253.00	1.39	16 330.82	1.35	13 697.33	1.37	12 863.26	1.26
中国	183 361.16	12.59	152 477.06	12.58	131 117.78	13.14	106 343.27	10.42
吉尔吉斯斯坦	853.51	0.06	738.48	0.06	714.95	0.07	898.05	0.09
巴基斯坦	98.93	0.01	90.14	0.01	71.96	0.01	104.87	0.01
俄罗斯	67 888.14	4.66	57 509.76	4.75	47 878.73	4.80	39 371.86	3.86
塔吉克斯坦	90.51	0.01	94.02	0.01	132.66	0.01	156.38	0.02
乌兹别克斯坦	4 815.10	0.33	4 504.61	0.37	4 120.19	0.41	4 264.63	0.42
合计	345 631.31	23.74	277 337.11	22.89	245 729.60	24.62	217 504.16	21.32
澳大利亚	158 545.47	10.89	143 036.74	11.80	109 175.74	10.94	114 021.75	11.17
巴西	82 646.80	5.68	51 261.73	4.23	33 573.38	3.36	32 917.50	3.22
智利	47 454.95	3.26	44 238.54	3.65	35 295.09	3.54	30 897.83	3.03
国别	2017 年 产值	占比/%	2018 年 产值	占比/%	2019 年 产值	占比/%	2020 年 产值	占比/%
印度	71 516.29	5.39	11 446.22	2.02	12 412.08	2.01	13 765.75	2.00
哈萨克斯坦	16 720.56	1.26	10 548.45	1.86	11 512.69	1.86	11 235.84	1.63
中国	128 795.77	9.71	45 505.61	8.02	45 973.37	7.44	52 734.23	7.65
吉尔吉斯斯坦	954.74	0.07	1 065.72	0.19	1 110.80	0.18	1 331.26	0.19
巴基斯坦	186.19	0.01	258.10	0.05	296.69	0.05	174.10	0.03
俄罗斯	41 911.46	3.16	29 733.92	5.24	35 410.09	5.73	41 714.99	6.05

续表 8-1

国别	2017 年		2018 年		2019 年		2020 年	
	产值	占比/%	产值	占比/%	产值	占比/%	产值	占比/%
塔吉克斯坦	245.61	0.02	270.37	0.05	328.00	0.05	458.69	0.07
乌兹别克斯坦	4 528.90	0.34	4 562.10	0.80	5 143.18	0.83	6 256.14	0.91
合计	264 859.52	19.96	103 390.49	18.23	112 186.90	18.15	127 671.00	18.53
澳大利亚	141 761.79	10.69	100 386.49	17.70	114 836.19	18.59	132 903.88	19.29
巴西	39 339.77	2.97	39 223.26	6.91	42 401.25	6.86	48 440.53	7.03
智利	38 714.58	2.92	42 769.17	7.54	40 348.61	6.53	41 963.99	6.09

注:1. 数据来源于标普数据库(https://www.spglobal.com/marketintelligence/en/)。
　　2. 产值表示各国在产矿产品当年的产值,单位为百万美元;占比表示各国矿业产值当年在全球矿业产值中的占比,单位为%。

上合组织成员国矿业产值总体呈现先逐年减少、后缓慢增加的分阶段变化趋势,特别是中国、印度作为上合组织最为重要的矿产品生产国之一,其矿业产值变化非常大,呈断崖式下跌,其他国家则相对稳定(表 8-1,图 8-1,图 8-2)。

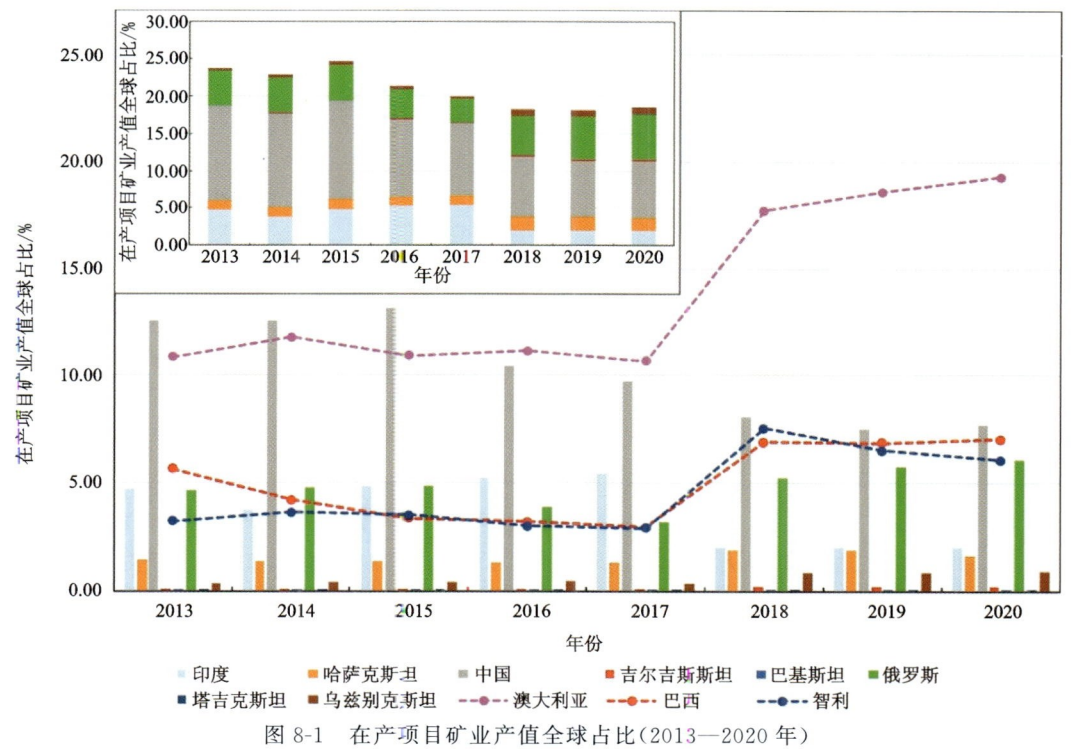

图 8-1　在产项目矿业产值全球占比(2013—2020 年)

2018 年以前,上合组织成员国在产项目矿业产值主要集中在中国。2013—2017 年,中国矿业产值为 106 343.27 百万～183 361.16 百万美元,占全球矿业产值的 9.71%～13.14%,与传统矿业大国澳大利亚(矿业产值全球占比为 10.69%～12.80%)基本持平;其次是印度和俄罗斯,2013—2017 年的矿业产值分别为 45 592.22 百万～71 516.29 百万美元、39 371.86 百万～67 888.14 百万美元,在全球矿业产值中的占比分别为 3.76%～5.39%、3.16%～4.80%,与巴西、智利(矿业产值全球占比分别为 2.97%～5.68%、2.92%～3.65%)等矿业大国基本持平;哈萨克斯坦、乌兹别克斯坦占有一定的市场份额,2013—2017 年的矿业产值分别为 12 863.26 百万～20 253.00 百万美元、4 120.19 百万～4 815.10 百万美元（分别占全球矿业产值的 1.26%～1.39%、0.33%～0.42%）；吉尔吉斯斯坦、巴基斯坦、塔吉克斯坦三国矿业产值相对较少，2013—2017 年的矿业产值仅为 714.95 百万～954.74 百万美元、71.96 百万～186.19 百万美元、90.51 百万～245.61 百万美元（表 8-1，图 8-1，图 8-2）。

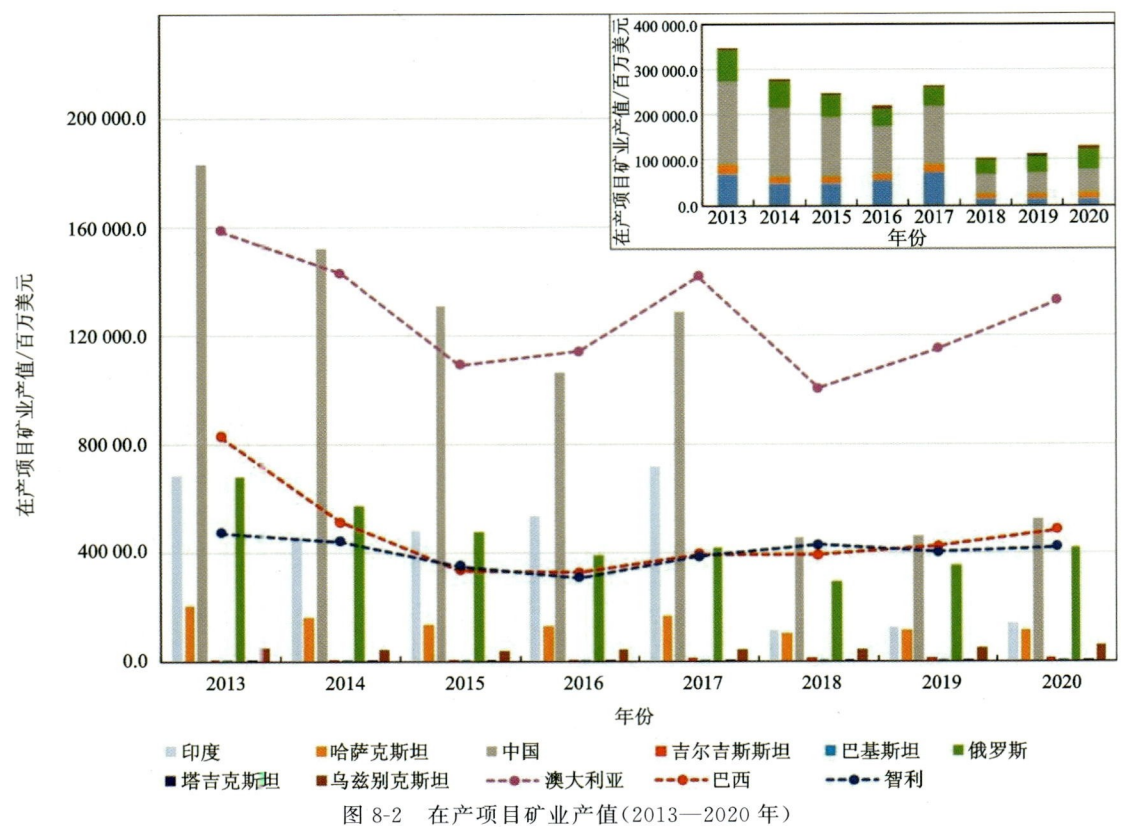

图 8-2 在产项目矿业产值（2013—2020 年）

2018 年以来，上合组织成员国在产项目矿业产值因为中国、印度在产矿业项目的变化而急剧减少，其他国家则总体变化不大。其中，矿业产值主要集中在中国、俄罗斯，2018—2020 年的矿业产值分别为 45 505.61 百万～52 734.23 百万美元、29 733.92 百万～41 714.99 百万美元，分别占全球矿业产值的 7.44%～8.02%、5.24%～6.04%，与矿业大国巴西、智利（矿业产值全球占比分别为 6.86%～7.03%、6.09%～7.54%）基本持平，明显低于澳大利亚（矿业产值全球占比为 17.70%～19.29%）；其次是印度、哈萨克斯坦、乌兹别克斯坦，2018—2020 年的矿业产值分别为 11 446.22 百万～13 765.75 百万美元、10 548.45 百万～11 512.69 百万美元、4 562.10 百万～6 256.14 百万美元，分别占全球矿业产值的 2.00%～2.02%、1.63%～1.86%、0.80%～0.91%；吉尔吉斯斯坦、巴基斯坦、塔吉克斯坦三国矿业产值相对较少，2018—2020 年的矿业产值仅为 1 065.72 百万～1 331.26 百万美元、174.10 百万～296.69 百万美元、270.37 百万～458.69 百万美元（表 8-1，图 8-1，图 8-2）。

值得注意的是，2018 年以来，中国、印度两国矿业产值呈现断崖式下跌，主要是因为中国、印度两国 2018—2020 年期间矿业产值未涉及煤炭产值，而两国矿业产值却绝大部分来源于煤炭行业。若排除 2018—2020 年期间矿业产值未包含煤炭产值对两国矿业产值变化规律的影响，两国矿业产值的变化规律则应该类似于 2018 年以前的分布特征，中国与澳大利亚持平，而印度则与巴西、智利基本类似。

二、在产矿业项目产值在国内生产总值（GDP）中的占比

矿业经济是各国 GDP 来源的重要组成部分之一，特别是对于矿业作为支柱产业的国家而言，其经

济对矿业的依赖性更强。就矿业产值对各国 GDP 的贡献而言,上合组织国家大多高于全球平均水平(印度、中国、巴基斯坦除外),特别是吉尔吉斯斯坦、哈萨克斯坦、乌兹别克斯坦等资源依赖型经济国家,其矿业产值在 GDP 中的占比明显高于全球平均水平(表 8-2,图 8-3)。

表 8-2 在产项目矿业产值占其 GDP 比重(2013—2020 年) 单位:%

国家	2013 年	2014 年	2015 年	2016 年	2017 年	2018 年	2019 年	2020 年
印度	3.45	2.15	2.09	2.15	2.70	0.40	0.42	0.51
哈萨克斯坦	11.47	8.87	7.35	6.83	8.53	5.17	5.40	5.41
中国	2.37	1.83	1.47	1.12	1.26	0.42	0.40	0.45
吉尔吉斯斯坦	15.16	12.61	11.75	14.15	14.36	15.45	15.40	20.19
巴基斯坦	0.05	0.04	0.03	0.05	0.08	0.10	0.12	0.07
俄罗斯	4.03	3.39	2.88	2.36	2.47	1.71	1.99	2.42
塔吉克斯坦	1.29	1.26	1.68	1.85	2.71	2.77	3.13	4.19
乌兹别克斯坦	8.28	7.23	6.16	6.01	6.11	5.83	6.21	7.44
澳大利亚	12.66	11.14	8.32	8.46	10.28	7.07	7.92	9.19
巴西	3.43	2.12	1.44	1.46	1.72	1.68	1.79	2.14
智利	18.68	17.11	13.34	11.48	14.22	15.15	14.16	15.62
全球	2.03	1.64	1.31	1.31	1.65	0.68	0.73	0.84

注:1. 矿业产值数据来源于标普数据库(https://www.spglobal.com/marketintelligence/en/)。
2. 各国 GDP 数据来源于世界银行数据库(https://data.worldbank.org.cn/),GDP 数据为 2010 年不变价美元。

其中,吉尔吉斯斯坦是上合组织成员国当中矿业对其 GDP 的贡献最大的国家,与智利(11.48%~18.68%)、澳大利亚(7.07%~12.66%)等传统矿业大国类似,矿业是其最为重要的支柱产业之一。2013—2020 年,吉尔吉斯斯坦在产矿业项目产值在其 GDP 中的占比高达 11.75%~20.19%,总体呈现先降低、后增加的"V"字形变化趋势(表 8-2,图 8-3)。

哈萨克斯坦、乌兹别克斯坦两国 2013—2020 年在产矿业项目产值在其 GDP 中的占比分别为 5.17%~11.47%、5.83%~8.28%,与澳大利亚基本持平,明显高于巴西(1.44%~3.43%)和全球平均值(0.68%~2.03%)。哈萨克斯坦总体呈现逐渐下降的变化趋势,反映其对矿业经济的依赖逐渐减轻;乌兹别克斯坦则呈现先降低、后增加的"V"字形变化趋势(表 8-2,图 8-3)。

俄罗斯、塔吉克斯坦两国 2013—2020 年在产矿业项目产值在其 GDP 中的占比分别为 1.71%~4.03%、1.26%~4.19%,与巴西基本持平,略高于全球平均值。俄罗斯呈现先降低、后增加的"V"字形变化趋势;而塔吉克斯坦则呈现逐年增加的趋势,体现其对矿业经济的依赖越来越重(表 8-2,图 8-3)。

中国、印度两国 2013—2020 年在产矿业项目产值在其 GDP 中的占比分别为 0.40%~2.37%、0.40%~3.45%,总体呈现逐年减少的变化趋势,反映其经济对矿业的依赖有所减轻。其中,2018 年以前,两国矿业对 GDP 的贡献基本接近(略高于)全球平均值,2018 年及以后则略低于全球平均值(表 8-2,图 8-3)。若排除 2018—2020 年中国、印度两国矿业产值未涉及煤炭产值对其结果的影响,两国矿业对 GDP 的贡献应该仍然基本接近(略高于)全球平均值。

巴基斯坦是上合组织成员国当中唯一一个矿业在其 GDP 中的占比明显低于全球平均水平的国家,2013—2020 年的比值为 0.03%~0.12%(表 8-2,图 8-3),呈现逐年略微增加的趋势,但总体变化不大,说明其经济对矿业的依赖性不是太大。

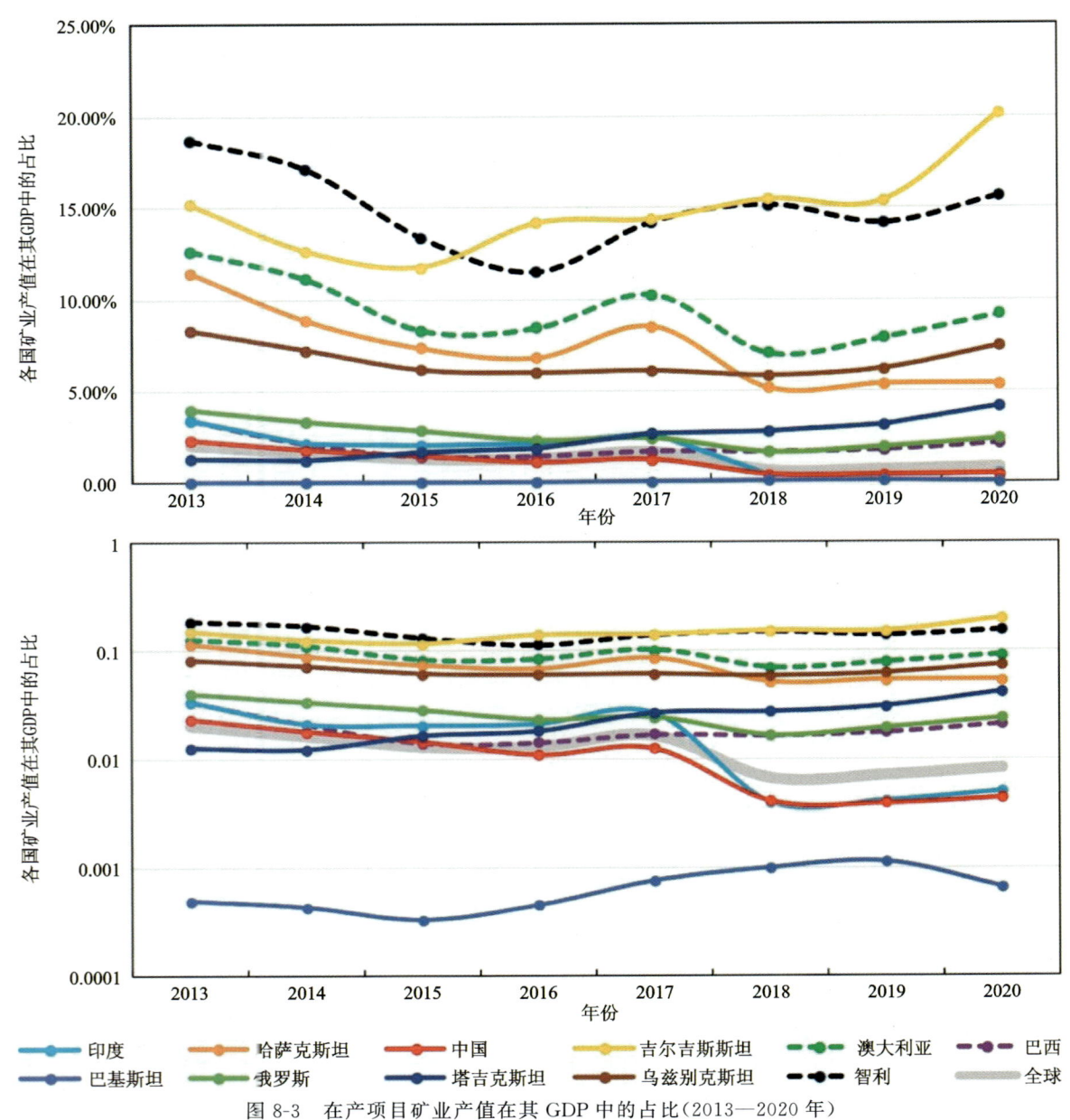

图 8-3 在产项目矿业产值在其 GDP 中的占比（2013—2020 年）

三、印度——矿业产值主要源自煤炭、铁、铅锌、银

2013—2020 年期间，印度矿业产值总体呈现先减少、后增加的"V"字形变化趋势，矿业产值主要来源于煤炭，其次是铁矿、铅锌银，也有少量来源于铝土矿、铜、金（铜、钨）、铁（锰）、锰等矿产（表 8-3，图 8-4）。其中，2018 年以后，印度矿业产值呈现断崖式下跌，主要是因为其矿业产值未统计煤炭产值，但这并不影响该国矿业产值的总体变化趋势（表 8-3，图 8-4）。

第八章　在产矿业项目产值

表 8-3　印度各类矿产产值统计表（2013—2020 年）

矿种	2013 年	2014 年	2015 年	2016 年	2017 年	2018 年	2019 年	2020 年
铝土矿/百万美元	630.46	534.67	563.91	531.89	—	—	—	—
铜/万美元	256.07	208.33	168.69	166.56	204.92	237.55	205.76	211.43
金（铜、钨）/万美元	90.43	63.64	49.23	62.03	60.85	64.75	71.05	90.34
铁矿/百万美元	13 958.79	9 368.42	5 295.42	6 543.59	8 267.79	7 573.30	8 413.52	9 552.84
铁（锰）/百万美元	498.45	382.41	242.93	340.46	479.61	536.72	854.87	1 079.74
锰/万美元	10.99	9.39	6.01	6.57	8.76	11.89	10.45	9.39
铅锌银/百万美元	1 853.40	2 090.26	1 889.37	2 132.11	2 942.14	3 022.01	2 856.43	2 812.01
煤炭/百万美元	50 972.37	42 547.90	39 780.44	43 718.63	59 552.22	—	—	—
合计	68 270.96	55 205.02	47 996.00	53 501.84	71 516.29	11 446.22	12 412.08	13 765.75

注：1. 数据来源于标普数据库（https://www.spglobal.com/marketintelligence/en/）。
2. "—"表示未收集到相关数据。

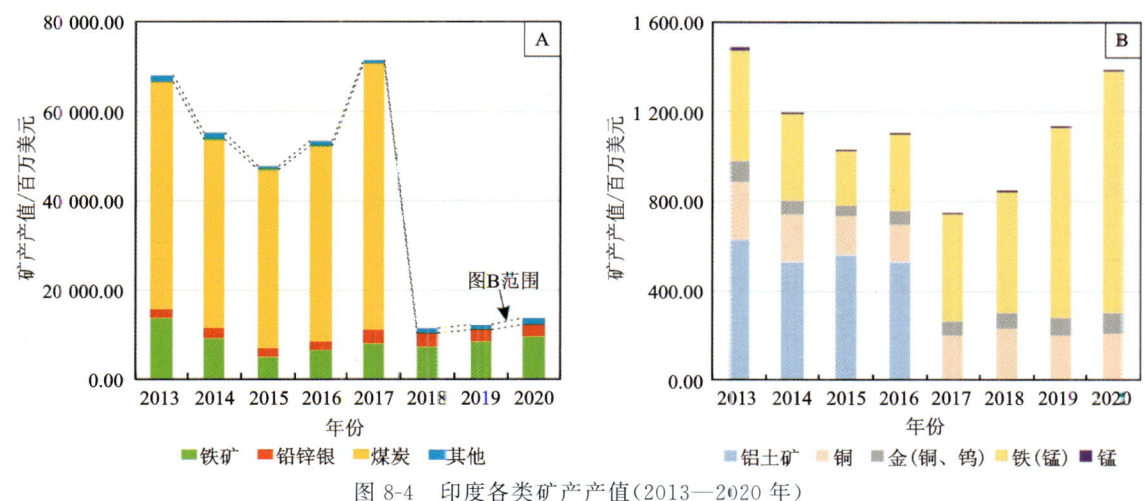

图 8-4　印度各类矿产产值（2013—2020 年）

印度是仅次于中国的全球第二大煤炭生产国，煤炭产值是其矿业产值最为重要的来源，决定了该国矿业产值的总体变化格局。2013—2017 年（未收集到 2018 年以来的数据），印度煤炭产值为 39 780.44 百万～59 552.22 百万美元，占该国矿业产值的 74.66%～83.27%（表 8-3、图 8-4）。

铁矿是印度最为重要的金属矿产资源（全球第四大铁矿生产国），同时也是该国矿业产值的第二大来源。2013—2020 年，印度铁矿产值为 5 295.42 百万～13 958.79 百万美元，占该国矿业产值的 11.03%～69.47%（2018 年以来印度矿业产值未统计煤炭产值，故而占比大幅攀升）；铁（锰）产值及其在该国的占比分别为 242.93 百万～1 079.74 百万美元、0.51%～7.84%（表 8-3、图 8-4）。

铅锌银是印度矿业产值的第三大来源（全球第四大锌生产国），2013—2020 年，印度铅锌银产值为 1 853.40 百万～3 022.01 百万美元，占该国矿业产值的 2.71%～26.40%（2018 年以来印度矿业产值未统计煤炭产值，故而其占比大幅攀升）。铝土矿产值为 531.89 百万～630.46 万美元（2013—2016 年），铜产值为 166.56 万～256.07 万美元，金（铜、钨）产值为 49.23 万～90.43 万美元，锰产值为 6.01 万～11.89 万美元（表 8-3、图 8-4）。

四、哈萨克斯坦——矿业产值主要源自煤炭、铜、锌

2013—2020年期间,哈萨克斯坦矿业产值总体呈现先减少、后增加的"V"字形变化趋势,矿业产值主要来源于煤炭,其次是铜、锌(铜/铅),也有部分来源于铀、铁锰、金(银、铜)、铝土矿等矿产(表8-4,图8-5)。其中,2018年以后,哈萨克斯坦矿业产值总量虽有较大幅度下降,但主要是因为其矿业产值未统计煤炭产值,而该国矿业产值的总体变化趋势未曾受到任何影响。

表8-4 哈萨克斯坦各类矿产产值统计表(2013—2020年)

矿种	2013年	2014年	2015年	2016年	2017年	2018年	2019年	2020年
金(银、铜)/百万美元	646.65	609.25	546.30	607.48	699.09	879.11	1 317.02	1 814.71
铜(银)/百万美元	1 247.49	895.00	919.74	819.56	1 436.25	1 069.53	994.68	1 019.00
铜(锌)/百万美元	2 165.22	1 883.49	1 053.70	927.63	1 023.55	982.85	879.89	907.92
铜/铜(钼/金)/百万美元	89.48	85.42	75.90	475.68	1 010.95	1 796.76	1 857.42	1 958.05
锌(铜/铅)/百万美元	2 824.91	2 831.99	2 549.95	2 719.86	3 166.72	3 473.48	3 317.04	2 107.88
铁矿/万美元	2 386.89	1 548.12	613.91	625.57	774.62	764.06	1 396.20	1 616.46
铁(锰)/万美元	540.29	374.81	176.58	157.19	201.68	198.94	260.62	355.62
锰/万美元	66.14	41.61	25.23	15.90	7.15	9.78	5.89	5.49
铀/百万美元	2 127.75	1 858.80	2 209.25	1 585.50	1 360.04	1 373.94	1 483.93	1 450.71
煤炭/百万美元	7 781.00	5 912.02	5 242.51	4 691.25	7 040.51	—	—	—
铝土矿/百万美元	377.18	290.31	284.26	237.64	—	—	—	—
合计	20 253.00	16 330.82	13 697.33	12 863.26	16 720.56	10 548.45	11 512.69	11 235.84

注:1. 数据来源于标普数据库(https://www.spglobal.com/marketintelligence/en/)。
2. "—"表示未收集到相关数据。

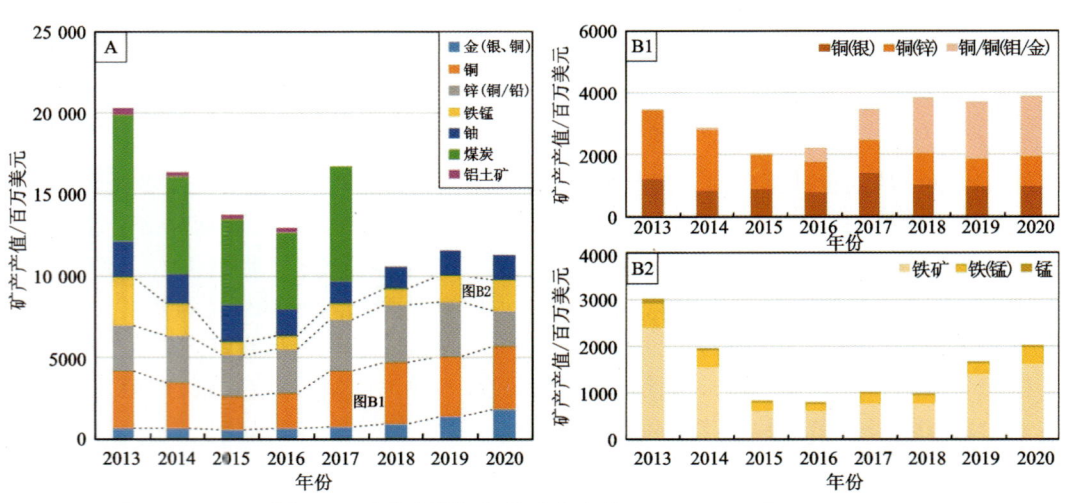

图8-5 哈萨克斯坦各类矿产产值(2013—2020年)

煤炭是哈萨克斯坦矿业产值的第一大来源,贡献该国矿业产值的1/3。2013—2017年(未收集到2018年以来的数据),哈萨克斯坦煤炭产值为4 691.25百万~7 781.00百万美元,占该国矿业产值的

36.20%～42.11%（表8-4，图8-5）。

铜、锌（铜/铅）分别是哈萨克斯坦矿业产值的第二、第三大来源，同时也是金属矿产矿业产值的最重要来源。2013—2020年，哈萨克斯坦铜、锌（铜/铅）的产值分别为2 049.34百万～3 884.97百万美元、2 107.88百万～3 473.48百万美元，在该国矿业产值中的占比分别为14.96%～36.49%、13.95%～32.93%（表8-4，图8-5）。其中，铜产值又涉及铜（锌）、铜（银）、铜/铜（钼/金）三个亚类，其产值分别为879.89百万～2 165.22百万美元、819.56百万～1 436.25百万美元、75.90百万～1958.05百万美元。

哈萨克斯坦是全球铀、铁（锰）、金（银、铜）、铝土矿等矿产的重要生产国之一，特别是全球铀矿第一生产大国。2013—2020年，哈萨克斯坦铀产值为1 360.04百万～2 209.25百万美元，占该国矿业产值的8.13%～16.13%；铁锰产值及其在本国矿业产值中的占比分别为798.66百万～2 993.32百万美元、5.88%～17.60%[主要来源于铁矿（613.91万～2 386.89万美元），其次是铁（锰）（157.19万～540.29万美元）和锰（5.49万～66.14万美元）]；金（银、铜）产值及其在本国矿业产值中的占比分别为546.30～1 814.71百万美元、3.19%～16.15%；铝土矿产值及其在本国矿业产值中的占比分别为237.64百万～377.18百万美元（仅收集到2013—2016年的数据）、1.85%～2.08%（表8-4，图8-5）。

五、中国——矿业产值主要源自煤炭、铁、金、铜、镍、铅锌

2013—2020年期间，中国矿业产值总体呈现先减少、后增加的"V"字形变化趋势，2018年以后因为矿业产值未统计煤炭产值而导致其矿业产值呈现断崖式下跌（表8-5，图8-6）。中国矿业产值绝大多数来源于煤炭，其次是铁、金、铜、镍、铅锌等矿产，也有相当一部分来源于钼和铝土矿，其他矿产（包括锂、银、铀、锰、铂钯、钾盐、锡、钨等）的产值相对较小。

中国是全球第一大煤炭生产国，煤炭也是中国矿业产值最为重要的来源，决定了该国矿业产值的总体构成。2013—2017年（未收集到2018年以来的数据），中国煤炭产值为73 876.13百万～133 708.65百万美元，占该国矿业产值的68.71%～80.10%（表8-5，图8-6）。值得注意的是，2018年以来，中国矿业产值未涉及煤炭数据，导致其他矿种在中国矿业产值中的占比大幅攀升。

表8-5 中国各类矿产产值统计表（2013—2020年）　　　　单位：百万美元

矿种	2013年	2014年	2015年	2016年	2017年	2018年	2019年	2020年
铜	222.97	219.68	238.20	259.44	274.67	338.68	191.86	203.78
铜（金）	1 107.39	1 019.09	815.79	1 030.97	2 463.04	1 746.52	1 728.31	1 808.60
铜（钼）	2 587.02	2 577.03	2 101.85	2 054.08	2 842.54	3 476.16	3 990.24	5 016.63
铜（银）	3 443.33	198.20	154.48	495.14	705.22	689.37	653.31	591.64
铜（锌/铅锌）	470.40	472.70	401.93	689.22	924.93	1 043.32	952.65	936.11
金	3 701.39	3 598.28	3 390.84	3 409.07	3 495.80	3 509.52	3 955.67	4 949.56
金（铜）	1 571.18	1 414.40	1 293.80	1 258.54	1 369.50	1 438.32	1 308.85	1 407.34
金（银）	1 761.02	1 729.79	1 727.15	1 859.22	1 903.39	2 113.13	2 242.21	3 096.67
铁	25 016.99	16 465.37	9 028.00	9 066.25	11 461.14	11 504.50	17 040.61	20 637.14
铁（铜）	944.57	608.19	305.29	317.95	391.40	364.66	1 395.60	1 169.42
铁（锡）	472.96	317.19	154.60	135.32	176.05	166.70	223.39	317.36
铁（钛）	161.43	126.97	65.71	55.39	75.55	103.07	151.67	199.48
铁（钒）	343.36	186.42	112.53	145.11	223.51	222.64	316.93	320.25

续表 8-5

矿种	2013年	2014年	2015年	2016年	2017年	2018年	2019年	2020年
铅锌	182.78	147.16	91.96	283.91	271.82	333.35	279.31	2 288.02
锌铅	1 295.01	1 780.23	1 499.65	4 821.99	6 319.03	7 796.98	6 197.85	4 878.69
锌	103.10	71.30	94.55	94.85	165.99	149.06	133.14	126.70
锌(锡铅)	185.13	228.22	196.88	102.58	225.38	320.71	357.07	401.61
镍	107.64	120.53	85.05	2 714.28	3 320.66	4 994.31	58.37	57.78
镍(铜钴)	2 058.79	2 230.21	1 644.10	1 412.14	1 485.79	1 865.22	2 016.37	1 855.65
镍(铜)	571.70	674.40	460.86	365.26	468.26	223.00	194.76	496.26
锑(锌)	34.05	32.43	28.77	31.42	43.32	43.98	38.36	34.03
锂	—	—	—	—	428.55	508.93	442.58	292.12
锰	12.48	11.31	8.72	10.95	13.38	16.06	15.93	18.13
铂钯	42.55	43.04	33.61	31.72	37.98	41.24	13.47	72.37
钾盐	—	—	—	—	—	—	2.13	12.96
银	389.19	350.06	286.74	347.77	438.78	409.33	384.53	371.39
锡	—	—	53.57	56.22	69.45	67.46	120.38	110.41
钨	18.97	23.52	14.46	—	—	—	20.64	15.78
铀	146.94	133.38	157.23	113.67	102.34	117.49	103.31	117.58
钼	942.39	1 105.85	650.09	592.58	752.02	1 101.16	1 443.87	900.77
铝土矿	1 757.80	1 099.00	1 083.97	712.10	850.48	800.74	—	—
煤炭	133 708.65	115 493.11	105 027.40	73 876.13	88 490.80	—	—	—
合计	183 361.18	152 477.06	131 117.78	106 343.27	128 795.77	45 505.61	45 973.37	52 734.23

注：1.数据来源于标普数据库(https://www.spglobal.com/marketintelligence/en/)。
  2."—"表示未收集到相关数据。

中国是全球铁、金、铜、镍、铅锌等矿产的重要生产国之一，这些矿产也是中国金属矿产产值的重要来源。2013—2020年，中国铁产值为9 666.13百万～26 939.31百万美元[涉及铁、铁(铜)、铁(锡)、铁(钛)、铁(钒)等矿种]，占本国矿业产值的7.37%～43.00%(2018年以来，因为矿业产值未涉及煤炭产值，导致铁矿产值占比大幅攀升)；金产值及其在本国矿业产值中的占比分别为6 411.79百万～9 453.57百万美元[涉及金、金(铜)、金(银)等矿种]、3.84%～17.93%；铜产值及其在本国矿业产值中的占比分别为3 622.25百万～8 556.76百万美元[涉及铜、铜(金)、铜(钼)、铜(银)、铜(锌/铅锌)等矿种]、2.94%～16.35%；镍产值及其在本国矿业产值中的占比分别为2 190.01百万～7 082.53百万美元[涉及镍、镍(铜钴)、镍(铜)等矿种]、1.49%～15.56%；铅锌产值及其在本国矿业产值中的占比分别为1 766.02百万～8 600.10百万美元[包括铅锌、锌铅、锌、锌(锡铅)等矿种]、0.96%～18.90%(表8-5，图8-6)。

中国是全球钼、铝土矿、银、锂、铀等矿产生产国之一，钼和铝土矿的产值分别为592.58百万～1 443.87百万美元(2013—2020年)、712.10百万～1 757.80百万美元(2013—2018年)，分别占中国矿业产值的0.50%～3.14%、0.66%～1.76%；银、锂、铀的产值分别为286.74百万～438.78百万美元(2013—2020年)、292.12百万～508.93百万美元(2017—2020年)、102.34百万～157.23百万美元(2013—2020年)，其产值在中国矿业产值中的占比基本不足1.00%(表8-5，图8-6)。

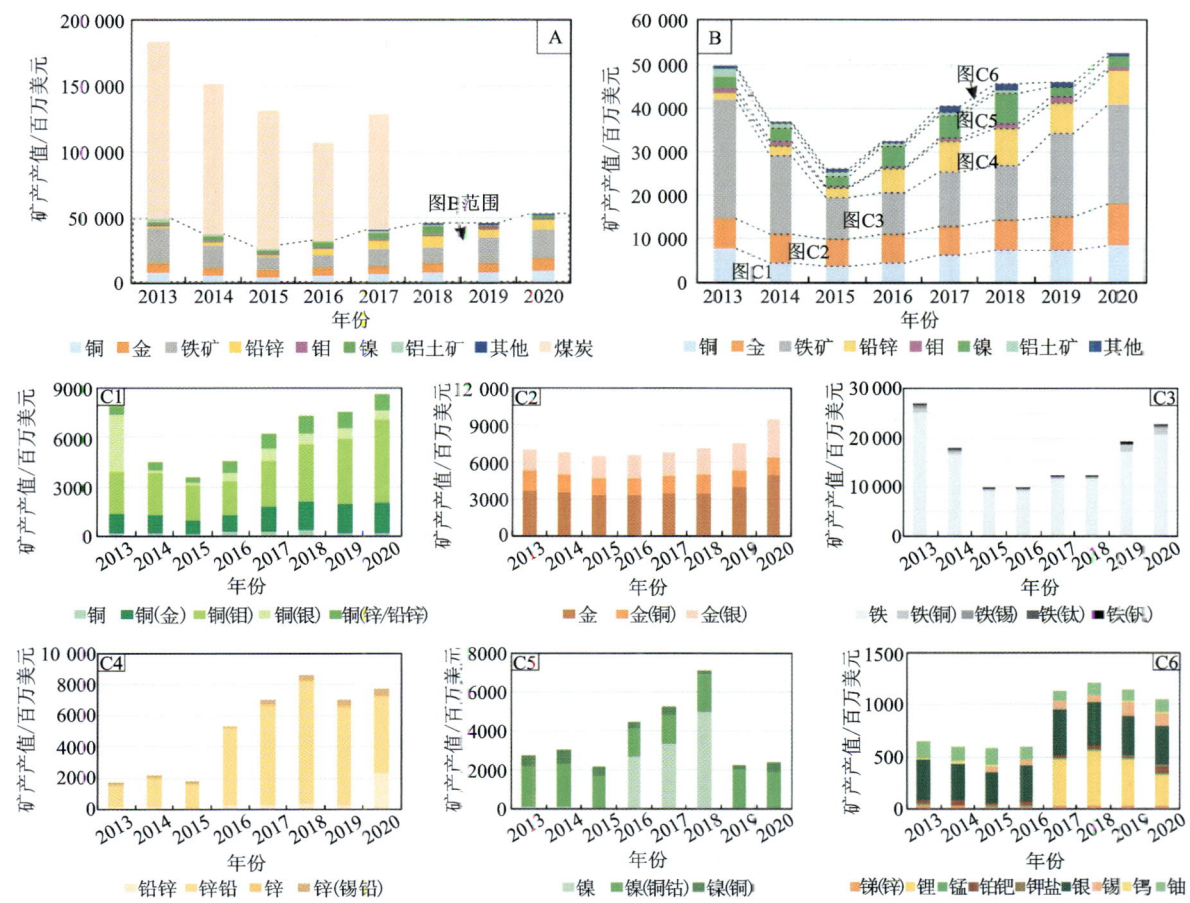

图 8-6 中国各类矿业产值（2013—2020 年）

六、吉尔吉斯斯坦——矿业产值主要源自金

2013—2020 年期间，吉尔吉斯斯坦矿业产值来源较为单一，体量相对较小，总体呈现逐年增加的变化趋势，矿业产值绝大多数来源于金/金（银/锑），也有部分来源于铜（金银）（表 8-6，图 8-7）。

其中，金是吉尔吉斯斯坦最为重要的矿产资源，2013—2020 年金/金（银/锑）产值为 675.82 百万～1 230.19 百万美元，在该国矿业产值中的占比高达 88% 以上；铜（金银）产值为 39.13 百万～113.39 百万美元（2015—2020 年），占该国矿业产值的 5.47%～11.88%（表 8-6，图 8-7）。

表 8-6 吉尔吉斯斯坦各类矿业产值统计表（2013—2020 年） 单位：百万美元

矿种	2013 年	2014 年	2015 年	2016 年	2017 年	2018 年	2019 年	2020 年
金/金（银/锑）	853.51	738.48	675.82	795.11	841.35	959.31	1 007.77	1 230.19
铜（金银）	—	—	39.13	102.94	113.39	106.41	103.03	101.07
合计	853.51	738.48	714.95	898.05	954.74	1 065.72	1 110.80	1 331.26

注：1. 数据来源于标普数据库（https://www.spglobal.com/marketintelligence/en/）。
2. "—"表示未收集到相关数据。

图 8-7　吉尔吉斯斯坦各类矿产产值（2013—2020 年）

七、巴基斯坦——矿业产值主要源自铜、铅锌

2013—2020 年期间，巴基斯坦矿业产值来源较为单一，体量相对较小，总体呈现先减少、后增加的"V"字形变化趋势，其变化可能主要受矿产价格的影响（表 8-7，图 8-8）。巴基斯坦矿业产值呈现分阶段的变化趋势，2016 年以前，矿业产值基本上来源于铜（金、银）产值，主要为山达克铜金矿的产值；2017 年以来，随着杜达铅锌矿的不断开采，巴基斯坦矿业产值则大部分来源于铅锌产值，也有相当一部分来源于山达克铜金矿。

表 8-7　巴基斯坦各类矿产产值统计表（2013—2020 年）　　　　　单位：百万美元

矿种	2013 年	2014 年	2015 年	2016 年	2017 年	2018 年	2019 年	2020 年
铜（金、银）	98.93	90.14	71.96	68.87	62.05	81.82	78.54	81.64
铅锌	—	—	—	36.00	124.14	176.28	218.15	92.46
合计	98.93	90.14	71.96	104.87	186.19	258.10	296.69	174.10

注：1. 数据来源于标普数据库（https://www.spglobal.com/marketintelligence/en/）。

　　2."—"表示未收集到相关数据。

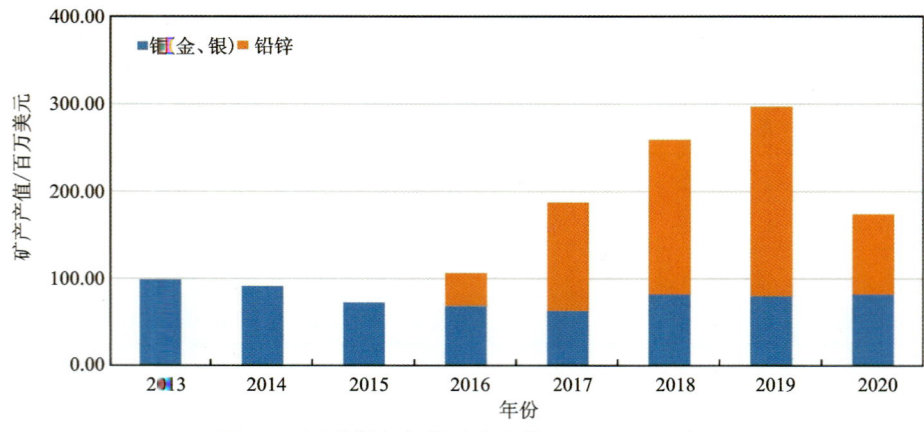

图 8-8　巴基斯坦各类矿产产值（2013—2020 年）

据不完全统计,2013—2020 年,巴基斯坦铜(金、银)产值为 62.05 百万～98.93 百万美元,在该国矿业产值中的占比为 26.47%～100%(铅锌矿投产之前,其占比一直为 100%);铅锌产值为 36.00 百万～218.15 百万美元(2015—2020 年),占该国矿业产值的 34.33%～73.53%(表 8-7,图 8-8)。

八、俄罗斯——矿业产值主要源自煤炭、镍、铁、金

2013—2020 年期间,俄罗斯矿业产值总体呈现先减少、后增加的"V"字形变化趋势,2018 年以后因为矿业产值未统计煤炭产值而导致其矿业产值出现大幅下跌(表 8-8,图 8-9)。俄罗斯矿业产值主要来源于煤炭产值,其次是镍(铜、钴)、铁、金等矿产,也有相当一部分来源于铜(锌、金/银)产值,其他矿产[包括铝土矿、铅锌(银)、钼(铜)、铂(钯/金)、银(金/铅)、铀、锌(铅/金)等]的产值相对较少。

表 8-8 俄罗斯各类矿产产值统计表(2013—2020 年)　　　　　　　单位:万美元

矿种	2013 年	2014 年	2015 年	2016 年	2017 年	2018 年	2019 年	2020 年
镍(铜、钴)	9 365.59	9 834.98	7 435.07	6 046.99	8 019.77	9 375.19	11 268.74	13 093.46
金	1 764.02	1 376.54	1 378.45	1 553.90	1 697.18	1 406.03	1 527.11	1 919.10
金(银)	6 015.11	6 208.89	5 389.34	5 861.21	6 196.89	6 722.55	8 057.95	9 825.37
金(锑/铀)	331.33	300.38	271.37	300.33	301.60	313.54	353.38	271.10
铜(锌、金/银)	2 608.94	2 422.05	1 378.62	1 688.49	1 959.30	2 147.21	2 303.14	2 838.52
铁矿	10 353.22	7 508.83	4 254.22	4 285.22	5 441.84	5 586.84	7 492.69	8 847.87
铁(锰)	2 985.60	2 124.25	1 216.62	1 237.54	1 532.74	1 567.26	2 149.24	2 452.81
铁(钒钛)	1 342.01	960.30	539.04	574.81	718.28	708.49	954.44	1 105.01
铝土矿	375.20	359.37	327.66	274.60	276.59	261.41	—	—
铅锌(银)	—	—	60.72	63.71	78.71	76.46	68.21	62.05
钼(铜)	133.59	124.20	81.78	76.19	89.64	115.34	77.42	59.19
铂(钯/金)	202.36	130.38	95.23	63.25	50.27	23.15	12.84	7.96
银(金/铅)	585.41	513.95	437.23	497.98	434.99	394.55	401.33	496.07
铀	317.15	259.79	296.60	200.96	167.55	174.64	197.85	239.75
锌(铅/金)	273.09	272.21	341.11	416.93	605.86	861.26	545.75	496.73
煤炭	31 235.52	25 113.64	23 795.67	16 229.75	14 340.25	—	—	—
合计	67 888.14	57 509.76	47 878.73	39 371.86	41 911.46	29 733.92	35 410.09	41 714.99

注:1. 数据来源于标普数据库(https://www.spglobal.com/marketintelligence/en/)。
　　2. "—"表示未收集到相关数据。

俄罗斯是全球煤炭的重要生产国之一,煤炭是该国矿业产值第一大来源,占其矿业产值的 2/3 以上。2013—2017 年,俄罗斯煤炭产值为 14 340.25 万～31 235.52 万美元(未收集到 2018 年以来的数据),在其矿业产值中的占比高达 34.22%～49.70%,总体呈现逐年下降的趋势(表 8-8,图 8-9)。值得注意的是,2018 年以来,俄罗斯矿业产值未涉及煤炭数据,导致其他矿种在俄罗斯矿业产值中的占比大幅攀升。

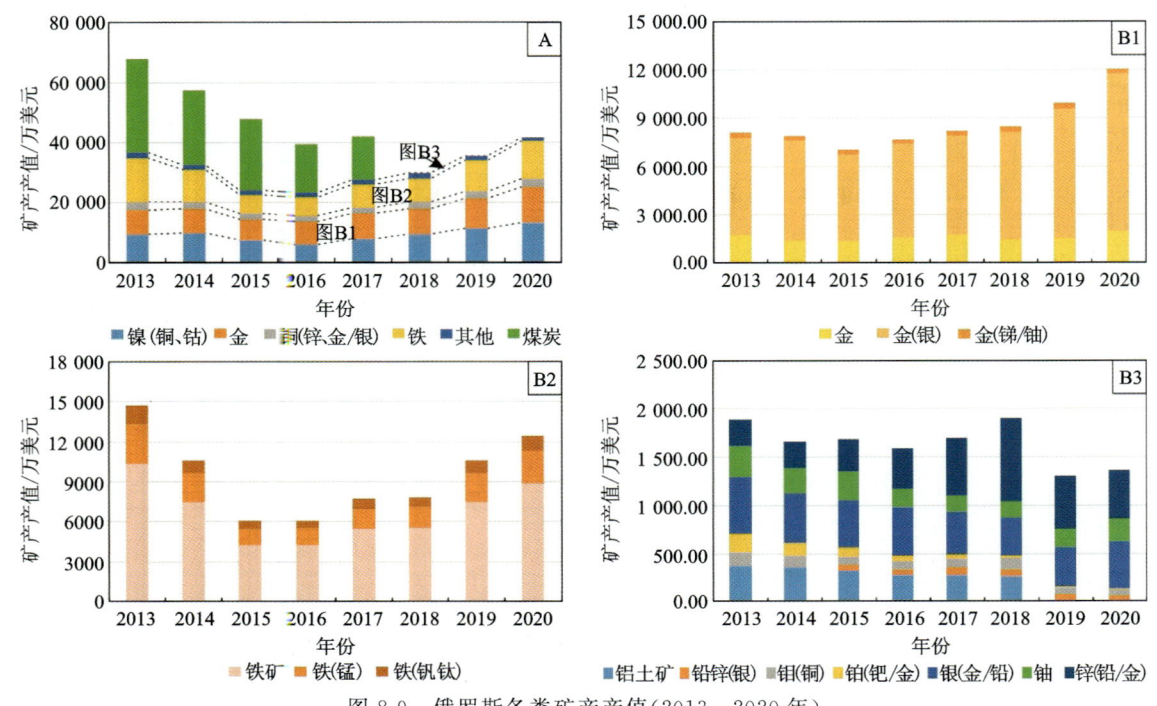

图 8-9 俄罗斯各类矿产产值(2013—2020 年)

在金属矿产方面,俄罗斯矿业产值主要来源于镍(铜、钴)、铁、金,均呈现总体先降低、后增加的"V"字形变化趋势。其中,俄罗斯是全球第三大镍生产国(仅次于印度尼西亚和菲律宾),2013—2020 年的镍(铜、钴)产值为 6 046.99 万～13 093.46 万美元,占其矿业产值的 13.80%～31.82%[2018 年以来,因为矿业产值未涉及煤炭产值,导致镍(铜、钴)产值占比大幅攀升]。俄罗斯是全球重要的铁矿生产国,其产量位居全球第五位,2013—2020 年的铁矿产值为 6 039.88 万～14 680.83 万美元[包括铁产值 4 254.22 万～10 353.22 万美元,铁(锰)产值 1 216.62 万～2 985.60 万美元,铁(钒钛)产值 569.04 万～1 342.01 万美元],占其矿业产值的 12.61%～29.92%。俄罗斯是仅次于中国和澳大利亚的全球第三大金生产国,2013—2020 年的金产值为 7 039.16 万～12 015.57 万美元[包括金产值 1 376.54 万～1 919.10 万美元,金(银)产值 5 389.34 万～9 825.37 万美元,金(锑/铀)产值 271.10 万～353.38 万美元],占其矿业产值的 11.95%～28.80%(表 8-8,图 8-9)。

俄罗斯是全球重要的铜生产国之一,2013—2020 年的铜(锌、金/银)产值为 1 688.49 万～2 838.52 万美元,占其矿业产值的 13.80%～31.82%,总体呈现先减少、后增加的"V"字形变化趋势。俄罗斯的铝土矿、铅锌(铅全球第六)、钼、铂、银(全球第四)、铀(全球第七)等矿产生产在全球具有较为重要的地位,铝土矿产值为 261.41 万～375.20 万美元,铅锌(银)产值为 60.72 万～78.71 万美元,钼(铜)产值为 59.19 万～133.59 万美元,铂(钯/金)产值为 7.96 万～202.36 万美元,银(金/铅)产值 394.55 万～585.41 万美元,铀产值为 167.55 万～317.15 万美元,锌(铅/金)产值为 272.21 万～861.26 万美元(表 8-8,图 8-9)。

九、塔吉克斯坦——矿业产值主要源自金

2013—2020 年期间,塔吉克斯坦矿业产值来源较为单一,体量相对较小,总体呈现逐年增加的变化趋势(表 8-9,图 8-10)。塔吉克斯坦矿业产值均来源于金矿项目,据不完全统计,2013—2020 年,塔吉克斯坦金矿产值为 90.51 百万～458.69 百万美元。

表8-9　塔吉克斯坦各类矿产产值统计表（2013—2020年）　　　　单位：百万美元

矿种	2013年	2014年	2015年	2016年	2017年	2018年	2019年	2020年
金（银、铜）	73.55	78.83	115.84	132.45	162.41	186.43	256.35	358.18
金（银）	16.96	15.19	16.82	23.93	83.20	83.94	71.65	100.51
合计	90.51	94.02	132.66	156.38	245.61	270.37	328.00	458.69

注：数据来源于标普数据库（https://www.spglobal.com/marketintelligence/en/）。

根据伴生的矿产品不同，塔吉克斯坦金矿项目进一步细分为金（银、铜）项目和金（银）项目，前者构成塔吉克斯坦金矿产值的主要来源，其产值为73.55万～358.18万美元；后者的体量及其在该国金矿产值中的占比逐年快速增加，其产值为15.19万～100.51万美元（表8-9，图8-10）。

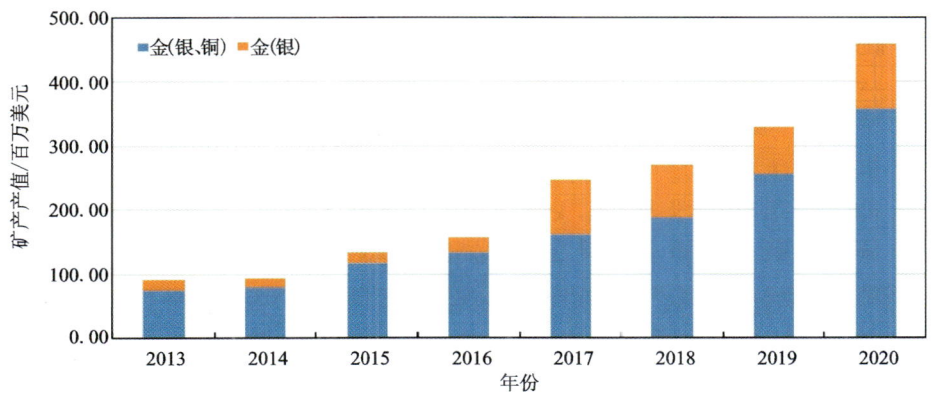

图8-10　塔吉克斯坦各类矿产产值（2013—2020年）

十、乌兹别克斯坦——矿业产值主要源自金、铜

2013—2020年期间，乌兹别克斯坦矿业产值来源较为单一，其产值主要来源于金/金（银）项目，其次是铜（金银）项目，也有部分来源于铀矿项目，矿业产值总体呈现先减少、后增加的"V"字形变化趋势，但总体变化幅度不是太大（表8-10，图8-11）。

表8-10　乌兹别克斯坦各类矿产产值统计表（2013—2020年）　　　　单位：百万美元

矿种	2013年	2014年	2015年	2016年	2017年	2018年	2019年	2020年
金/金（银）	3 576.09	3 302.02	3 048.68	3 373.07	3 491.74	3 522.95	4 014.48	4 791.26
铜（金银）	995.82	993.78	839.47	731.77	899.86	888.37	890.85	1 194.19
铀	243.19	208.81	232.04	159.79	137.30	150.78	237.85	270.69
合计	4 815.10	4 504.61	4 120.19	4 264.63	4 528.90	4 562.10	5 143.18	6 256.14

注：数据来源于标普数据库（https://www.spglobal.com/marketintelligence/en/）。

金矿是乌兹别克斯坦最为重要的矿产资源，该国矿业产值绝大多数来源于金矿项目。2013—2020年，乌兹别克斯坦金/金（银）产值为3 048.68百万～4 791.26百万美元，在该国矿业产值中的占比高达73.30%～79.09%；铜（金银）是乌兹别克斯坦矿业产值的第二大来源，2013—2020年的产值为731.77百万～1 194.19百万美元，在该国矿业产值中的占比为17.16%～22.06%；铀是乌兹别克斯坦矿业产值来源的重要补充，2013—2020年的产值为137.30百万～270.69百万美元，在该国矿业产值中的占比高达3.03%～5.63%（表8-10，图8-11）。

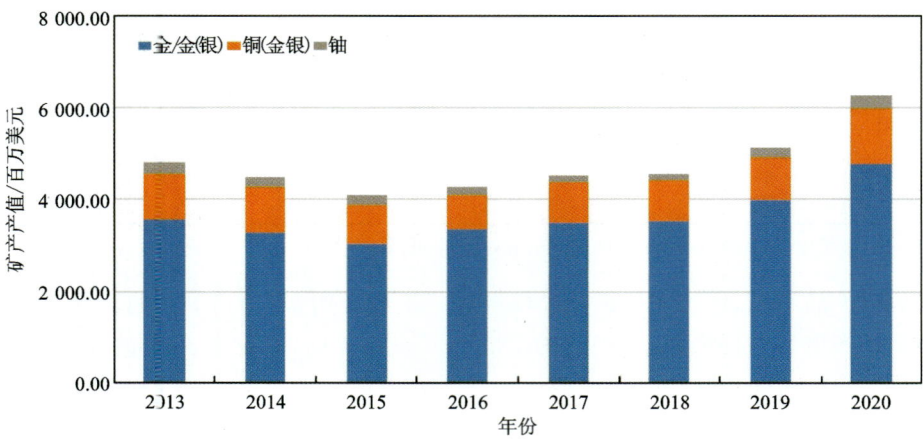

图 8-11 乌兹别克斯坦各类矿产产值(2013—2020 年)

第九章 矿产资源损耗与矿产租金

矿产资源损耗是矿产资源存量与储存开发剩余时间(最多 25 年)的比值。本章涉及的矿产资源损耗是世界银行工作人员基于《改变国富论:衡量可持续发展的新千年方法》(2011 年)的数据来源和方法预估的,纳入计算的矿产包括铝土矿、铜、铁、铅、镍、磷块石、锡、锌、金和银。

一、矿产资源损耗(现价美元)

矿产资源损耗(现价美元)以现价美元的形式反映了各国年度可供开发的矿产资源价值量(货币量),在一定程度上体现各国年度可供开发的矿产潜力(抑或价值)。

2013—2019 年,上合组织成员国矿产资源损耗总体呈现多次增加、减少的"M"形变化趋势,与澳大利亚、巴西、智利、美国、加拿大等传统矿业大国类似,明显受美国次贷危机、欧洲债务危机、全球股市暴跌等全球性重大经济事件的影响(表 9-1,图 9-1,图 9-2)。

表 9-1 上合组织成员国矿产资源损耗——现价美元　　　　单位:百万美元

国别	印度	哈萨克斯坦	中国	吉尔吉斯斯坦	巴基斯坦	俄罗斯	塔吉克斯坦
2001 年	421.62	15.58	569.32	29.07	0.05	568.90	3.32
2002 年	470.75	249.83	897.80	43.45	0.01	777.87	7.95
2003 年	545.45	261.74	1 202.21	39.02	1.21	832.37	6.19
2004 年	948.30	602.32	3 094.07	39.88	10.24	1 340.41	5.85
2005 年	3 444.33	586.53	8 693.92	36.13	17.00	1 651.23	5.09
2006 年	5 326.20	1 921.46	20 929.94	15.32	45.69	4 774.28	10.33
2007 年	12 227.69	2 045.64	49 350.79	13.61	47.16	7 906.80	12.64
2008 年	15 759.39	1 466.79	67 719.44	118.28	43.06	5 292.26	15.21
2009 年	7 355.62	1 199.67	31 535.29	131.68	27.20	3 631.09	16.04
2010 年	14 495.52	2 767.30	85 936.61	322.39	54.32	5 657.86	34.98
2011 年	13 473.32	3 637.28	130 194.19	442.65	71.56	7 948.57	64.49
2012 年	5 764.31	4 029.48	41 396.81	147.99	51.68	7 456.78	71.17
2013 年	7 252.30	4 004.93	34 965.04	294.06	30.12	5 365.48	59.24
2014 年	4 890.17	3 241.87	25 106.83	206.64	22.24	4 871.77	76.43
2015 年	3 050.15	1 419.63	16 961.96	207.17	13.97	4 531.73	78.58
2016 年	4 358.44	2 232.24	15 002.26	279.98	20.29	5 325.62	130.30

续表 9-1

国别	印度	哈萨克斯坦	中国	吉尔吉斯斯坦	巴基斯坦	俄罗斯	塔吉克斯坦
2017 年	5 449.63	2 900.87	17 174.41	497.06	47.74	5 325.76	130.23
2018 年	7 656.85	3 961.63	18 748.74	278.12	67.15	6 596.80	169.88
2019 年	11 957.25	1 924.84	20 860.01	10.24	65.67	1 693.98	90.94
国别	乌兹别克斯坦	澳大利亚	巴西	智利	美国	加拿大	南非
2001 年	6.36	1 571.36	1 259.38	1 274.00	547.34	699.10	703.75
2002 年	12.29	1 435.72	1 194.89	1 093.20	373.33	816.30	858.93
2003 年	15.77	1 471.78	381.75	1 977.05	893.69	1 035.59	241.40
2004 年	65.77	2 471.20	281.12	5 649.74	1 590.09	2 174.52	537.06
2005 年	72.32	5 864.63	2 320.06	6 853.75	2 168.03	2 300.51	1 431.15
2006 年	437.38	9 570.36	4 417.14	15 858.51	5 843.16	5 927.34	2 223.98
2007 年	618.60	16 079.59	10 215.26	17 235.79	6 400.27	8 197.42	3 338.75
2008 年	1 010.58	18 409.78	15 130.39	13 703.62	9 207.20	5 534.96	4 883.50
2009 年	1 161.54	8 744.68	3 003.48	8 427.07	6 161.47	2 112.40	2 574.09
2010 年	1 563.15	18 486.15	11 884.68	13 072.13	8 068.56	4 522.12	5 551.38
2011 年	2 476.40	25 344.26	16 579.11	14 889.68	11 623.33	6 723.38	6 421.80
2012 年	2 650.95	17 387.77	10 745.35	11 806.22	11 580.09	4 527.36	5 046.87
2013 年	2 165.61	17 030.11	11 079.26	10 060.13	7 730.47	3 288.14	5 263.77
2014 年	1 864.61	14 983.68	8 460.73	8 401.49	5 413.31	3 286.03	3 408.87
2015 年	1 601.60	9 056.78	4 508.44	4 209.93	4 357.88	1 851.56	815.19
2016 年	1 904.92	12 778.24	6 013.37	3 452.50	4 765.60	1 836.73	1 556.03
2017 年	1 525.21	12 914.84	6 446.93	7 012.05	5 327.43	2 379.19	1 309.62
2018 年	2 172.24	17 162.19	6 176.61	8 867.06	4 772.80	1 647.43	1 014.47
2019 年	126.99	17 002.14	4 973.66	2 672.10	1 476.35	705.51	3 676.69

注：数据来源于世界银行数据库（https：//data.worldbank.org.cn/）。

上合组织成员国矿产资源损耗以中国的损耗量最为明显，表明区域内中国年度可供开发的矿产资源最多，其次是印度、俄罗斯、哈萨克斯坦、乌兹别克斯坦四国，而吉尔吉斯斯坦、巴基斯坦、塔吉克斯坦三国矿产资源损耗相对最少（表 9-1，图 9-1，图 9-2）。

其中，中国是全球最为重要的矿产资源大国之一，同时也是全球矿产资源损耗最为严重的国家。2013—2019 年，中国矿产资源损耗值（现价美元）为 569.32 百万～130 194.19 百万美元，明显高于上合组织其他成员国，以及澳大利亚、巴西、智利、美国、加拿大等传统矿业大国（表 9-1，图 9-1，图 9-2）。2005 年以前，中国矿产资源损耗低于智利、澳大利亚两国，2005 年以后则迅速攀升，遥遥领先传统矿业大国，表明中国可供开发的资源潜力最大。

印度、俄罗斯、哈萨克斯坦、乌兹别克斯坦是上合组织成员国中矿产资源损耗较多的国家，也是上合组织乃至全球重要的矿业资源大国之一。2013—2019 年，印度矿产资源损耗值（现价美元）为 421.62 百万～15 759.39 百万美元，略低于澳大利亚，与智利、美国、巴西等国家基本持平。俄罗斯矿产资源损耗值（现价美元）为 568.90 百万～7 948.57 百万美元，基本与美国、南非、加拿大等国持平。哈萨克斯坦、乌兹别克斯坦矿产资源损耗值（现价美元）分别为15.58百万～4 029.48百万美元、6.36百万～2 650.95百万美元，低于南非、加拿大两国（表9-1，图9-1，图9-2）。

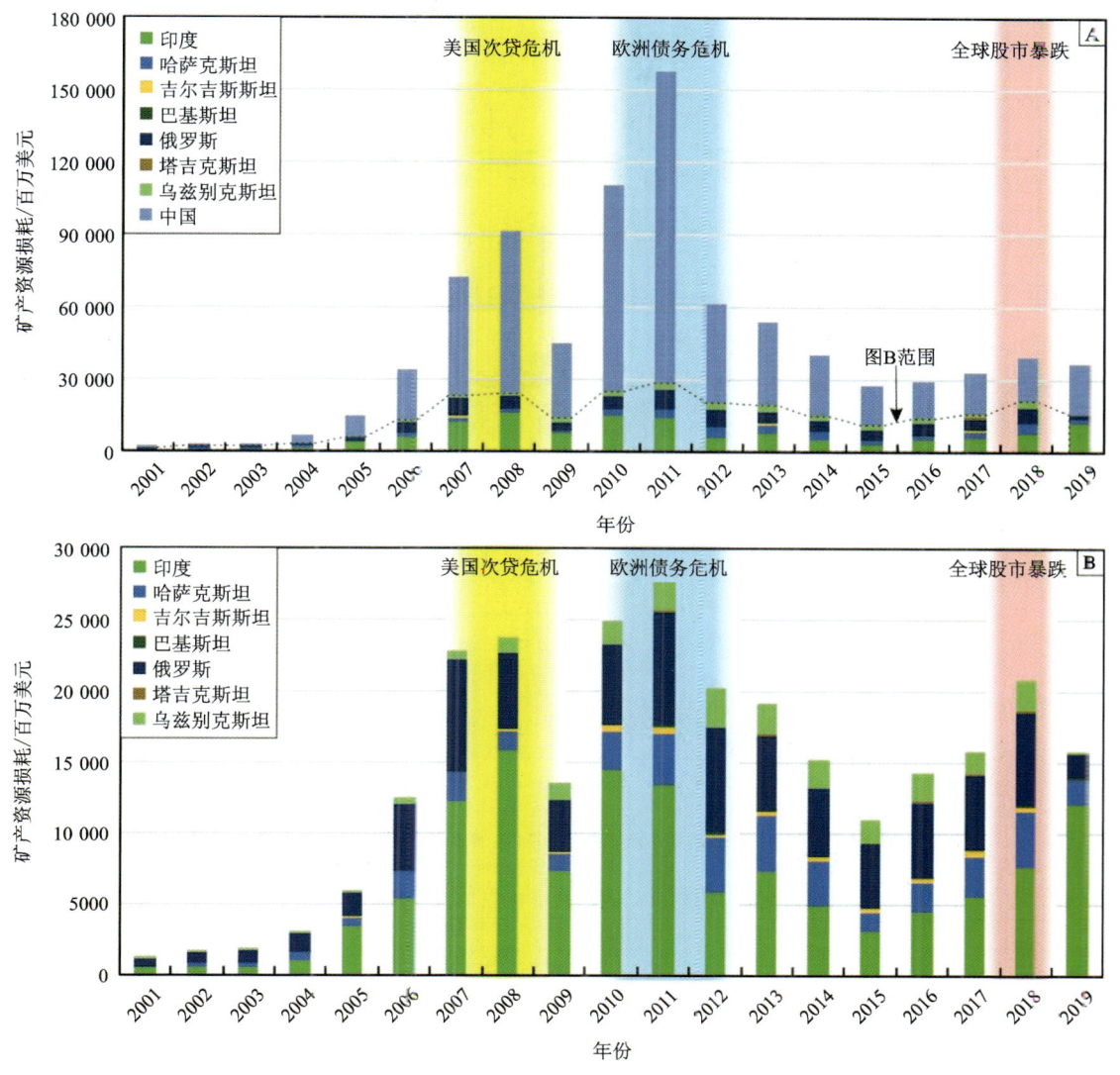

图9-1　上合组织成员国矿产资源损耗——现价美元（一）

吉尔吉斯斯坦、巴基斯坦、塔吉克斯坦是上合组织成员国中矿产资源损耗最少的国家，同时也是区域内矿产资源相对匮乏的国家。2013—2019年，吉尔吉斯斯坦、巴基斯坦、塔吉克斯坦损耗值（现价美元）分别为10.24百万～497.06百万美元、0.01百万～71.56百万美元、3.32百万～169.88百万美元（表9-1，图9-1，图9-2）。

二、矿业资源损耗在国民总收入（GNI）中的占比

矿业资源损耗在国民总收入（GNI）中的占比反映了各国年度可供开发的矿产资源对其国民总收入的贡献，在一定程度上以量化的形式体现各国可供开发的矿产在该国的价值。

2013—2019年，上合组织成员国矿产资源损耗在GNI中的占比均呈多峰式分布，总体呈现分阶段的变化趋势。其中，以吉尔吉斯斯坦、乌兹别克斯坦、哈萨克斯坦三国贡献最为突出，其次是塔吉克斯坦、中国、印度、俄罗斯等国，巴基斯坦的比值最小（表9-2，图9-3）。

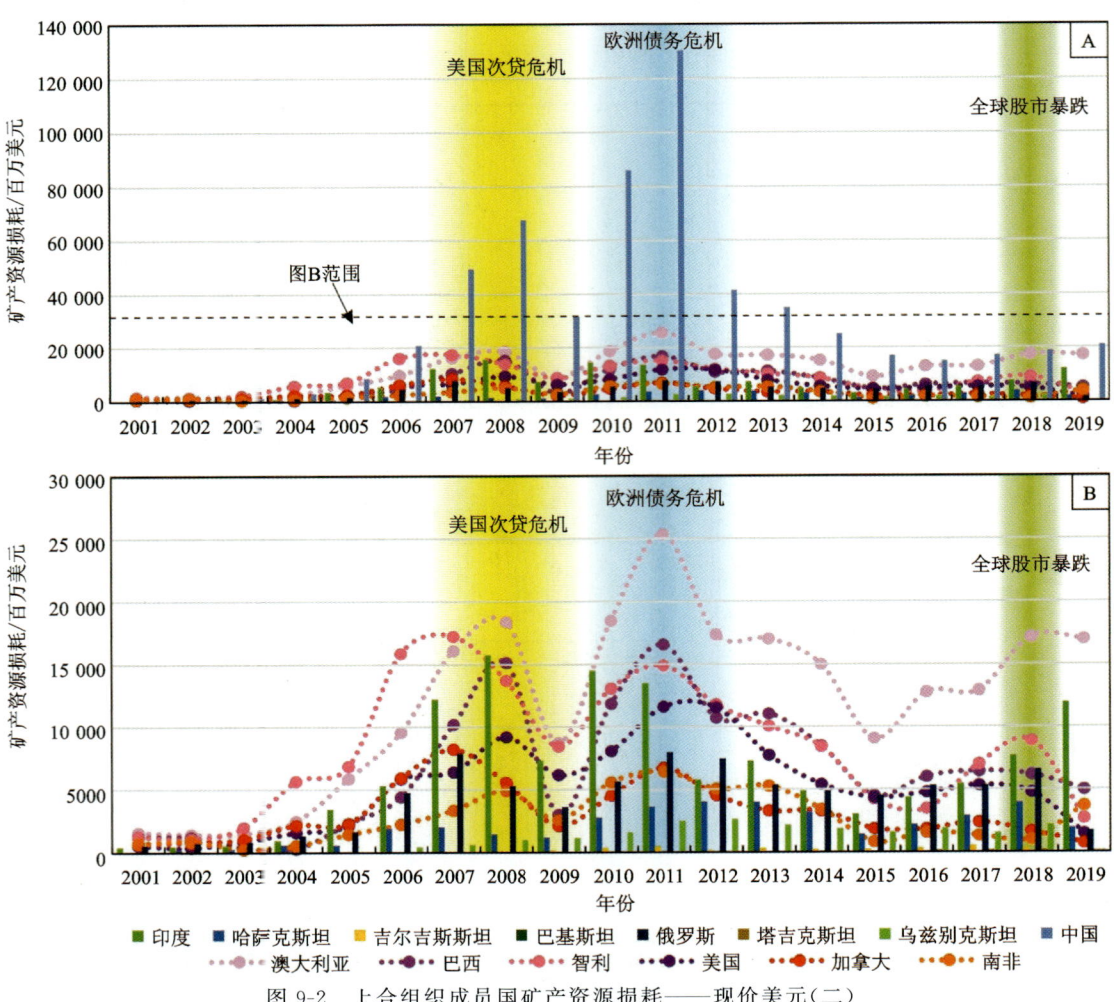

图 9-2 上合组织成员国矿产资源损耗——现价美元（二）

表 9-2 上合组织成员国矿产资源损耗在 GNI 中的占比　　　　　　　　单位：‰

国别	2001年	2002年	2003年	2004年	2005年	2006年	2007年	2008年	2009年	2010年
印度	0.88	0.92	0.90	1.35	4.23	5.71	10.11	13.24	5.53	8.73
哈萨克斯坦	0.74	10.56	8.95	14.90	11.37	26.82	22.26	12.86	11.66	21.51
中国	0.43	0.62	0.73	1.59	3.83	7.62	13.87	14.65	6.19	14.18
吉尔吉斯斯坦	19.78	28.04	20.98	18.90	15.24	5.49	3.63	23.99	29.20	71.80
巴基斯坦	0.001	0.0002	0.01	0.10	0.14	0.34	0.32	0.26	0.17	0.31
俄罗斯	1.88	2.30	2.00	2.32	2.21	4.97	6.22	3.28	3.07	3.83
塔吉克斯坦	3.22	6.73	4.17	2.90	1.91	2.99	2.67	2.29	2.69	5.02
乌兹别克斯坦	0.57	1.29	1.57	5.49	5.06	25.37	26.62	32.32	33.58	33.40
澳大利亚	4.27	3.74	3.25	4.15	8.78	13.35	19.73	18.23	9.77	16.81
巴西	2.33	2.43	0.71	0.43	2.68	4.09	7.47	9.15	1.84	5.55
智利	18.56	16.31	27.83	62.03	61.02	116.60	111.75	82.72	52.46	64.36
美国	0.05	0.03	0.08	0.13	0.16	0.42	0.44	0.63	0.43	0.53

续表 9-2

国别	2001年	2002年	2003年	2004年	2005年	2006年	2007年	2008年	2009年	2010年
加拿大	0.97	1.10	1.19	2.16	2.00	4.57	5.66	3.62	1.56	2.85
南非	5.98	7.62	1.41	2.39	5.66	8.35	11.53	17.58	8.90	15.11
低收入国家	0.94	1.92	0.82	0.50	0.67	3.06	2.59	4.01	4.65	7.24
中收入国家	1.00	1.25	1.14	1.84	3.18	5.72	8.68	8.22	4.50	8.33
高收入国家	0.16	0.14	0.18	0.35	0.48	1.00	1.18	1.06	0.62	1.03
全球平均	0.30	0.33	0.34	0.63	1.02	2.04	2.99	2.96	1.69	3.25
国别	2011年	2012年	2013年	2014年	2015年	2016年	2017年	2018年	2019年	2020年
印度	7.44	3.18	3.96	2.42	1.47	1.94	2.08	2.86	4.21	—
哈萨克斯坦	22.06	22.40	18.94	16.31	8.22	18.03	19.51	25.19	12.11	—
中国	17.40	4.86	3.68	2.39	1.54	1.31	1.40	1.36	1.46	—
吉尔吉斯斯坦	79.90	22.98	42.56	28.86	32.27	43.34	67.81	34.68	1.31	—
巴基斯坦	0.34	0.23	0.13	0.09	0.05	0.07	0.16	0.22	0.24	—
俄罗斯	4.00	3.48	2.42	2.45	3.42	4.29	3.48	4.05	1.03	—
塔吉克斯坦	7.75	7.30	5.33	6.77	8.38	16.05	15.55	19.42	9.63	—
乌兹别克斯坦	43.68	41.51	31.24	23.98	19.23	23.03	25.26	41.85	2.16	—
澳大利亚	18.91	11.59	11.06	10.48	6.86	10.83	10.01	12.35	12.59	—
巴西	6.50	4.47	4.54	3.51	2.55	3.42	3.18	3.37	2.78	—
智利	62.83	46.39	38.06	33.53	17.80	14.23	26.40	31.07	9.86	—
美国	0.73	0.69	0.45	0.30	0.23	0.25	0.27	0.23	0.07	—
加拿大	3.82	2.52	1.81	1.85	1.21	1.23	1.46	0.97	0.41	—
南非	15.83	13.09	14.74	9.98	2.63	5.40	3.86	2.84	10.77	—
低收入国家	12.92	12.26	10.79	9.19	5.89	7.82	6.84	12.18	3.21	—
中收入国家	9.98	4.70	3.88	2.72	1.87	2.15	2.28	2.42	1.74	—
高收入国家	1.26	0.98	0.80	0.66	0.43	0.49	0.58	0.63	0.47	—
全球平均	4.10	2.27	1.91	1.42	0.96	1.09	1.21	1.32	0.93	—

注：1. 数据来源于世界银行数据库(https://data.worldbank.org.cn/)。

2."—"表示未收集到相关数据。

吉尔吉斯斯坦、乌兹别克斯坦、哈萨克斯坦是上合组织成员国中矿业资源损耗在GNI中占比最高的三个国家，其占比分别为1.31‰~79.90‰、0.57‰~43.68‰、0.74‰~26.82‰，总体呈现分阶段的变化趋势(表9-2，图9-3)。其中，2010年以前，三国矿产资源损耗在GNI中的占比均明显低于智利，略高于南非，2010年以来则略高于或基本与智利持平，明显高于南非、巴西、加拿大、美国等传统矿业大国，表明这三国国民总收入对矿产资源的依赖性较大，与其资源依赖型经济基本相符。

塔吉克斯坦、中国、印度、俄罗斯等国矿业领域在国民总收入中具有较为重要的地位，矿产资源损耗在GNI中的占比分别为1.91‰~19.42‰、0.43‰~17.40‰、0.88‰~13.24‰、1.03‰~6.22‰，总体呈现分阶段的变化趋势，但四国又各有不同(表9-2，图9-3)。其中，塔吉克斯坦矿产资源损耗在GNI中的占比在2005年以前基本与南非持平，2014年以后则介于智利与南非之间，2005—2011年期间低于低

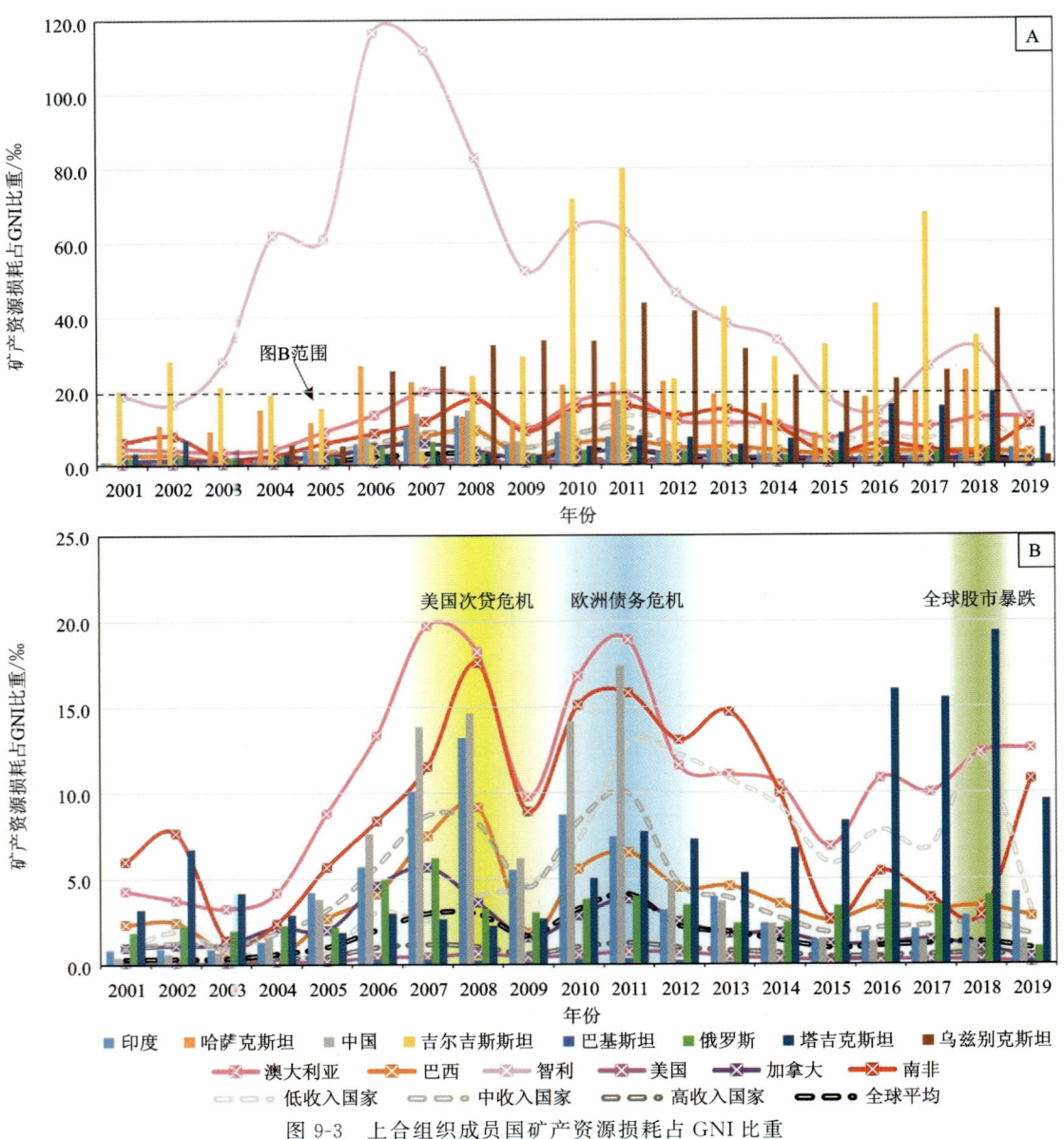

图 9-3 上合组织成员国矿产资源损耗占 GNI 比重

收入国家。中国矿产资源损耗在 GNI 中的占比在 2003—2011 年期间与南非持平,略高于低收入国家,2012 年以来则明显低于南非,介于巴西与加拿大、低收入国家与中收入国家之间。印度矿产资源损耗在 GNI 中的占比总体上接近或略高于中收入国家,2003—2011 年期间介于南非与巴西之间,2011 年以后则介于巴西与加拿大之间。俄罗斯矿产资源损耗在 GNI 中的占比总体上与加拿大基本持平,总体略高于全球平均水平,2004—2014 年期间介于中等收入国家与全球平均水平之间。

巴基斯坦是上合组织成员国中矿产资源损耗在 GNI 中的占比最低的国家,其比值为 0.000 2‰～0.34‰,基本上略低于高收入国家与美国(表 9-2,图 9-3),在一定程度上反映该国矿产资源对其国民收入的贡献不太大,这可能与该国开发的矿产较少有很大关系。

三、矿产租金

矿产租金是按照国际价格计算的矿产存量的生产价值与其生产总成本之间的差价。本文涉及的矿产租金是世界银行工作人员基于《改变国富论:衡量可持续发展的新千年方法》(2011年)的数据来源和方法预估的,纳入计算的矿产包括锡、金、铅、锌、铁、铜、镍、铝土矿和磷块石。

矿产租金体现了矿产品价值和生产成本之间的耦合关系,在一定程度上反映了各国矿产资源在开发过程中的盈利程度(盈利可能性),可作为评价该国矿产开发可能性和盈利可能性的一项重要评价指标。2013—2019年,上合组织成员国矿产租金随着矿产品价格和生产成本的变化,总体呈现多次增加、减少的多峰式波动趋势,与澳大利亚、巴西、智利、美国、加拿大、澳大利亚等传统矿业大国类似,在一定程度上受全球性重大经济事件的影响,扣或可以作为全球经济事件变化的风向标(表9-3,图9-4)。

表9-3 上合组织成员国矿产租金 单位:‰

国别	2001年	2002年	2003年	2004年	2005年	2006年	2007年	2008年	2009年	2010年
印度	2.81	2.74	2.41	3.04	8.40	10.19	17.00	22.80	9.36	15.13
哈萨克斯坦	4.48	18.79	15.17	31.39	30.53	50.23	53.76	38.85	28.29	38.96
中国	1.25	1.28	1.37	2.63	7.19	11.71	21.57	23.62	9.96	20.20
吉尔吉斯斯坦	27.53	27.82	29.01	26.14	20.37	7.53	5.03	33.93	40.01	91.76
巴基斯坦	0.006	0.002	0.03	0.19	0.27	0.64	0.69	0.60	0.39	0.84
俄罗斯	4.83	4.96	3.62	3.80	5.63	9.53	13.57	9.10	7.41	11.39
塔吉克斯坦	4.44	6.85	5.50	4.09	3.09	5.17	4.95	4.38	4.57	8.43
乌兹别克斯坦	1.08	2.47	3.15	10.20	9.10	42.15	43.73	53.00	51.33	49.50
智利	33.45	28.47	44.30	90.69	92.26	167.37	164.65	131.00	80.79	112.43
澳大利亚	11.52	10.30	7.59	9.06	19.08	28.12	42.60	41.33	23.78	48.66
巴西	4.28	4.29	2.17	0.99	8.24	8.83	15.49	18.68	5.91	16.31
加拿大	1.23	1.39	1.54	2.87	2.80	6.02	7.90	5.15	2.04	4.52
美国	0.08	0.05	0.10	0.19	0.26	0.61	0.70	1.11	0.74	0.94
低收入国家	2.41	2.52	1.51	1.76	2.79	8.04	6.18	8.15	8.56	11.76
中等收入国家	1.97	2.21	2.02	3.11	6.18	9.57	14.85	14.95	8.05	14.22
高收入国家	0.32	0.28	0.31	0.60	0.89	1.75	2.16	2.11	1.22	2.41
全球平均	0.62	0.63	0.62	1.07	1.98	3.53	5.32	5.61	3.15	6.10

国别	2011年	2012年	2013年	2014年	2015年	2016年	2017年	2018年	2019年	2020年
印度	14.24	7.66	8.94	5.36	2.86	3.57	4.58	4.30	6.44	—
哈萨克斯坦	37.24	34.92	30.47	24.76	13.34	27.21	35.31	34.99	19.33	—
中国	23.33	7.84	6.04	3.59	2.03	1.85	2.42	1.85	2.31	—
吉尔吉斯斯坦	93.64	29.18	52.23	36.13	40.72	54.18	84.89	43.00	2.34	—
巴基斯坦	0.85	0.59	0.35	0.24	0.15	0.18	0.35	0.41	0.51	—
俄罗斯	10.88	8.32	6.54	5.83	7.18	8.26	6.94	7.28	3.76	—
塔吉克斯坦	13.03	12.29	9.30	11.30	13.36	25.67	26.55	28.56	14.30	—
乌兹别克斯坦	63.97	60.20	44.41	34.24	27.50	32.31	44.43	60.38	4.13	—
智利	114.78	84.59	69.72	61.33	32.69	24.18	43.95	49.44	15.82	—
澳大利亚	50.35	30.47	35.54	29.16	18.50	25.83	31.79	28.52	29.73	—

续表 9-3

国别	2011年	2012年	2013年	2014年	2015年	2016年	2017年	2018年	2019年	2020年
巴西	18.13	12.84	13.69	8.20	5.71	7.72	8.27	8.70	7.58	—
加拿大	5.56	3.38	2.80	2.53	1.53	1.60	2.05	1.25	1.02	—
美国	1.34	1.14	0.74	0.47	0.36	0.38	0.41	0.35	0.11	—
低收入国家	20.86	19.59	16.75	13.79	8.43	11.93	17.32	18.23	4.91	—
中等收入国家	16.19	8.72	7.45	4.85	3.13	3.60	4.29	3.95	3.08	—
高收入国家	2.86	2.09	1.99	1.49	0.94	1.01	1.37	1.28	1.07	—
全球平均	7.31	4.43	3.98	2.74	1.75	1.97	2.50	2.32	1.82	—

注：1. 数据来源于世界银行数据库(https://data.worldbank.org.cn/)。
2. "—"表示未收集到相关数据。

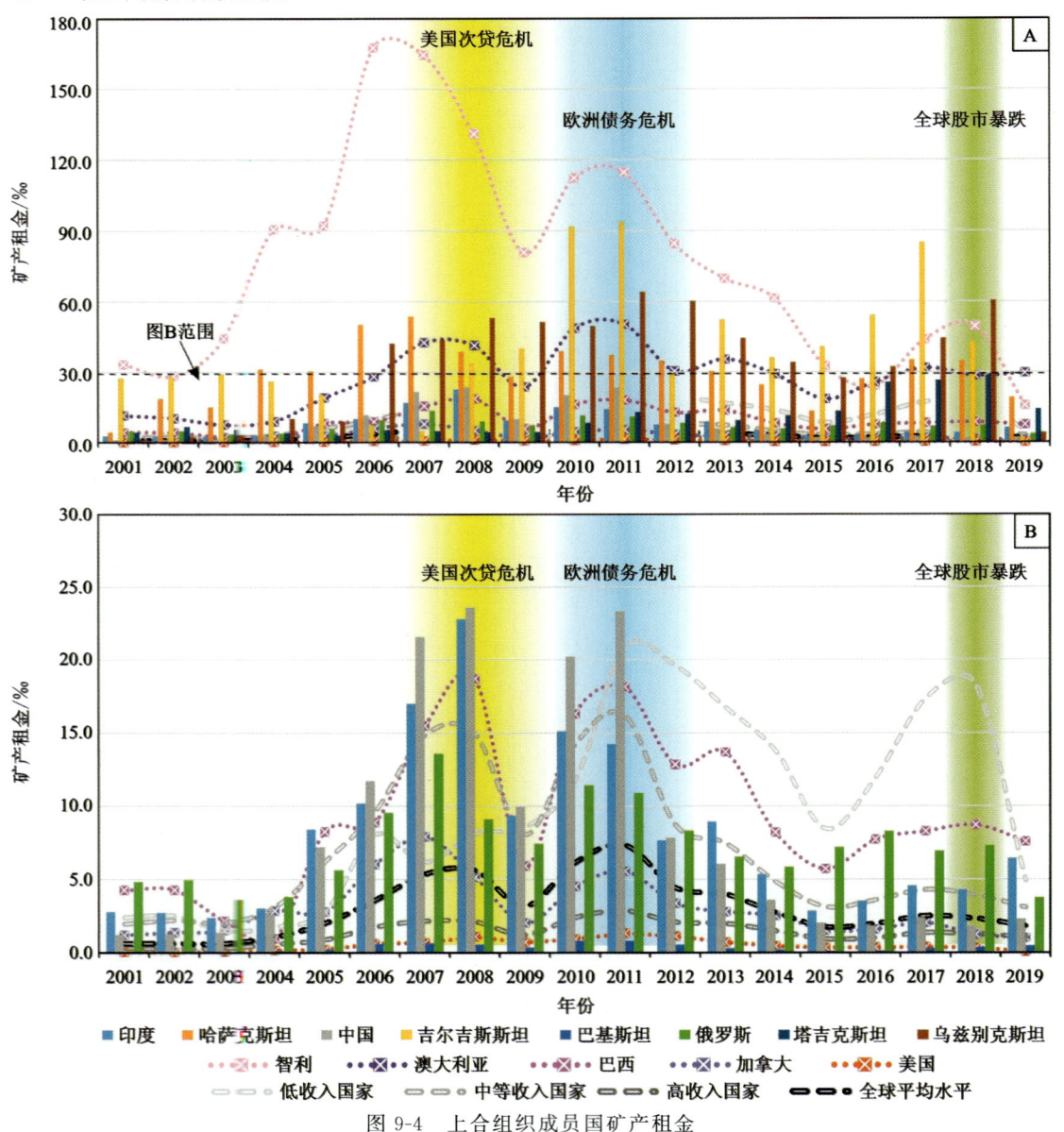

图 9-4 上合组织成员国矿产租金

据不完全统计,上合组织成员国矿产租金(盈利可能性)以吉尔吉斯斯坦、乌兹别克斯坦、哈萨克斯坦最为突出,介于智利与澳大利亚之间,明显高于低收入国家和全球平均水平,表明这三国矿业开发的盈利率最大(或可能性最高);其次是塔吉克斯坦、中国、印度、俄罗斯,与巴西、低收入国家、中等收入国家基本持平,介于澳大利亚与加拿大(或全球平均水平)之间,表明其矿业开发盈利率尚可,具有一定的矿产资源开发可能性;巴基斯坦矿产租金(盈利率)最少,略低于高收入国家,基本与美国持平,表明其矿产资源开发的可能性较小,盈利率较低(表9-3,图9-4)。

吉尔吉斯斯坦、乌兹别克斯坦、哈萨克斯坦是上合组织成员国中矿产租金(盈利可能性)比值最高的三个国家,其比值分别为2.34‰~93.64‰、1.08‰~63.97‰、4.48‰~53.76‰(2013—2019年),总体呈现分阶段的变化趋势(表9-3,图9-4)。其中,2015年以前,三国矿产租金(盈利可能性)均明显低于智利,略高于或接近澳大利亚;2015年以来,吉尔吉斯斯坦矿产租金(盈利可能性)高于智利,乌兹别克斯坦与智利基本持平,哈萨克斯坦略高于或接近澳大利亚,表明这三国矿业开发的可能性较大,矿业开发具有较高的利润空间。这与三国均具有较高的矿产租金(盈利可能性)与较丰富的矿产资源、较廉价的劳动成本,以及相对较好的矿业投资环境(吉尔吉斯斯坦除了政局变化较频繁以外)密不可分。其中,吉尔吉斯斯坦多次的政局更迭、政治经济环境变化也在该国矿产租金(盈利可能性)变化曲线上有较为明显的显示。

塔吉克斯坦、中国、印度、俄罗斯等国在全球矿业开发具有较为重要的地位,拥有较好的资源禀赋,较为低廉的劳动成本,较为宽松、稳定的矿业投资(政治经济)环境,其矿产租金(盈利可能性)也随之有着较高的显示,区内矿业开发有一定的可能性和盈利性。2001—2019年,塔吉克斯坦、中国、印度、俄罗斯等国矿产租金(盈利可能性)比值分别为3.09‰~28.56‰、1.25‰~23.62‰、2.41‰~22.80‰、3.62‰~13.57‰,呈现各有特色的分阶段变化的分布趋势(表9-3,图9-4),矿业租金(盈利可能性)的变化主要受矿产品价格、全球经济环境的影响。其中,塔吉克斯坦表现为总体逐年递增的分阶段变化趋势,2005年以前和2014年以来均略低于或接近澳大利亚的水平,2005—2014年则介于巴西与加拿大、低收入国家与全球平均水平之间;中国与印度则呈现"M"形变化趋势,2014年以前基本接近巴西、中等收入国家的水平,2014年以来印度则仍类似于中等收入国家水平,明显低于巴西,而中国则与加拿大、全球平均水平基本持平;俄罗斯呈现连续波动的多峰式分布形态,2007年以前基本接近巴西、中等收入国家的水平,2009—2010年接近低收入国家水平,2012—2014年接近中等收入国家水平,2014年以来接近巴西的水平。

巴基斯坦是上合组织成员国中矿产租金(盈利可能性)比值最低的国家,2012—2014年,巴基斯坦矿产租金(盈利可能性)为0.002‰~0.85‰(表9-3,图9-4)。巴基斯坦也是上合组织成员国中唯一一个矿产租金与美国、高收入国家类似的国家,不同于美国等高收入国家[矿产租金(盈利可能性)比值是由劳动力成本高造成的],巴基斯坦则主要受国内安全形势的影响。该国恐怖袭击事件频发,安全环境较差,极大地提升了矿业生产的总成本,导致矿产开发的可能性及其盈利率受到严重制约,矿业活动的成功率大大降低。

第十章 矿业开发小结及展望

（1）上合组织成员国矿业项目主要集中在中国、俄罗斯，其次是印度、哈萨克斯坦、吉尔吉斯斯坦；矿业项目以运营状态或停运状态为主，运营项目涉及矿种因其资源优势不同而有所差异。其中，中国、印度两国运营项目占据优势，而其他六国则是停运项目多于运营项目。运营矿业项目大多处于生产/预生产阶段，占本国运营项目总数的60%以上（吉尔吉斯斯坦除外，仅占37.50%），其次处于勘查阶段（中国为矿山建设阶段）。按照运营项目个数来统计，印度以煤炭、铅锌、铁锰为主，哈萨克斯坦以金、铜、铀、铅锌、煤炭为主，中国以铅锌、煤炭、铁锰、铜、金为主，巴基斯坦以煤炭为主，俄罗斯以煤炭、金为主，吉尔吉斯斯坦、塔吉克斯坦、乌兹别克斯坦均以金矿为主。

（2）上合组织成员国矿产资源禀赋决定其在全球矿产品生产中具有重要地位，其中，印度、哈萨克斯坦、中国、俄罗斯、乌兹别克斯坦在全球矿产品供应中具有极其重要的地位。例如，印度是全球重要的铬、铁、铝、煤炭、锌生产国之一，哈萨克斯坦是全球最为重要的铀、铬生产国，中国的钨、锑、煤、铅锌、钼、锰、锡、钒、磷酸盐等矿产产量全球第一，俄罗斯的金刚石、钯、铂、锑、钴、钾盐、钒、金、镍的矿产产量全球领先，乌兹别克斯坦是全球重要的铀、金生产国之一。

（3）上合组织成员国是全球最为重要的矿产品生产地之一，其矿业产值在全球具有较为重要的地位，各国矿业产值对其GDP的贡献大多高于全球平均水平（印度、中国、巴基斯坦除外），特别是吉尔吉斯斯坦（贡献最高达20.19%）、哈萨克斯坦（11.47%）、乌兹别克斯坦（8.28%）等资源依赖型经济国家，其矿业产值在GDP中的占比明显高于全球平均水平。据不完全统计，上合组织成员国2013—2020年在产项目矿业产值为103 390.49百万～345 631.31百万美元，占全球矿业产值的18.16%～24.62%，总体呈现先逐年减少，后缓慢增加的分阶段变化趋势，特别是中国、印度作为上合组织最为重要的矿产品生产国之一，其矿业产值变化非常大，呈断崖式下跌（主要是因为中国、印度两国2018—2020年期间矿业产值未涉及煤炭产值，而两国矿业产值的绝大部分来源于煤炭行业），其他国家则相对稳定。

（4）上合组织成员国矿业产值主要集中在中国、印度、俄罗斯、哈萨克斯坦等国，其他国家体量相对较小，各国矿业产值的来源因其矿产品产量和价值不同而有所差异。其中，中国矿业产值主要来源于煤炭、铁、金、铜、镍、铅锌，印度主要来源于煤炭、铁、铅锌、银，俄罗斯主要来源于煤炭、镍、铁、金，哈萨克斯坦主要来源于煤炭、铜、锌，吉尔吉斯斯坦和塔吉克斯坦均来源于金，巴基斯坦主要来源于铜、铅锌，乌兹别克斯坦主要来源于金、铜。

（5）上合组织成员国矿产资源损耗现金价值（年度可供开发的矿产潜力/现金价值）总体呈现多次增加、减少的"M"形变化趋势，与澳大利亚、巴西、智利、美国、加拿大等传统矿业大国类似，明显受美国次贷危机、欧洲债务危机、全球股市暴跌等全球性重大经济事件的影响。其中，中国矿产资源损耗量最大，明显高于上合组织其他成员国及传统矿业大国，表明区域内中国年度可供开发的矿产资源最多；其次是印度、俄罗斯、哈萨克斯坦、乌兹别克斯坦四国，而吉尔吉斯斯坦、巴基斯坦、塔吉克斯坦三国矿产资源损耗相对较少。

（6）上合组织成员国矿业资源损耗在国民总收入（GNI）中的占比（以量化的形式体现各国年度可供开发的矿产价值在国民总收入中的占比）均呈多峰式分布，总体呈现分阶段的变化趋势。其中，以吉尔吉斯斯坦、乌兹别克斯坦、哈萨克斯坦三国贡献最为突出，其比值最高分别达79.90%、43.68%、

26.82%，明显高于南非、巴西、加拿大、美国等传统矿业大国，表明这三国国民总收入对矿产资源的依赖性较大，与其资源依赖型经济特征基本相符。塔吉克斯坦、中国、印度、俄罗斯等国次之，表明该国矿业领域在国民总收入中具有较为重要的地位。巴基斯坦的比值最小，反映该国矿产资源对其国民收入的贡献不太大，这可能与该国开发的矿产较少有很大关系。

（7）上合组织成员国矿产租金（在一定程度上反映了各国矿产资源在开发过程中的盈利程度/盈利可能性）随着矿产品价格和生产成本的变化，总体呈现多次增加、减少的多峰式波动趋势，与澳大利亚、巴西、智利、美国、加拿大等传统矿业大国类似，在一定程度上受全球性重大经济事件的影响，抑或可以作为全球经济事件变化的风向标。其中，吉尔吉斯斯坦、乌兹别克斯坦、哈萨克斯坦是上合组织成员国中矿产租金（盈利可能性）比值最高的三个国家，其比值分别为 2.34‰～93.64‰、1.08‰～63.97‰、4.48‰～53.765‰，介于智利与澳大利亚之间，明显高于低收入国家和全球平均水平，表明这三国矿业开发的盈利率最高（或可能性最大）。塔吉克斯坦、中国、印度、俄罗斯四国次之，其比值与巴西、低收入国家、中收入国家基本持平，介于澳大利亚与加拿大（或全球平均水平）之间，表明其矿业开发盈利率尚可，具有一定的矿产资源开发可能性。巴基斯坦矿产租金（盈利率）最少，略低于高收入国家，基本与美国持平，表明其矿产资源开发的可能性较小，盈利率较低。

（8）未来在相当长的一段时间内，上合组织成员国仍将作为全球极其重要的矿产品生产地之一，特别是印度、哈萨克斯坦、中国、俄罗斯、乌兹别克斯坦等国在全球矿产品供应中仍然充当重要角色。此外随着哈萨克斯坦、乌兹别克斯坦等国的矿业政策不断调整，其在全球矿业供应中的地位将愈加凸显。随着塔吉克斯坦、吉尔吉斯斯坦、巴基斯坦等国国民经济和矿业经济的发展，其矿业项目数量和矿产品产量也将随之增长，矿业产值对其经济的贡献也将水涨船高，进一步体现矿业经济对国民经济的重要性。

下篇 矿业贸易

矿业的重要性是不言而喻的,任何离开矿产资源供需的国家发展计划和规划,都将是"空中楼阁",即使是现如今的知识经济时代,也是如此。矿产资源作为不可再生的稀缺资源,其贸易历来受到世界各国的重视,历史上发生的多次战争都与矿产资源有着直接或间接的关系。然而,矿产资源全球分布不均衡决定了世界上没有任何一个国家可以完全依靠本国的资源满足发展需要。世界各国只有不断加强国际合作,维护公平、自由、开放的国际矿产品贸易和矿业投资体系,才能通过矿产资源在全球范围的合理优化配置,保障各国平等获得发展所需的矿产资源,实现矿业经济相互依存和互利共赢。

第十一章　矿产品贸易(贸易伙伴)

一、矿产品贸易总体概况

据不完全统计,上合组织成员国矿产品贸易主要集中在中国,2001—2020 年的贸易金额为 4 267.60 百万~181 957.96 百万美元,总体表现为增加、减少、再增加的"N"字形变化趋势;其次是印度、俄罗斯、哈萨克斯坦,其矿产品贸易金额分别为 925.39 百万~12 449.45 百万美元、745.45 百万~6 492.20 百万美元、282.23 百万~4 783.41 百万美元,分别表现为先增加、后减少的"Λ"字形、多峰式、"N"字形变化趋势;巴基斯坦、塔吉克斯坦(仅收集到 2016—2020 年的数据)、乌兹别克斯坦(仅收集到 2017—2020 年的数据)、吉尔吉斯斯坦等国贸易量(贸易金额)相对较少,其贸易金额分别为 58.48 百万~357.19 百万美元、159.24 百万~400.73 百万美元、100.28 百万~389.22 百万美元、1.30 百万~165.03 百万美元,分别表现为"Λ"字形(巴基斯坦、塔吉克斯坦)和逐年增加(乌兹别克斯坦、吉尔吉斯斯坦)的变化趋势(表 11-1,图 11-1)。

上合组织成员国矿产品贸易除了各国贸易金额有所不同以外,各国矿产品进出口形态也有所不同。其中,中国和乌兹别克斯坦两国矿产品贸易绝大多数以矿产品进口为主,出口量相对较少,进口金额在各国矿产品贸易金额的占比分别高达 95.86%~99.75%、87.36%~99.63%。哈萨克斯坦、塔吉克斯坦以矿产品出口为主,进口金额相对较少,出口金额在其矿产品贸易金额中的占比分别高达 63.21%~96.11%、99.37%~99.93%(表 11-1,图 11-1)。

印度、俄罗斯、吉尔吉斯斯坦、巴基斯坦等国则呈现分阶段的变化趋势。其中,印度在 2011—2018 年期间以矿产品进口为主,进口金额在其矿产品贸易金额中的占比为 56.73%~89.79%,其余时间基本以矿产品出口为主,出口金额在其矿产品贸易金额中的占比为 48.54%~80.68%;俄罗斯、吉尔吉斯斯坦、巴基斯坦三国分别以 2005 年、2011 年、2009 年为界,前期以矿产品进口为主,分别占该国矿产品贸易金额的 63.06%~65.06%、54.23%~95.55%、51.10%~86.70%,后期以矿产品出口为主,占该国矿产品贸易金额的 50.72%~93.37%、55.22%~98.58%、51.32%~98.23%(表 11-1,图 11-1)。

表 11-1 上合组织成员国矿产品贸易统计表

单位：百万美元

年份	印度 进口金额	印度 出口金额	哈萨克斯坦 进口金额	哈萨克斯坦 出口金额	中国 进口金额	中国 出口金额	吉尔吉斯斯坦 进口金额	吉尔吉斯斯坦 出口金额	巴基斯坦 进口金额	巴基斯坦 出口金额	俄罗斯 进口金额	俄罗斯 出口金额	塔吉克斯坦 进口金额	塔吉克斯坦 出口金额	乌兹别克斯坦 进口金额	乌兹别克斯坦 出口金额
2001	412.73	512.64	60.32	221.91	4 175.73	91.87	3.45	0.78	—	—	496.74	266.73	—	—	—	—
2002	431.55	913.11	38.63	253.44	4 280.72	180.87	4.55	0.42	—	—	480.69	264.76	—	—	—	—
2003	478.54	1 005.13	42.42	350.35	7 174.90	253.43	3.70	0.17	52.65	8.08	574.96	336.86	—	—	—	—
2004	972.13	2 483.98	96.44	723.96	17 272.58	567.67	1.21	0.09	43.86	14.62	1 080.24	628.28	—	—	—	—
2005	1 161.49	4 851.11	124.87	925.59	26 032.52	1 123.27	1.84	1.12	97.53	31.05	1 039.59	1 081.92	—	—	—	—
2006	4 878.91	4 601.24	111.51	1 112.62	32 164.43	923.36	3.63	3.06	85.87	31.79	914.37	1 054.41	—	—	—	—
2007	4 935.80	5 858.38	227.11	1 589.14	54 042.72	945.82	10.31	5.92	101.23	96.88	1 282.25	1 592.12	—	—	—	—
2008	5 250.22	6 519.47	252.11	2 412.31	85 936.80	928.51	7.38	4.62	188.96	168.23	2 307.25	2 374.81	—	—	—	—
2009	3 438.73	5 793.88	70.03	1 731.28	69 590.90	217.95	4.62	2.52	76.46	80.61	1 043.75	1 176.77	—	—	—	—
2010	5 540.69	6 908.76	111.57	2 185.18	109 386.52	580.17	5.53	0.58	17.28	164.95	200.07	2 159.07	—	—	—	—
2011	6 449.30	4 918.41	195.85	4 428.11	150 655.64	593.67	9.50	17.34	45.88	118.79	286.05	4 027.53	—	—	—	—
2012	6 484.20	3 200.78	634.41	3 994.00	133 727.97	424.17	13.64	55.66	25.12	126.90	1 893.56	3 888.23	—	—	—	—
2013	8 485.22	2 388.95	373.52	2 729.55	148 772.30	378.87	15.00	18.49	41.56	135.51	1 754.27	3 615.69	—	—	—	—
2014	7 560.89	1 356.79	532.74	2 603.41	134 660.95	350.08	4.32	41.39	27.80	102.39	1 910.28	3 300.52	—	—	—	—
2015	5 917.92	673.07	525.03	1 084.15	93 720.07	243.86	4.43	19.82	21.60	84.47	1 111.34	1 959.46	—	—	—	—
2016	3 731.03	1 316.32	694.57	1 193.60	94 479.04	270.47	2.43	68.29	6.75	90.58	1 008.38	2 043.59	0.52	239.12	—	—
2017	5 872.23	1 989.79	789.09	2 119.27	126 477.63	717.17	2.40	144.75	4.63	112.84	1 592.46	3 072.05	0.28	387.33	—	99.91
2018	5 427.56	1 655.62	823.35	2 097.83	135 914.47	1 171.07	4.10	124.57	2.94	83.25	1 919.50	3 672.27	0.60	400.13	—	135.81
2019	2 754.81	3 029.29	676.18	2 727.06	163 605.61	1 815.76	2.34	162.69	1.69	93.92	2 292.19	4 200.01	1.35	296.89	0.37	345.58
2020	2 343.87	4 205.51	641.66	4 141.75	180 016.13	1 941.83	3.19	122.30	4.92	84.62	1 945.94	4 329.57	1.00	158.24	19.64	43.64

注：1. 数据来源于 UN Comtrade Database(http://comtrade.un.org/)。
2. "—"表示未收集到相关数据。

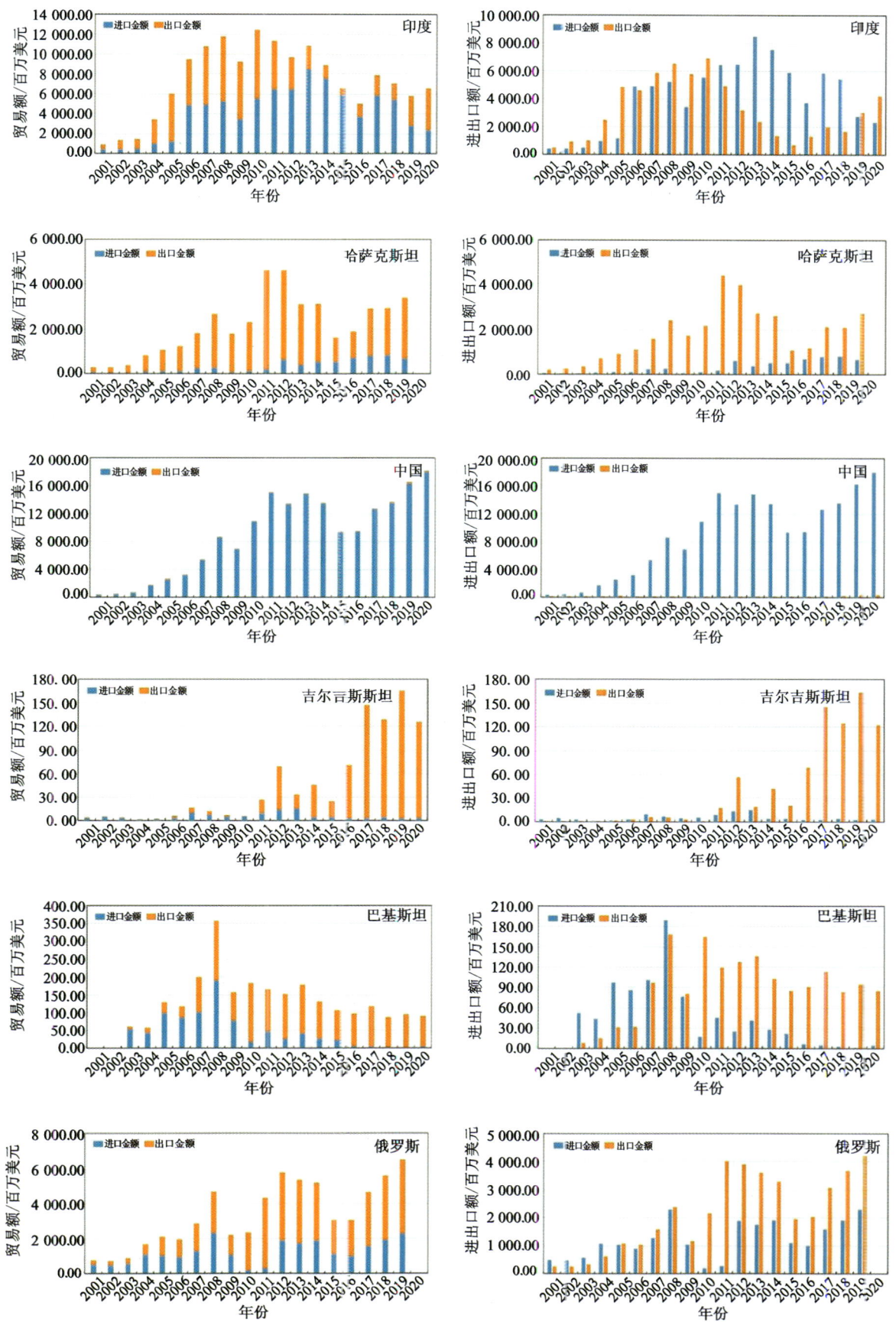

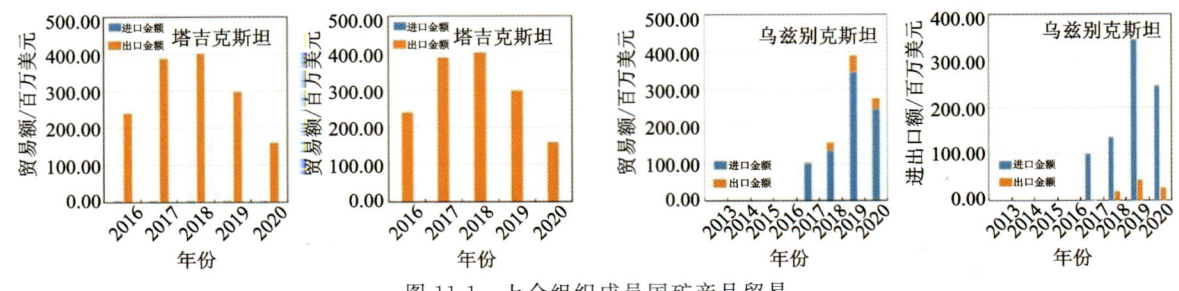

图 11-1 上合组织成员国矿产品贸易

二、印度——分阶段变化的矿产品贸易

印度是上合组织成员国中最为重要的矿产品贸易国之一,该国矿产品贸易分阶段变化,在 2011 年由矿产品出口国转变为进口国,其矿产品进口金额大于出口金额;2018 年出口金额超过进口金额,又转变为矿产品出口国(表 11-1,图 11-1)。2001—2020 年,印度的矿产品进口与出口分别表现为不同的变化趋势,印度矿产品进口额为 412.73 百万~8 485.22 百万美元,总体呈现先增加、后减少的"A"字形变化趋势;而出口金额为 512.64 百万~6 908.76 百万美元,则表现为增加、减少、再增加的"N"字形变化趋势。

1. 进口情况

智利为印度矿产品进口第一大来源国,2001—2020 年印度从智利进口矿产品金额为 65.29 百万~2 912.69 百万美元,占其进口金额的 15.82%~37.65%;其次是澳大利亚和印度尼西亚,进口金额分别为 66.02 百万~1 850.05 百万美元、51.73 百万~1 037.45 百万美元,占其进口金额的 6.63%~31.39%、3.40%~24.36%;南非、巴西、秘鲁、加拿大、巴布亚新几内亚等国也占有一定的进口份额,其进口金额分别为 2.44 百万~747.79 百万美元、5.45 百万~589.61 百万美元、7.01 百万~535.62 百万美元、3.27 百万~400.57 百万美元、19.72 百万~223.49 百万美元,在其进口金额中的占比分别为 0.56%~15.27%、0.34%~10.04%、1.44%~10.07%、0.16%~5.64%、0.53%~4.26%;其他国家进口金额为 115.13 百万~1 235.62 百万美元,占其进口金额的 10.94%~38.40%(表 11-2,图 11-2)。

印度从上合组织其他成员国进口矿产品总体相对较少,主要来源于中国,个别时间段有部分份额来自哈萨克斯坦(2014 年、2016 年、2018 年)和俄罗斯(2010—2013 年、2018—2019 年),从吉尔吉斯斯坦、巴基斯坦、塔吉克斯坦、乌兹别克斯坦等国进口矿产品极少。其中,2001—2020 年,印度进口中国矿产品金额为 11.68 百万~113.97 百万美元,占印度从上合组织国家进口总额的 9.96%~99.72%;印度进口哈萨克斯坦矿产品金额为 0.000 6 百万~172.67 百万美元,占印度从上合组织国家进口总额的 0~64.29%;印度进口俄罗斯矿产品金额为 0.02~119.37 百万美元,占印度从上合组织国家进口总额的 0.04%~78.84%;印度进口吉尔吉斯斯坦、巴基斯坦、塔吉克斯坦、乌兹别克斯坦矿产品金额分别仅为 0.03 百万~0.05 百万美元、0.003 百万~22.98 百万美元、3.47 百万~9.62 百万美元、0.000 3 百万~0.93 百万美元(表 11-3,图 11-3)。

第十一章 矿产品贸易(贸易伙伴)

表 11-2 印度矿产品进口统计表

单位:百万美元

来源国	2001年	2002年	2003年	2004年	2005年	2006年	2007年	2008年	2009年	2010年
澳大利亚	129.55	78.22	66.02	192.96	219.09	956.51	986.17	1 085.23	580.72	1 264.48
巴西	5.45	9.76	15.06	62.82	46.91	186.85	245.86	330.55	226.63	339.01
加拿大	10.07	24.33	3.27	12.54	53.42	126.72	104.74	47.57	5.50	61.22
智利	65.29	109.71	138.43	273.79	308.16	1 471.21	1 782.69	1 619.84	754.94	1 380.40
印度尼西亚	51.73	74.71	116.57	124.37	188.54	625.86	703.24	291.19	803.52	687.12
巴布亚新几内亚	—	—	—	—	—	197.99	164.49	223.49	36.18	87.39
秘鲁	21.42	7.01	9.75	22.86	12.13	91.10	112.74	289.29	50.76	197.15
南非	14.09	2.44	4.72	22.64	333.25	134.89	108.42	328.94	243.04	333.62
其他	115.13	125.38	124.73	260.16	—	1 087.76	727.46	1 034.12	742.94	1 190.31
合计	412.73	431.56	478.55	972.14	1 161.50	4 878.89	4 935.81	5 250.22	3 444.23	5 540.70
来源国	2011年	2012年	2013年	2014年	2015年	2016年	2017年	2018年	2019年	2020年
澳大利亚	1 626.65	1 614.53	1 850.06	1 221.31	835.56	544.56	617.26	905.56	258.23	155.35
巴西	469.75	294.47	530.58	394.40	431.59	87.45	589.61	408.37	116.26	8.01
加拿大	117.11	174.36	288.31	400.57	203.49	173.46	289.67	165.73	116.28	127.28
智利	1 611.55	2 221.15	2 912.69	2 761.26	1 806.24	963.07	1 403.03	1 314.28	809.89	580.61
印度尼西亚	1 037.45	412.43	848.12	703.90	759.20	579.80	823.53	498.28	93.62	246.03
巴布亚新几内亚	138.57	64.41	165.99	98.77	39.18	19.72	48.62	—	—	—
秘鲁	160.89	172.54	280.42	277.04	167.09	375.70	535.62	182.23	119.45	33.80
南非	238.61	369.70	323.43	675.11	615.97	326.96	651.64	747.79	420.64	300.73
其他	1 048.73	1 160.60	1 285.62	1 028.55	1 059.59	660.31	913.25	1 205.32	820.45	900.08
合计	6 449.31	6 484.19	8 485.22	7 560.91	5 917.91	3 731.03	5 872.23	5 427.56	2 754.82	2 351.89

注:1. 数据来源于 UN Comtrade Database(http://comtrade.un.org/)。
2. "—"表示未收集到相关数据。

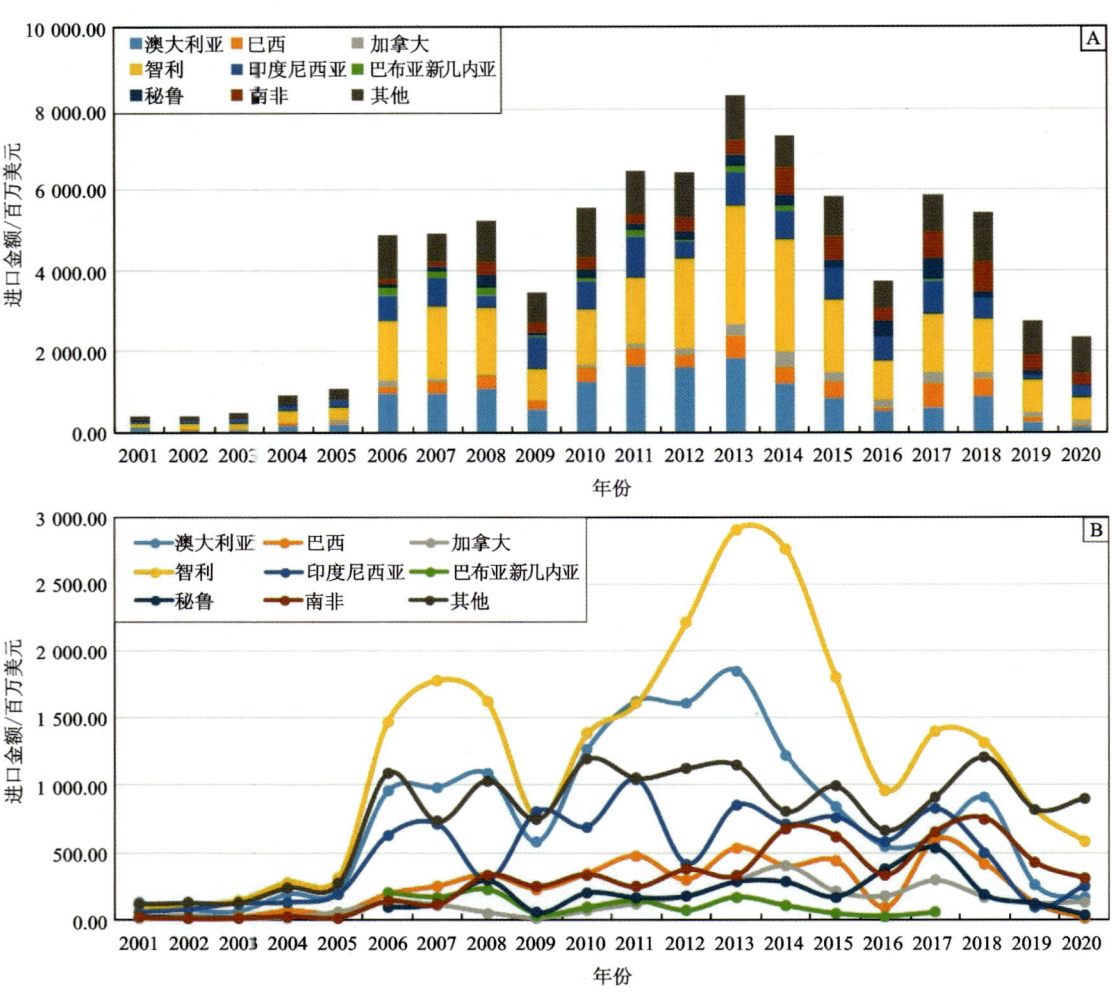

图 11-2 印度矿产品进口来源

表 11-3 印度进口上合组织其他成员国矿产品统计表　　　　　　　单位：百万美元

来源国	2001年	2002年	2003年	2004年	2005年	2006年	2007年	2008年	2009年	2010年
哈萨克斯坦	—	—	0.01	—	—	—	0.06	0.13	—	—
中国	15.65	21.71	11.68	113.97	82.92	80.56	77.81	75.49	20.37	38.31
吉尔吉斯斯坦	0.05	—	—	—	—	—	0.03	—	—	—
巴基斯坦	—	0.01	0.003	0.01	0.10	0.19	0.33	0.82	0.05	0.13
俄罗斯	0.02	0.86	0.47	0.53	0.36	0.03	0.12	0.16	5.05	16.11
塔吉克斯坦	—	—	—	—	—	—	—	—	—	—
乌兹别克斯坦	—	—	—	—	—	—	—	0.03	0.02	0.11
来源国	2011年	2012年	2013年	2014年	2015年	2016年	2017年	2018年	2019年	2020年
哈萨克斯坦	—	—	—	34.97	0.14	95.55	0.40	172.67	0.0006	0.04
中国	66.62	50.96	36.88	52.54	23.40	26.06	29.07	35.60	31.09	33.44
吉尔吉斯斯坦	—	—	—	—	—	—	—	—	—	—
巴基斯坦	0.46	0.50	0.41	8.10	9.51	20.83	17.56	22.98	0.86	—

续表 11-3

来源国	2011年	2012年	2013年	2014年	2015年	2016年	2017年	2018年	2019年	2020年
俄罗斯	11.21	39.24	32.57	11.26	—	0.08	9.50	117.72	119.37	6.89
塔吉克斯坦	—	—	—	3.47	9.62	6.11	9.20	8.29		
乌兹别克斯坦	0.93	0.09	—	—	—	—	0.01	0.000 3	0.08	—

注：1. 数据来源于 UN Comtrade Database(https://comtradeplus.un.org/)。
　　2. "—"表示未收集到相关数据。

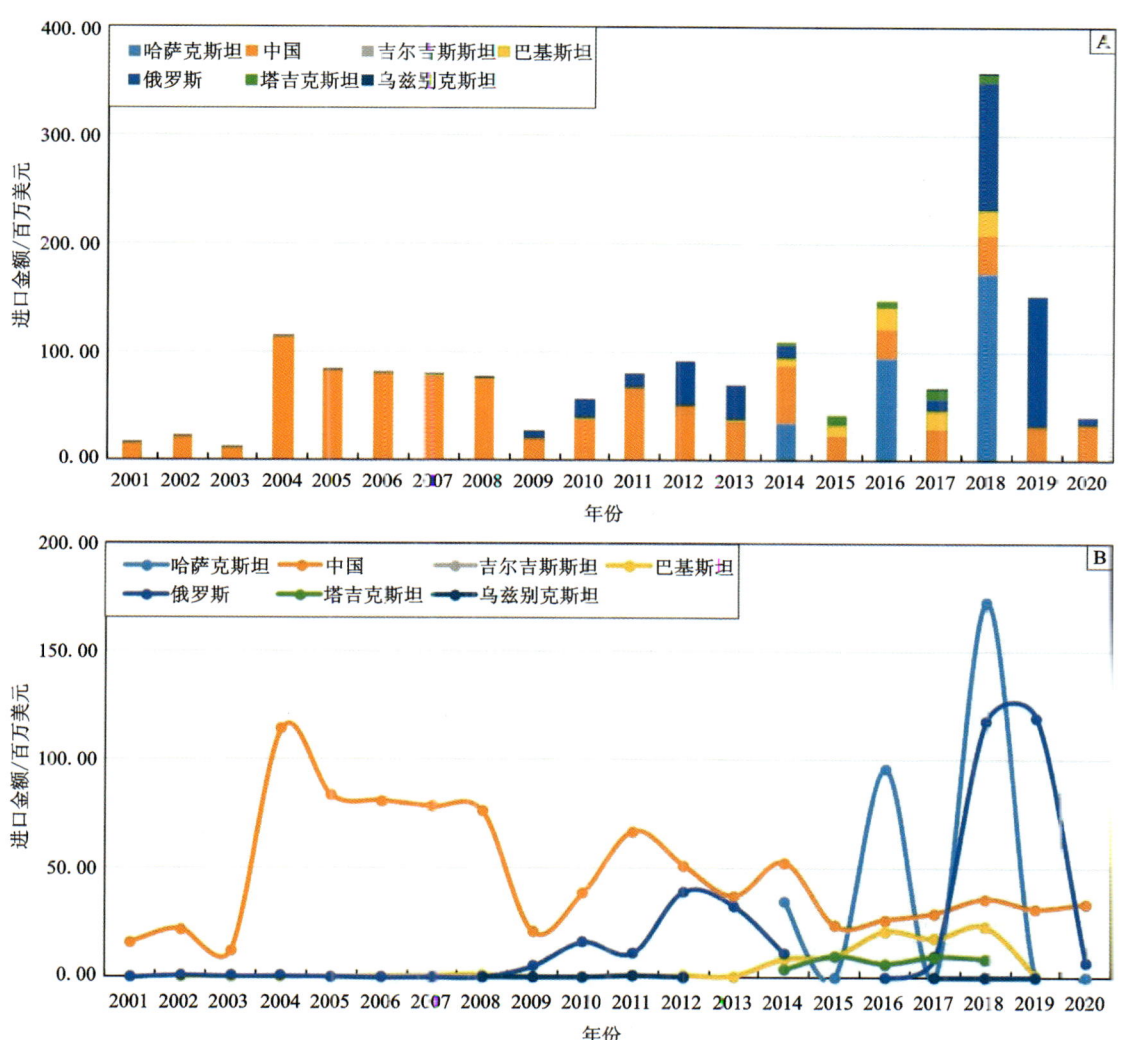

图 11-3　印度进口上合组织其他成员国矿产品

2. 出口情况

2001—2020 年期间，中国始终为印度矿产品出口第一大目标国，绝大多数矿产品出口至中国；日本、韩国为印度第二、第三大出口目标国（大多数年份）；阿联酋、荷兰、美国、巴基斯坦、俄罗斯等国是印度矿产品出口的重要目标国，也占有该国矿产品出口的部分份额（表 11-4，图 11-4）。

表 11-4　印度矿产品出口统计表　　　　　　　　　　　　　　　单位：百万美元

目标国	2001年	2002年	2003年	2004年	2005年	2006年	2007年	2008年	2009年	2010年
中国	249.75	339.90	576.86	1 810.72	3 956.55	3 614.65	4 909.13	5 829.16	4 716.19	6 347.29
日本	94.45	315.72	195.92	273.17	383.56	383.96	351.74	313.19	373.63	249.07
韩国	30.65	49.25	69.98	87.80	172.24	261.93	316.61	75.53	173.39	48.57
美国	16.72	1.64	1.85	3.08	12.79	12.52	0.16	0.57	5.47	1.99
阿联酋	10.60	5.72	6.13	19.01	18.83	28.90	17.33	25.74	11.43	91.27
巴基斯坦	5.06	6.72	9.11	17.84	20.42	27.61	20.09	34.91	4.87	0.002
俄罗斯	1.32	13.18	10.28	1.01	8.58	0.96	—	0.16	0.09	0.12
荷兰	2.32	10.67	11.03	16.98	25.15	28.36	28.70	6.78	18.33	27.51
其他	101.78	110.31	123.96	254.37	252.99	242.36	214.61	233.42	559.78	142.93
合计	512.64	913.11	1 005.13	2 483.98	4 851.11	4 601.24	5 858.38	6 519.47	5 793.88	6 908.76
目标国	2011年	2012年	2013年	2014年	2015年	2016年	2017年	2018年	2019年	2020年
中国	4 295.27	2 615.13	1 742.64	782.13	435.13	1 166.20	1 517.09	1 130.24	2 145.26	3 494.64
日本	214.80	287.75	318.84	265.37	76.93	36.46	188.43	150.24	209.46	208.89
韩国	126.22	50.17	75.70	68.00	15.42	1.12	105.16	119.10	128.90	67.61
美国	1.40	1.17	0.29	0.35	0.27	1.96	0.89	2.39	0.49	2.22
阿联酋	8.59	8.17	11.73	5.95	6.88	3.29	7.86	16.30	32.34	17.14
巴基斯坦	2.61	0.003	0.005	1.44	0.75	1.77	0.34	0.08	0.01	—
俄罗斯	4.43	0.75	0.60	0.22	0.25	0.08	0.12	0.09	0.02	—
荷兰	66.33	64.63	30.51	25.36	17.52	15.04	6.59	10.44	0.09	0.15
其他	198.76	173.00	208.63	207.97	119.91	90.41	163.30	226.75	512.71	414.86
合计	4 918.41	3 200.78	2 388.95	1 356.79	673.07	1 316.32	1 989.79	1 655.62	3 029.29	4 205.51

注：1. 数据来源于 UN Comtrade Database(http://comtrade.un.org/)。
　　2. "—"表示未收集到相关数据。

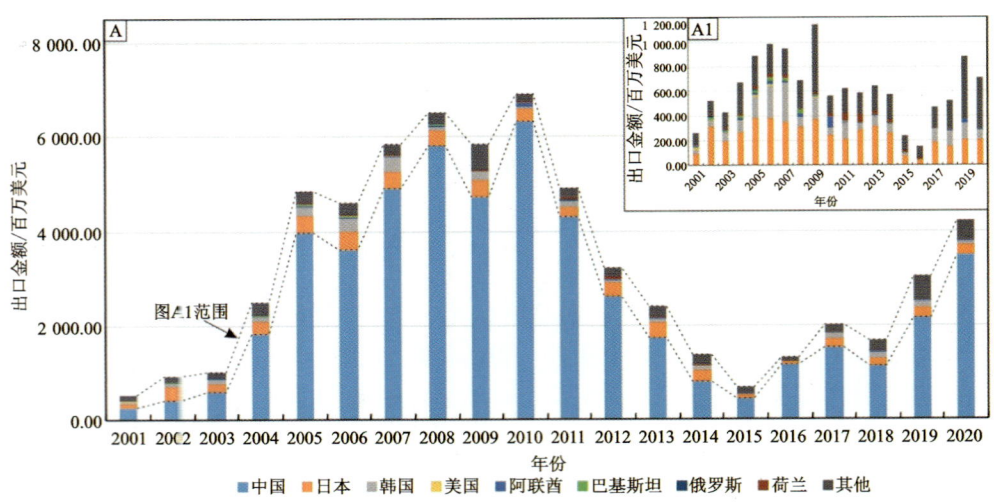

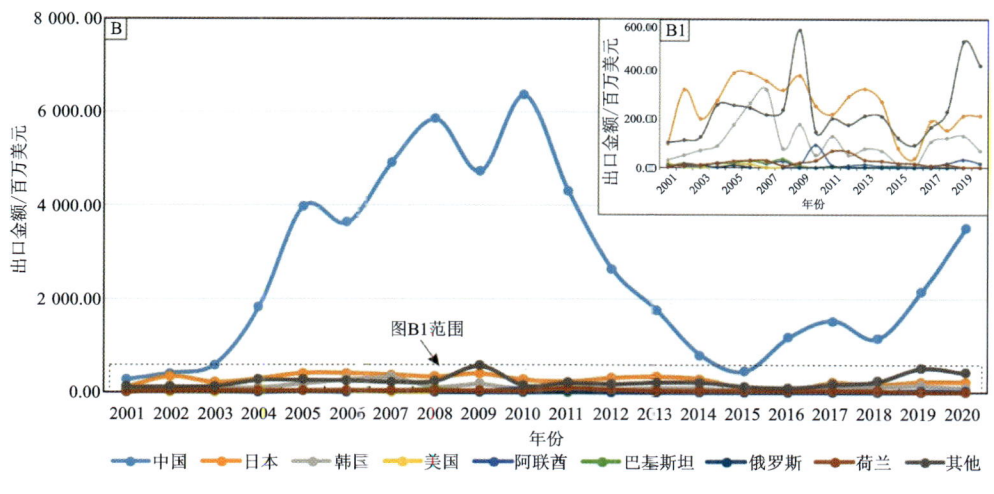

图 11-4　印度矿产品出口目标国

据不完全统计,印度出口中国的矿产品金额为 249.75 百万～6 347.29 百万美元,占该国矿产品出口总额的 42.70%～91.87%;印度出口日本、韩国矿产品的金额及其在该国矿产品出口总额占比分别为 36.46 百万～383.96 百万美元、1.12 百万～316.61 百万美元,2.77%～34.58%、0.08%～7.19%。印度出口阿联酋、荷兰、美国、巴基斯坦、俄罗斯等国的矿产品金额分别为 3.29 百万～91.27 百万美元、0.09 百万～66.66 百万美元、0.16 百万～16.72 百万美元、0.003 百万～34.91 百万美元、0.02 百万～13.18 百万美元,其中,巴基斯坦和俄罗斯是印度出口上合组织成员国矿产品较多的国家(个别年份,印度也出口哈萨克斯坦、乌兹别克斯坦极少量的矿产品,因此未做统计)。印度出口其他国家的矿产品金额为 90.41 百万～559.78 百万美元,占其矿产品出口总额的 2.07%～19.85%,其中,某些年份个别国家也占有较高的出口份额(表 11-4,图 11-4)。

三、哈萨克斯坦——典型的矿产品出口国

哈萨克斯坦是上合组织成员国中较为重要的矿产品贸易国,属于典型的矿产品出口国,长期以来,均为矿产品出口明显大于进口(表 11-1,图 11-1)。2001—2020 年期间,哈萨克斯坦矿产品进口总金额仅为 38.63 百万～823.35 百万美元,总体呈现先增加、后减少的"A"字形变化趋势,而其出口金额却高达 221.91 百万～4 428.11 百万美元,表现为增加、减少、再增加的"N"字形变化趋势(表 11-1,图 11-1,图 11-5,图 11-6)。

1. 进口情况

哈萨克斯坦矿产品进口总体呈现分阶段的变化模式,2007 年以前,秘鲁是哈萨克斯坦矿产品进口第一大来源国,其次是乌克兰、美国、俄罗斯等国;2007 年以来,俄罗斯迅速超越秘鲁、乌克兰、美国,迅速攀升为哈萨克斯坦矿产品进口第一来源国;2014 年以来,塔吉克斯坦、吉尔吉斯斯坦则超越其他国家,分别成为哈萨克斯坦矿产品进口的第二、第三大来源国(表 11-5,图 11-5)。

表 11-5 哈萨克斯坦矿产品进口统计表　　　　　　　　　　　　　　　　　　　　单位:百万美元

来源国	2001年	2002年	2003年	2004年	2005年	2006年	2007年	2008年	2009年	2010年
俄罗斯	2.00	3.52	3.64	24.28	39.05	26.49	113.58	190.99	22.38	95.22
塔吉克斯坦	0.083	0.09	0.15	0.06	—	0.07	2.25	1.41	4.07	5.70
吉尔吉斯斯坦	0.550	0.11	0.12	0.05	—	0.001	0.004	0.004	—	0.0003
秘鲁	25.61	13.22	9.67	31.21	15.60	30.80	6.34	—	—	—
澳大利亚	10.02	0.84	9.47	4.76	0.001	0.004	1.26	—	0.003	0.01
美国	8.28	—	0.42	2.32	16.75	0.002	0.11	—	0.001	0.004
乌克兰	6.84	12.29	6.98	13.73	11.86	10.42	23.74	33.00	23.43	5.46
比利时	—	—	—	—	—	—	—	35.42	57.95	—
卢旺达	—	4.83	—	0.58	5.02	—	—	—	15.80	6.82
智利	—	—	—	—	21.46	—	—	—	—	—
其他	6.93	0.73	11.97	19.46	15.14	8.29	21.88	10.91	13.31	5.16
合计	60.32	38.63	42.42	96.44	124.87	111.51	227.11	252.11	70.03	111.57
来源国	2011年	2012年	2013年	2014年	2015年	2016年	2017年	2018年	2019年	2020年
俄罗斯	143.55	502.83	227.02	288.20	343.01	374.69	351.40	388.36	404.66	402.08
塔吉克斯坦	10.98	16.11	18.45	135.00	120.34	86.98	303.86	300.86	87.47	83.76
吉尔吉斯斯坦	6.91	24.75	18.21	36.73	20.39	194.93	99.56	102.27	106.95	96.57
秘鲁	0.69	0.06	2.39	2.15	2.08	1.58	4.67	—	—	—
澳大利亚	0.01	0.02	0.003	0.001	—	0.0001	—	0.002	—	—
美国	1.75	1.12	3.38	4.45	0.003	—	0.01	0.01	0.42	0.03
乌克兰	19.98	37.91	29.98	9.44	5.06	—	6.21	9.32	9.40	4.54
比利时	—	—	0.97	0.57	0.01	—	—	—	—	—
卢旺达	—	13.89	41.08	5.85	7.02	2.71	2.55	8.47	0.64	—
智利	2.11	7.19	5.29	1.32	—	—	—	—	—	—
其他	9.86	29.56	27.14	49.59	27.12	33.68	20.84	14.04	66.63	54.68
合计	195.85	634.41	373.52	532.74	525.03	694.57	789.09	823.35	676.18	641.66

注:1. 数据来源于 UN Comtrade Database(http://comtrade.un.org/)。

2. "—"表示未收集到相关数据。

俄罗斯是哈萨克斯坦最为重要的矿产品进口来源国,2001—2020年哈萨克斯坦进口俄罗斯的矿产品金额为2.00百万~502.83百万美元,占其进口金额的3.32%~85.35%。秘鲁在2007年以前是哈萨克斯坦矿产品进口第一大来源国,2001—2020年哈萨克斯坦进口秘鲁的矿产品金额为0.06百万~31.21百万美元,占其进口金额的0.01%~42.45%(表11-5,图11-5)。

塔吉克斯坦、吉尔吉斯斯坦、乌克兰均是哈萨克斯坦较为重要的矿产品进口来源国,2001—2020年期间,哈萨克斯坦从这三个国家进口的矿产品金额分别为0.06百万~303.86百万美元、0.0003百万~194.93百万美元、4.54百万~37.91百万美元,分别占该国进口金额的0.06%~38.51%、0~28.07%、0.71%~33.46%(表11-5,图11-5)。

哈萨克斯坦也有一部分矿产品进口来源于美国、澳大利亚、比利时、卢旺达、智利等国,2001—2020年期间从这些国家进口的矿产品金额分别为 0.001 百万~16.75 百万美元、0.0001 百万~10.02 百万美元、0.01 百万~57.95 百万美元、0.58 百万~41.08 百万美元、1.32 百万~21.46 百万美元(表 11-5,图 11-5)。

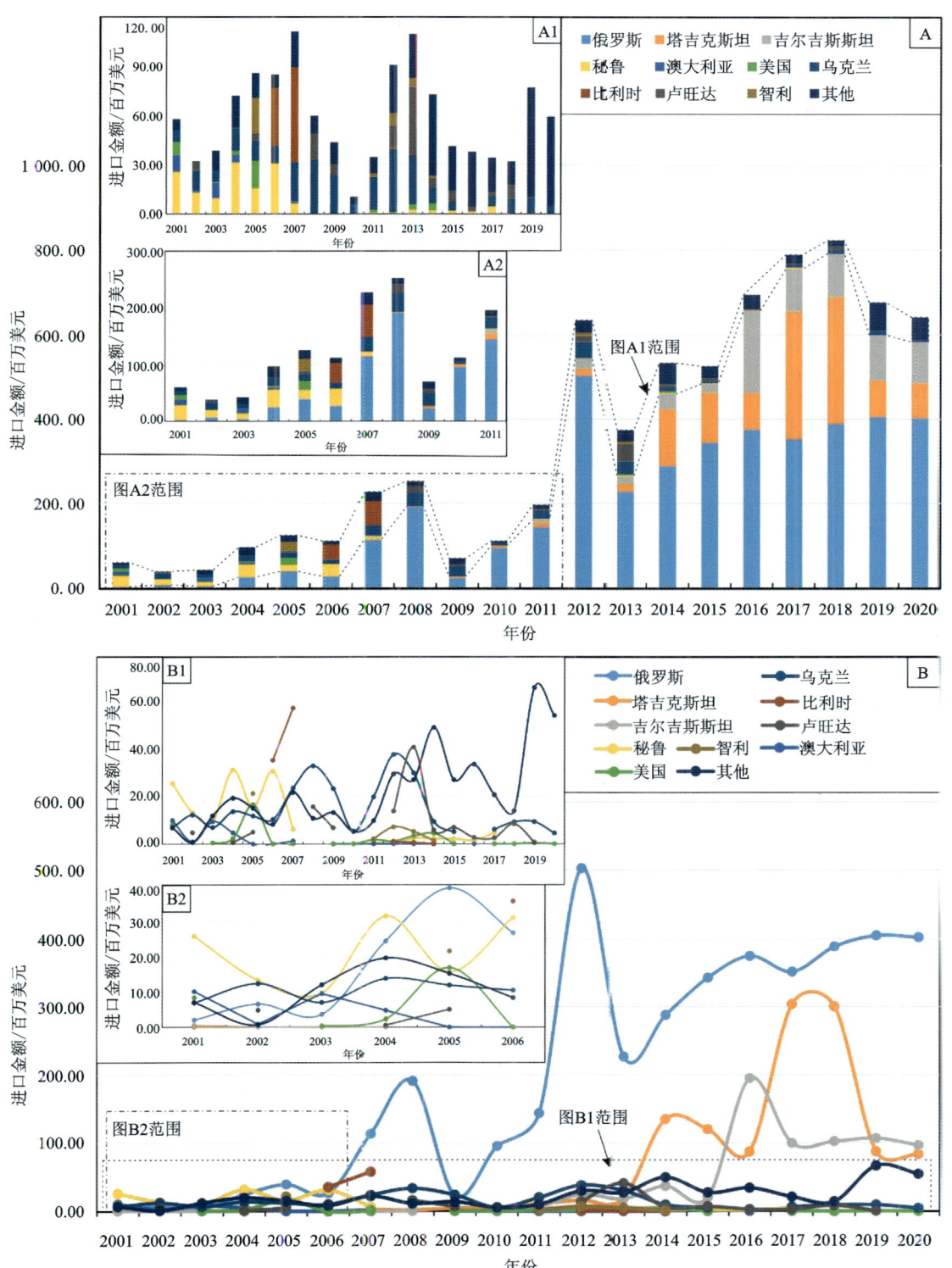

图 11-5 哈萨克斯坦矿产品进口来源

2. 出口情况

2001—2020年期间，俄罗斯和中国是哈萨克斯坦最为重要的矿产品出口目标国，占据该国矿产品出口的绝大多数；其次是乌兹别克斯坦、乌克兰、吉尔吉斯斯坦、荷兰等国，也在哈萨克斯坦矿产品出口中占有一定的份额，是该国矿产品出口的重要目标国（表11-6，图11-6）。

表11-6 哈萨克斯坦矿产品出口统计表　　　　　　　　　　　　　　　　　　　　单位：百万美元

目标国	2001年	2002年	2003年	2004年	2005年	2006年	2007年	2008年	2009年	2010年
俄罗斯	186.30	201.30	220.35	570.16	717.47	686.47	898.29	1 527.40	922.10	776.13
中国	5.34	25.56	98.08	110.84	185.73	330.67	501.85	747.17	777.29	1 335.70
乌兹别克斯坦	26.34	25.65	28.28	36.25	14.51	86.24	178.09	77.51	27.07	63.86
乌克兰	0.96	0.13	2.62	5.33	5.87	1.81	0.59	0.22	0.64	1.34
吉尔吉斯斯坦	0.81	0.72	0.94	0.97	1.81	2.61	2.19	3.26	1.32	2.75
荷兰	—	—	—	—	—	4.40	7.82	23.14	—	2.77
其他	2.17	0.09	0.08	0.41	0.21	0.42	0.30	33.61	2.86	2.63
合计	221.91	253.44	350.35	723.96	925.59	1 112.62	1 589.14	2 412.31	1 731.28	2 185.18
目标国	2011年	2012年	2013年	2014年	2015年	2016年	2017年	2018年	2019年	2020年
俄罗斯	2 263.10	2 288.60	1 470.07	1 397.79	724.52	675.28	953.42	1 116.36	1 448.52	1 512.09
中国	2 048.21	1 540.47	1 210.09	1 090.23	271.60	446.03	1 081.43	946.60	1 122.49	1 573.73
乌兹别克斯坦	103.05	149.92	43.68	111.63	45.56	60.96	63.69	20.73	150.02	38.90
乌克兰	5.15	2.80	0.41	0.09	0.18	0.14	0.30	0.000 005	0.001	0.002
吉尔吉斯斯坦	4.79	8.17	5.12	3.66	2.26	0.32	1.83	2.69	2.25	2.73
荷兰	—	0.26	0.09	—	—	—	—	—	—	0.004
其他	3.82	3.78	0.09	0.01	40.04	10.87	18.60	11.45	3.79	14.28
合计	4 428.11	3 994.00	2 729.55	2 603.41	1 084.15	1 193.60	2 119.27	2 097.83	2 727.06	3 141.75

注：1. 数据来源于UN Comtrade Database(http://comtrade.un.org/)。
　　2. "—"表示未收集到相关数据。

俄罗斯在哈萨克斯坦矿产品出口中具有举足轻重的地位，绝大多数年份为哈萨克斯坦第一大出口目标国（占该国矿产品出口总额的50%以上）。2001—2020年，哈萨克斯坦出口俄罗斯的矿产品金额为186.30百万~2 288.60百万美元，占该国矿产品出口总额的35.52%~83.95%（表11-6，图11-6）。

中国是哈萨克斯坦最为重要的矿产品出口目标国之一（个别年份超越俄罗斯，成为哈萨克斯坦矿产品出口第一大目标国）。2001—2020年，哈萨克斯坦出口中国的矿产品金额及其在该国矿产品出口总额中的占比分别为5.34百万~2 048.21百万美元、2.40%~61.13%（表11-6，图11-6）。

哈萨克斯坦也有部分矿产品出口至乌兹别克斯坦、乌克兰、吉尔吉斯斯坦、荷兰等国，出口金额分别为14.51百万~178.09百万美元、0.000 005百万~5.87百万美元、0.32百万~8.17百万美元、0.004百万~23.14百万美元（表11-6，图11-6）。

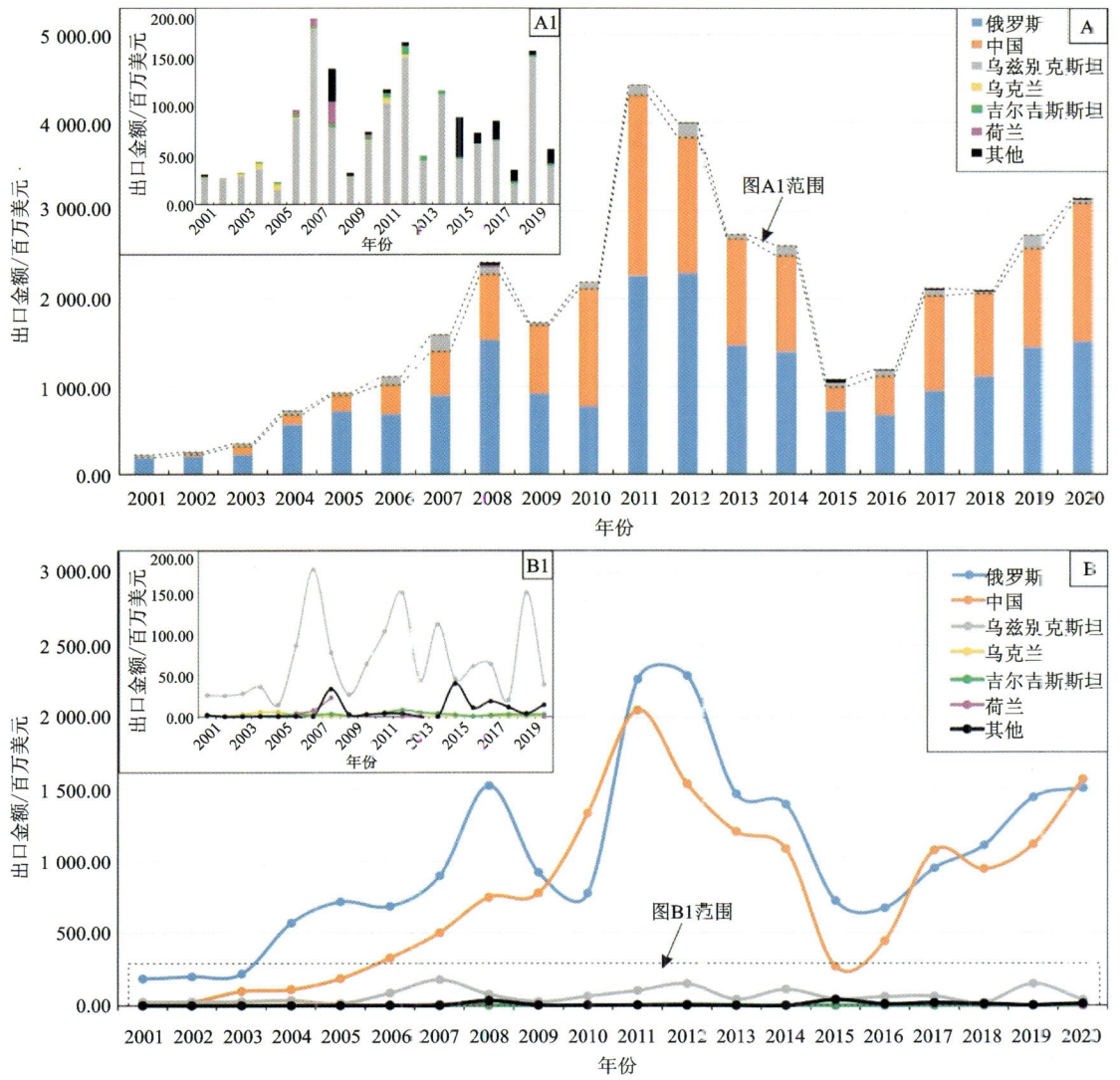

图 11-6 哈萨克斯坦矿产品出口目标

四、中国——典型的矿产品进口国

中国是上合组织成员国中最为重要的矿产品贸易国之一,属于典型的矿产品进口国,长期以来,均为矿产品进口金额明显大于出口金额(表 11-1、图 11-1)。2001—2020 年期间,中国矿产品进口金额高达 4 175.73 百万~180 016.13 百万美元,而出口金额仅为 91.87 百万~1 941.83 百万美元,二者均表现为增加、减少、再增加的"N"字形变化趋势。

1. 进口情况

中国矿产品进口绝大多数来源于澳大利亚、巴西、智利、秘鲁、南非、印度等 6 国,这 6 国长期位居中国矿产品进口的前六位,是中国最为重要的矿产品进口来源国。据不完全统计,2001—2020 年期间,中国从这 6 国进口矿产品的金额高达 3 350.52 百万~141 273.93 百万美元,占中国进口矿产品总金额的 72.11%~83.39%(表 11-7,图 11-7)。

表 11-7　中国矿产品进口金额统计表　　　　　　　　　　单位:百万美元

来源国	2001年	2002年	2003年	2004年	2005年	2006年	2007年	2008年	2009年	2010年
澳大利亚	1 288.60	1 261.67	2 045.67	4 070.30	7 390.21	9 205.86	13 940.14	26 426.46	23 165.08	39 465.48
巴西	761.53	816.15	1 369.13	2 921.26	4 055.83	5 624.31	9 664.47	15 539.99	13 183.52	18 335.82
智利	325.64	237.37	501.25	970.42	1 939.45	2 544.18	3 363.88	3 854.72	3 035.55	5 068.82
秘鲁	157.38	236.52	367.14	803.38	1 251.08	1 581.57	3 062.03	3 183.48	3 016.40	4 437.28
南非	268.87	286.05	347.77	871.36	967.10	1 257.45	1 927.27	4 034.26	4 024.63	6 009.94
印度	548.50	626.10	1 352.42	4 311.34	5 509.26	5 256.83	8 793.82	14 313.86	7 959.02	11 739.00
墨西哥	34.90	32.58	72.25	197.44	190.95	194.18	368.17	800.44	797.61	1 394.61
俄罗斯	26.21	38.82	38.54	256.80	545.46	365.75	784.28	1 239.03	1 059.34	1 214.26
加拿大	112.63	89.24	124.56	397.80	508.51	592.73	1 031.56	1 168.25	1 371.98	1 176.05
蒙古国	182.87	178.35	219.52	343.05	419.93	1 009.85	1 130.67	1 107.38	806.97	1 239.85
印度尼西亚	18.18	66.25	95.45	107.29	258.31	587.34	2 084.04	2 663.95	1 379.86	2 713.83
其他	450.43	411.64	641.21	2 022.14	2 997.28	3 944.48	7 892.39	11 604.97	9 793.66	16 592.17
合计	4 175.73	4 280.72	7 174.90	17 272.58	26 033.37	32 164.53	54 042.72	85 936.80	69 593.61	109 387.11

来源国	2011年	2012年	2013年	2014年	2015年	2016年	2017年	2018年	2019年	2020年
澳大利亚	55 632.02	50 398.37	60 924.59	60 292.32	40 765.00	39 632.45	51 664.27	52 308.71	68 172.70	76 838.42
巴西	26 156.74	23 042.36	22 199.54	18 598.98	12 653.64	13 339.55	18 261.97	19 127.42	23 415.01	26 663.48
智利	5 531.70	5 713.55	7 438.69	7 043.79	6 308.20	6 718.63	8 366.75	11 743.03	12 912.08	13 788.73
秘鲁	5 420.32	5 830.51	6 032.07	5 507.56	5 519.34	7 342.31	10 280.78	10 856.45	11 861.98	10 777.78
南非	8 821.87	7 449.53	8 487.33	7 010.12	5 337.26	4 991.70	8 051.36	8 129.75	9 472.18	9 060.26
印度	10 415.06	4 235.55	2 202.77	1 317.46	650.05	1 256.86	2 045.22	1 407.20	2 363.55	4 145.26
墨西哥	2 219.99	2 382.07	2 549.25	2 158.87	1 390.54	1 679.43	1 998.56	2 559.83	3 027.77	4 010.85
俄罗斯	3 348.22	2 474.53	2 102.16	1 205.24	902.38	896.60	1 289.04	1 542.58	2 217.83	3 427.55
加拿大	3 440.17	3 495.28	3 399.62	2 502.98	1 477.16	1 289.47	1 154.64	1 643.57	2 409.25	2 900.33
蒙古国	1 737.54	1 666.44	1 682.80	3 232.82	2 610.90	1 997.42	2 141.26	2 641.63	2 409.98	2 440.04
印度尼西亚	6 088.08	5 426.64	6 989.38	2 001.20	467.23	683.98	868.60	2 605.11	3 282.10	2 084.66
其他	21 843.98	21 612.15	24 764.10	23 789.70	15 638.37	14 651.90	20 355.18	21 349.18	22 062.62	23 878.76
合计	150 655.69	133 727.97	148 772.31	134 661.03	93 720.08	94 480.27	126 477.63	135 914.47	163 607.07	180 016.13

注:数据来源于 UN Comtrade Database(http://comtrade.un.org/)。

澳大利亚是中国矿产品进口第一大来源国,绝大多数年份占据中国矿产品进口的1/3。2001—2020年,中国进口澳大利亚的矿产品金额高达1 261.67百万～76 838.42百万美元,占其进口总金额的23.57%～44.77%(表11-7,图11-7)。巴西、智利绝大多数年份作为中国矿产品进口的第二大来源国和第三大来源国,2001—2020年中国进口该国的矿产品金额分别为761.53百万～26 663.48百万美元、237.37百万～13 788.73百万美元,占其进口总金额的13.50%～19.08%、3.67%～8.64%。

秘鲁、南非、印度、墨西哥、俄罗斯、加拿大、蒙古国、印度尼西亚等国均是中国矿产品进口的重要来源国。据不完全统计,2001—2020年,中国进口秘鲁的矿产品金额高达157.38百万～11 861.98百万美元,占其进口总金额的3.60%～8.13%;中国进口南非的矿产品金额高达268.87百万～9 472.18百

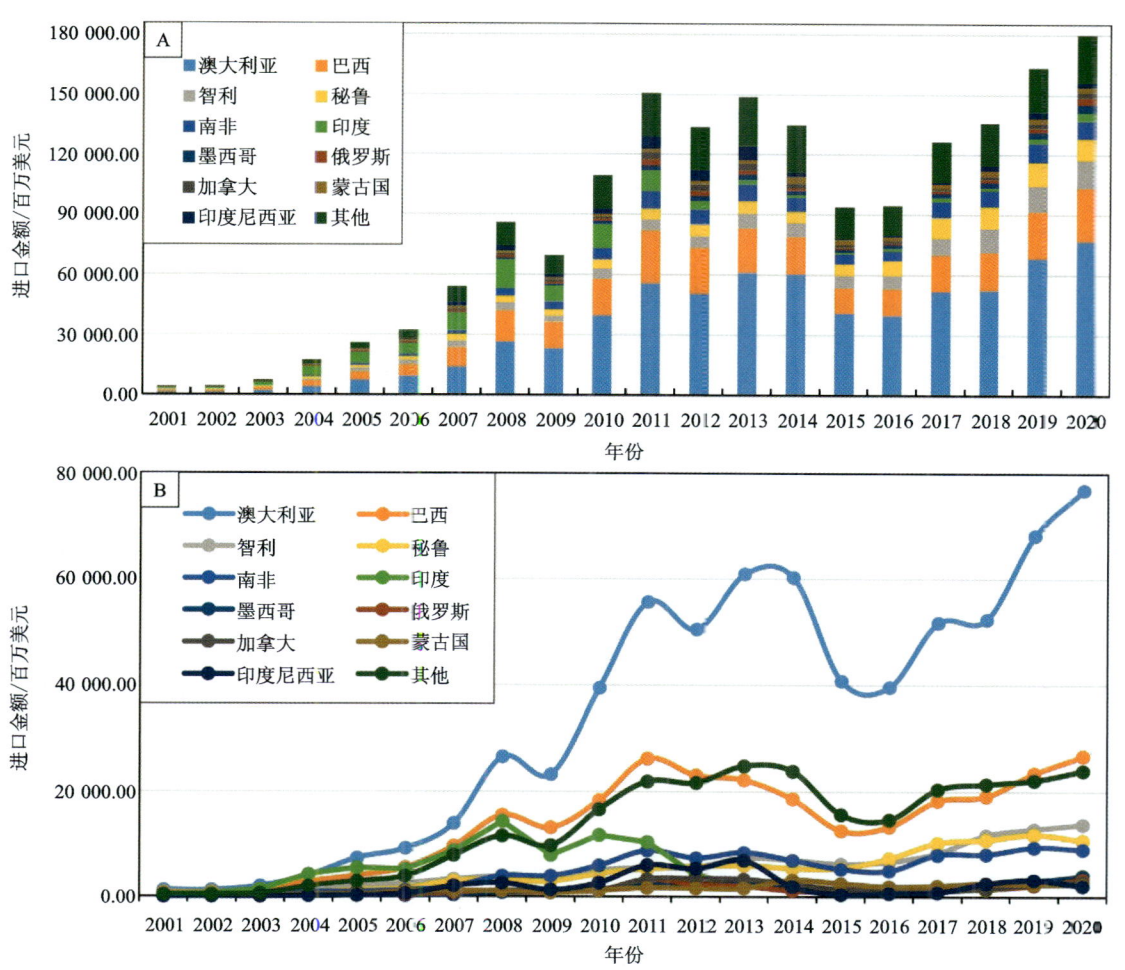

图 11-7 中国矿产品进口来源

万美元,占其进口总金额的 3.57%～6.68%;中国进口印度的矿产品金额高达 548.50 百万～14 313.86 百万美元,占其进口总金额的 0.69%～24.96%;中国进口墨西哥的矿产品金额高达 32.58 百万～4 010.85 百万美元,占其进口总金额的 0.60%～2.23%;中国进口俄罗斯的矿产品金额高达 26.21 百万～3 427.55 百万美元,占其进口总金额的 0.54%～2.22%;中国进口加拿大的矿产品金额高达 89.24 百万～3 495.28 百万美元,占其进口总金额的 0.91%～2.70%;中国进口蒙古国的矿产品金额高达 178.35 百万～3 232.82 百万美元,占其进口总金额的 1.13%～4.38%;中国进口印度尼西亚的矿产品金额高达 18.18 百万～6 989.38 百万美元,占其进口总金额的 0.44%～4.70%(表 11-7,图 11-7)。此外,中国也从哈萨克斯坦、菲律宾、乌克兰、几内亚、伊朗、美国、土耳其进口一定份额的矿产品,这些国家也是中国矿产品进口来源的重要补充。

中国进口上合组织其他成员国矿产品相对较少,2001—2020 年的进口金额为 589.02 百万～16 621.16 百万美元,占中国进口总金额的 2.11%～27.53%,其变化趋势与中国矿产品进口的总体趋势基本一致(表 11-8,图 11-8)。其中,2012 年以前主要来源于印度,2012 年以来则呈现印度、俄罗斯、哈萨克斯坦"三分天下"的趋势。2001—2020 年,中国进口印度和俄罗斯的矿产品金额分别占中国从上合组织国家进口总金额的 29.39%～93.12%、2.59%～45.73%;中国进口哈萨克斯坦的矿产品金额为 8.89 百万～2 018.64 百万美元,占中国从上合组织国家进口总金额的 1.51%～33.36%;中国进口吉尔吉斯斯坦、巴基斯坦、塔吉克斯坦、乌兹别克斯坦等国的矿产品金额分别为 0.02 百万～45.18 百万美元、3.87 百万～220.44 百万美元、0.01 百万～84.91 百万美元、0.000 4 百万～0.45 百万美元。

表 11-8　中国进口上合组织其他成员国矿产品统计表　　　　　　　　　　　单位：百万美元

来源国	2001年	2002年	2003年	2004年	2005年	2006年	2007年	2008年	2009年	2010年
印度	548.50	626.10	1 352.42	4 311.34	5 509.26	5 256.83	8 793.82	14 313.86	7 959.02	11 739.00
哈萨克斯坦	8.89	31.33	87.70	160.35	227.63	359.78	515.77	840.55	994.68	1 502.08
吉尔吉斯斯坦	0.002	—	—	—	0.40	0.40	0.91	0.36	0.47	0.10
巴基斯坦	5.41	3.37	9.26	22.41	28.48	33.96	89.18	220.44	73.30	196.09
俄罗斯	26.21	38.82	38.54	256.80	545.46	365.75	784.28	1 239.03	1 059.34	1 214.26
塔吉克斯坦	0.01	0.39	1.24	3.43	5.04	5.30	7.32	6.56	4.39	20.31
乌兹别克斯坦	—	—	—	—	—	—	—	0.38	0.36	—
合计	589.02	700.51	1 489.15	4 754.34	6 316.27	6 022.02	10 191.66	16 621.16	10 091.20	14 671.84
来源国	2011年	2012年	2013年	2014年	2015年	2016年	2017年	2018年	2019年	2020年
印度	10 415.06	4 235.55	2 202.77	1 317.46	650.05	1 256.86	2 045.22	1 407.20	2 363.55	4 145.26
哈萨克斯坦	1 363.21	1 175.58	1 281.78	1 155.30	289.70	513.12	1 212.56	1 596.99	1 634.07	2 018.64
吉尔吉斯斯坦	12.27	37.94	2.02	6.47	3.91	35.78	45.18	22.49	34.30	26.68
巴基斯坦	201.54	154.71	157.94	128.05	97.28	97.49	186.86	161.91	161.47	195.58
俄罗斯	3 348.22	2 474.93	2 102.16	1 205.24	902.38	896.60	1 289.04	1 542.58	2 217.83	3 427.55
塔吉克斯坦	65.34	84.91	74.24	30.47	29.79	23.51	35.73	55.83	55.48	32.50
乌兹别克斯坦	—	0.02	—	—	0.001	0.003	0.45	0.000 4	0.04	
合计	15 405.64	8 163.63	5 820.91	3 843.00	1 973.10	2 823.36	4 814.60	4 787.44	6 466.70	9 846.26

注：1. 数据来源于 UN Comtrade Database(http://comtrade.un.org/)。
2. "—"表示未收集到相关数据。

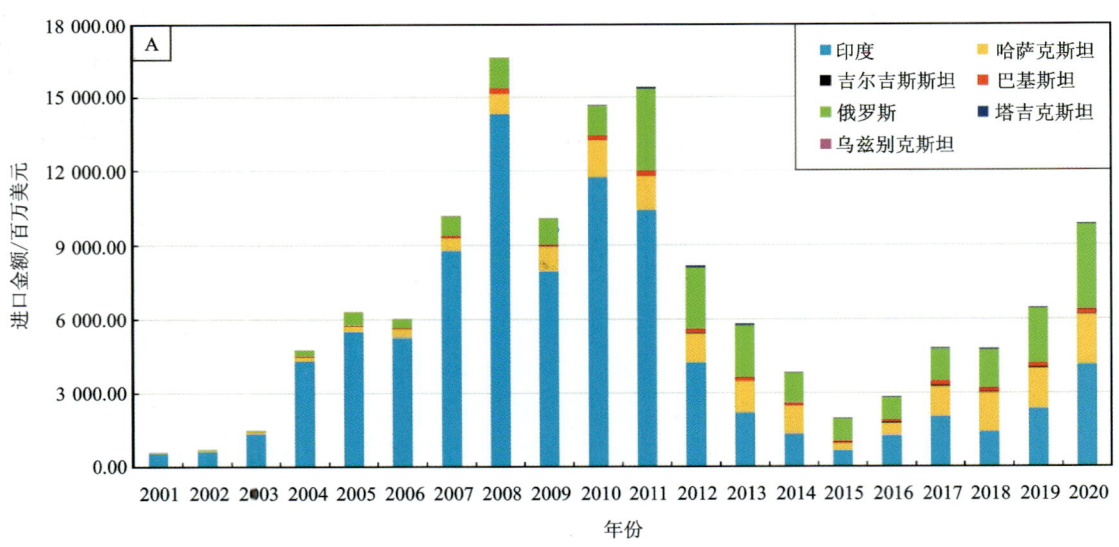

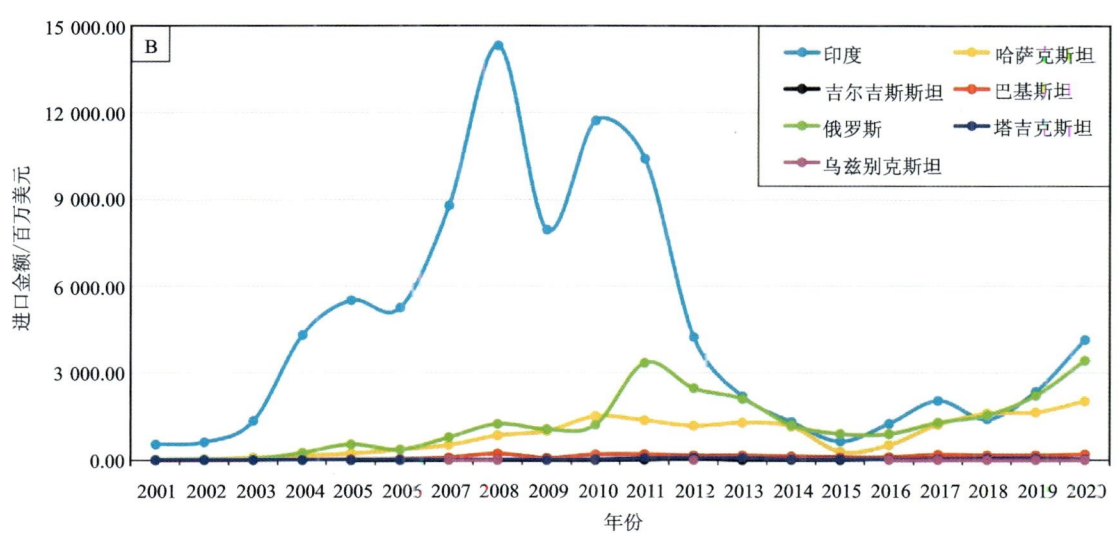

图 11-8　中国进口上合组织其他成员国矿产品

2. 出口情况

中国矿产品出口总体呈分阶段的变化趋势，2009 年以前，荷兰为中国矿产品出口第一大目标国，韩国、日本等国紧随其后；2009—2016 年，韩国超越荷兰，位居中国矿产品出口目标国第一位；2013 年以来，日本又取代韩国，成为中国矿产品出口第一大目标国（表 11-9，图 11-9）。

表 11-9　中国矿产品出口统计表　　　　　　　　　　　　　　　　　　　　单位：百万美元

目标国	2001 年	2002 年	2003 年	2004 年	2005 年	2006 年	2007 年	2008 年	2009 年	2010 年
日本	29.75	25.74	41.99	49.89	116.09	63.51	51.97	48.82	20.87	59.65
韩国	11.74	14.59	36.75	114.91	331.67	282.01	329.82	243.39	54.04	218.76
阿联酋	—	0.94	2.97	1.40	0.06	4.42	18.10	28.18	22.33	9.63
泰国	1.44	0.36	0.37	0.25	0.19	0.46	1.07	7.79	6.00	16.72
印度尼西亚	1.33	1.36	4.86	33.61	56.96	49.79	44.90	18.32	6.11	36.60
美国	0.83	1.44	4.33	4.59	4.67	7.44	5.81	2.09	3.33	23.88
荷兰	25.11	83.88	88.19	280.09	503.60	458.53	437.64	502.05	58.13	154.15
澳大利亚	1.03	2.45	2.18	5.13	13.02	9.31	11.17	14.62	2.73	5.55
其他	20.63	50.11	71.78	77.80	97.00	47.78	45.34	63.26	44.41	55.23
合计	91.87	180.87	253.43	567.67	1 123.27	923.36	945.82	928.51	217.95	580.17
目标国	2011 年	2012 年	2013 年	2014 年	2015 年	2016 年	2017 年	2018 年	2019 年	2020 年
日本	75.37	46.45	30.26	24.84	22.56	53.72	390.57	657.75	1 165.33	983.95
韩国	187.86	160.03	133.41	64.43	41.22	44.80	124.53	148.26	180.60	163.49
阿联酋	4.88	3.47	12.10	9.66	17.59	21.82	35.96	33.71	42.36	62.32
泰国	28.31	18.42	19.18	27.05	23.08	14.14	17.39	31.44	23.46	19.14
印度尼西亚	45.37	36.11	22.88	23.58	5.14	6.24	10.39	15.17	16.67	11.11
美国	12.01	22.96	24.72	19.52	10.43	6.19	16.04	18.80	11.99	6.63
荷兰	82.75	30.92	10.42	40.86	3.42	9.83	12.03	6.09	7.26	5.89

续表 11-9

目标国	2011年	2012年	2013年	2014年	2015年	2016年	2017年	2018年	2019年	2020年
澳大利亚	58.67	4.46	2.27	3.61	11.08	7.45	3.59	4.10	3.74	6.06
其他	98.46	101.34	123.64	136.53	109.32	106.22	106.68	255.74	364.34	683.24
合计	593.67	424.17	378.87	350.08	243.86	270.47	717.17	1 171.07	1 815.76	1 941.83

注:1. 数据来源于 UN Comtrade Database(http://comtrade.un.org/)。
2. "—"表示未收集到相关数据。

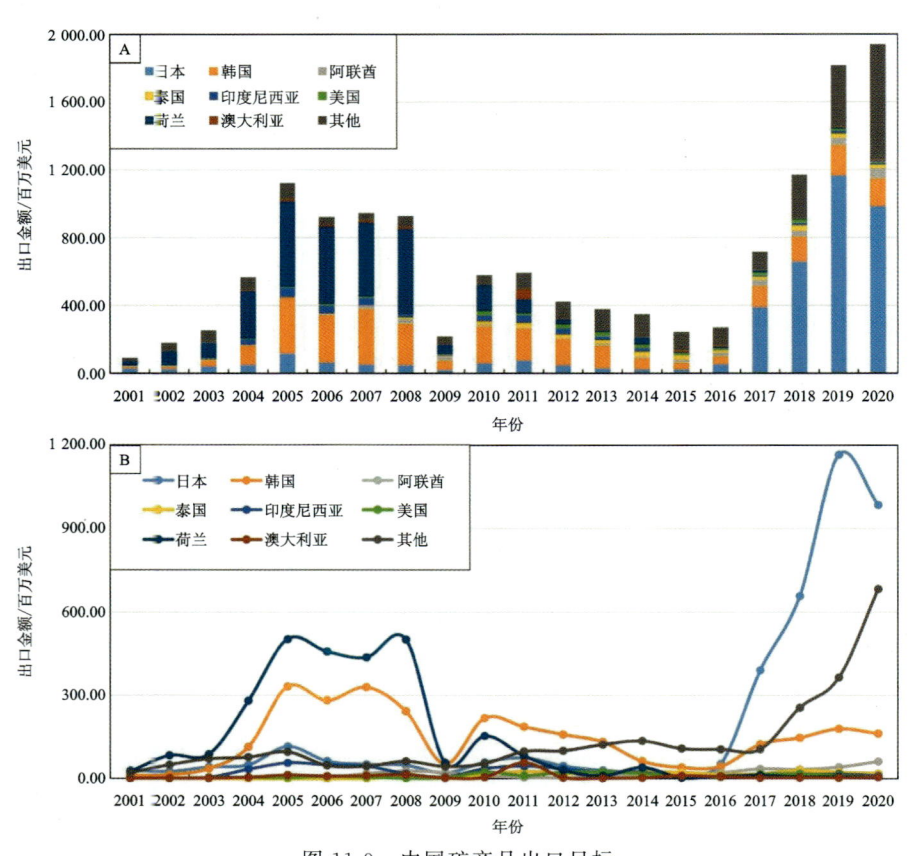

图 11-9 中国矿产品出口目标

荷兰、日本、韩国是中国矿产品出口最为重要的三大目标国,绝大多数年份占据中国矿产品出口的 2/3 左右(2013—2016 年除外)。据不完全统计,2001—2020 年期间,中国累计出口三国矿产品的金额为 66.60 百万~1 353.19 百万美元,占中国矿产品出口总金额的 27.56%~87.09%。其中,中国出口日本的矿产品金额为 20.87 百万~1 165.33 百万美元,占中国矿产品出口总金额的 5.26%~64.18%;中国出口韩国的矿产品金额为 11.74~331.67 百万美元,占中国矿产品出口总金额的 8.07%~37.73%;中国出口荷兰的矿产品金额为 3.42 百万~503.60 百万美元,占中国矿产品出口总金额的 0.30%~54.07%(表 11-9,图 11-9)。

阿联酋、泰国、印度尼西亚、美国、澳大利亚等国均是中国较为重要的矿产品出口目标国,中国也有一定份额的矿产品出口至这些国家。据不完全统计,2001—2020 年期间,中国出口阿联酋的矿产品金额及其占比分别为 0.06 百万~62.32 百万美元、0.01%~10.25%;中国出口泰国的矿产品金额及其占比分别为 0.19 百万~31.44 百万美元、0.02%~9.46%;中国出口印度尼西亚的矿产品金额及其占比分别为 1.33 百万～56.96 百万美元、0.57%～8.51%；中国出口美国的矿产品金额及其占比分别为 0.83 百万～24.72 百万美元、0.23%～5.52%；中国出口澳大利亚的矿产品金额及其占比分别为 1.03 百万～58.67 百万美元、0.21%～9.88%（表 11-9，图 11-9）。

中国出口至上合组织其他成员国的矿产品非常少。2001—2020 年期间，中国仅向这些国家出口 1.38 百万～67.09 百万美元的矿产品，仅占中国矿产品出口总金额的 0.78%～9.96%。其中，中国向上合组织成员国出口的矿产品绝大多数出口印度，出口金额为 1.33 百万～56.96 百万美元，占中国向这些国家出口总金额的 58.93%～99.38%；其次是俄罗斯和塔吉克斯坦，中国向这两国出口矿产品的金额分别为 0.01 百万～12.95 百万美元、0.001 百万～10.00 百万美元。中国向哈萨克斯坦、吉尔吉斯斯坦、巴基斯坦、乌兹别克斯坦出口矿产品非常少，出口金额分别仅为 0.004 百万～0.67 百万美元、0.01 百万～0.26 百万美元、0.001 百万～0.92 百万美元、0.000 1 百万～0.28 百万美元（表 11-10，图 11-10）。

表 11-10 中国出口上合组织其他成员国矿产品统计表　　　　　　单位：百万美元

目标国	2001 年	2002 年	2003 年	2004 年	2005 年	2006 年	2007 年	2008 年	2009 年	2010 年
印度	1.33	1.36	4.86	33.61	56.96	49.79	44.90	18.32	6.11	36.60
哈萨克斯坦	—	0.01	0.004	0.01	0.05	0.02	0.02	0.08	0.43	0.67
吉尔吉斯斯坦	—	—	—	—	—	—	—	—	—	0.26
巴基斯坦	0.01	0.01	0.17	0.01	0.02	0.001	—	0.04	0.33	0.87
俄罗斯	0.04	0.35	0.69	0.16	0.06	0.29	1.62	0.20	0.01	0.53
塔吉克斯坦	—	0.17	2.53	8.58	10.00	—	6.31	7.46	—	0.002
乌兹别克斯坦	—	—	—	—	—	—	—	0.27	0.08	0.01
合计	1.38	1.90	8.25	42.37	67.09	50.09	52.85	26.36	6.97	38.93
目标国	2011 年	2012 年	2013 年	2014 年	2015 年	2016 年	2017 年	2018 年	2019 年	2020 年
印度	45.37	36.11	22.88	23.58	5.14	6.24	10.39	15.17	16.67	11.11
哈萨克斯坦	0.16	0.15	0.51	0.29	0.05	0.09	0.62	0.37	0.14	0.03
吉尔吉斯斯坦	—	0.16	—	—	—	—	—	0.01	0.01	—
巴基斯坦	0.68	0.08	0.61	0.53	0.48	0.92	0.42	0.71	0.55	0.82
俄罗斯	12.95	4.08	0.32	1.60	0.05	0.10	2.44	3.67	3.63	2.96
塔吉克斯坦	—	0.004	0.002	0.001	0.03	—	0.004	—	0.01	—
乌兹别克斯坦	0.000 1	0.09	0.16	—	—	—	0.27	0.13	0.28	0.22
合计	59.16	40.69	24.49	26.00	5.75	7.35	14.14	20.06	21.29	15.14

注：1. 数据来源于 UN Comtrade Database（http://comtrade.un.org/）。
2. "—"表示未收集到相关数据。

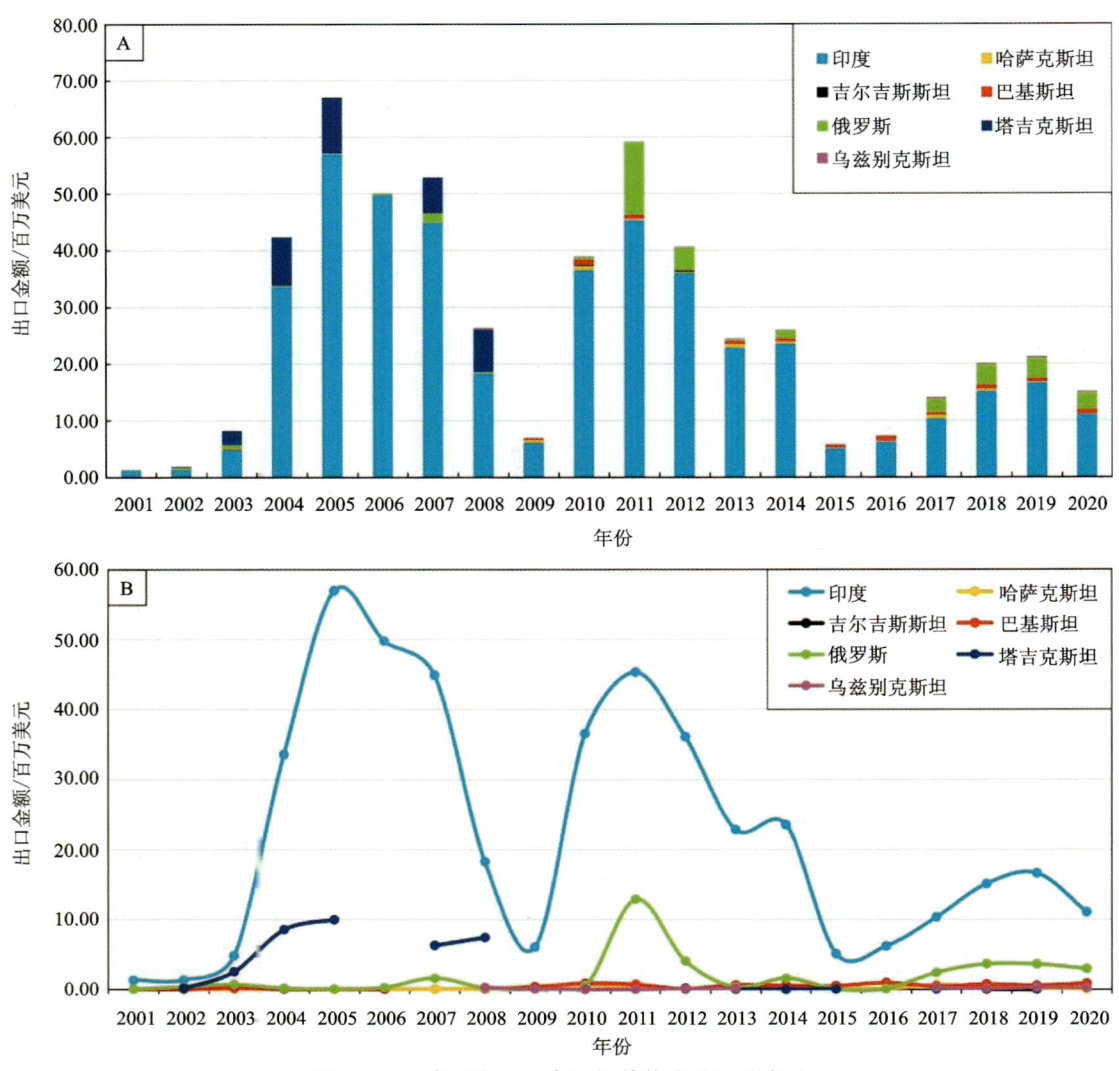

图 11-10　中国出口上合组织其他成员国矿产品

五、吉尔吉斯斯坦——矿产品进口国转变为出口国

吉尔吉斯斯坦矿产品贸易体量相对较小,总体呈现分阶段的变化趋势,以 2011 年为界,前期以矿产品进口为主,后期则以矿产品出口为主(表 11-1,图 11-1)。2001—2020 年期间,吉尔吉斯斯坦矿产品进口金额仅为 1.211 百万~14.995 百万美元,呈现多峰式的变化趋势(表 11-11,图 11-11);而其出口仅为 0.092 百万~162.695 百万美元,表现为逐年增长的变化趋势(表 11-12,图 11-12)。

1. 进口情况

吉尔吉斯斯坦矿产品进口主要来源于哈萨克斯坦和俄罗斯,2001—2020 年期间从该国进口的矿产品金额分别为 0.853 百万~6.346 百万美元、0.000 2 百万~6.912 百万美元,占其进口总金额的 23.51%~99.68%、0.004%~51.69%;其次是智利、蒙古国,2001—2020 年期间从该国进口的矿产品金额分别为 0.722 百万~2.266 百万美元、0.147 百万~3.219 百万美元,占其进口总金额的 19.48%~49.80%、6.05%~43.63%;吉尔吉斯斯坦也有部分矿产品来源于塔吉克斯坦、乌兹别克斯坦、爱沙尼亚等国,

2001—2020年期间从这些国家进口的矿产品金额分别为0.0001百万~1.651百万美元、0.001百万~0.593百万美元、0.134百万~0.914百万美元(表11-11,图11-11)。

表11-11　吉尔吉斯斯坦矿产品进口统计表　　　　　　　　　　　单位:百万美元

来源国	2001年	2002年	2003年	2004年	2005年	2006年	2007年	2008年	2009年	2010年
智利	1.508	2.266	0.722	—	—	—	—	—	—	—
哈萨克斯坦	0.853	1.109	0.871	0.966	1.811	2.391	2.438	3.086	2.345	2.597
塔吉克斯坦	0.709	1.060	1.052	0.104	—	—	—	0.139	1.366	—
乌兹别克斯坦	0.034	—	—	0.001	—	—	0.593	—	0.129	—
俄罗斯	0.0003	0.053	0.081	0.140	0.024	1.103	5.329	0.924	0.780	2.564
爱沙尼亚	—	—	0.914	—	—	0.134	—	—	—	—
蒙古国	—	—	—	—	—	—	—	1.943	3.219	—
其他	0.346	0.064	0.065	—	0.002	0.003	0.006	0.009	0.001	0.369
合计	3.451	4.551	3.704	1.211	1.836	3.631	10.309	7.377	4.620	5.530
来源国	2011年	2012年	2013年	2014年	2015年	2016年	2017年	2018年	2019年	2020年
智利	—	—	—	—	—	—	—	—	—	—
哈萨克斯坦	4.576	4.331	6.346	4.142	3.975	2.132	2.147	4.051	2.272	3.184
塔吉克斯坦	0.003	1.556	1.651	0.009	0.003	0.034	0.001	0.0001	0.0002	0.0001
乌兹别克斯坦	—	—	—	—	—	—	0.002	0.002	0.025	0.004
俄罗斯	4.479	6.912	6.678	0.0002	0.002	—	0.003	0.002	0.012	—
爱沙尼亚	—	—	—	—	—	—	—	—	—	—
蒙古国	—	—	—	—	0.441	0.117	0.218	—	—	—
其他	0.437	0.839	0.320	0.170	0.009	0.039	0.029	0.046	0.032	0.005
合计	9.495	13.638	14.995	4.321	4.430	2.433	2.400	4.101	2.341	3.194

注:1.数据来源于UN Comtrade Database(http://comtrade.un.org/)。
　　2."—"表示未收集到相关数据。

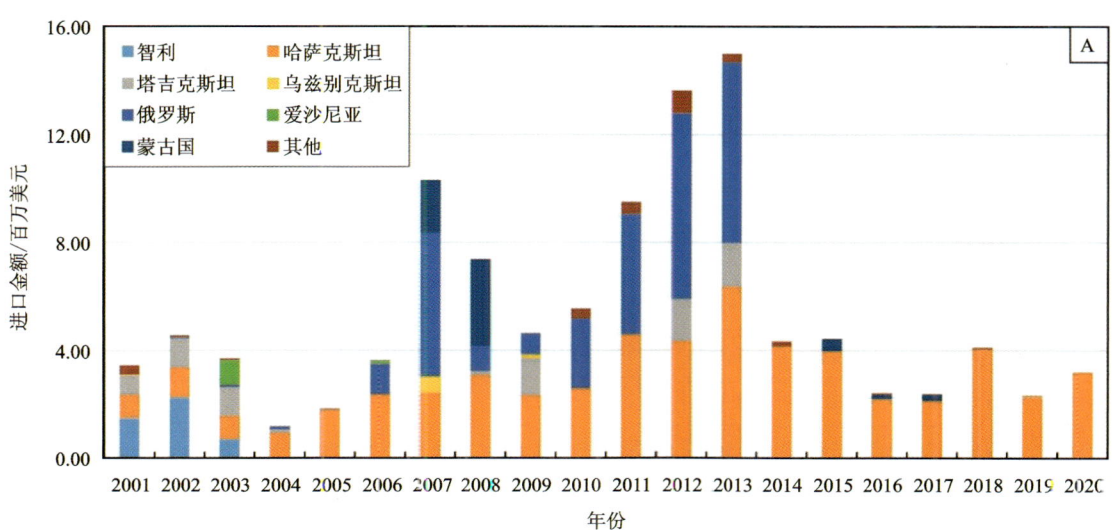

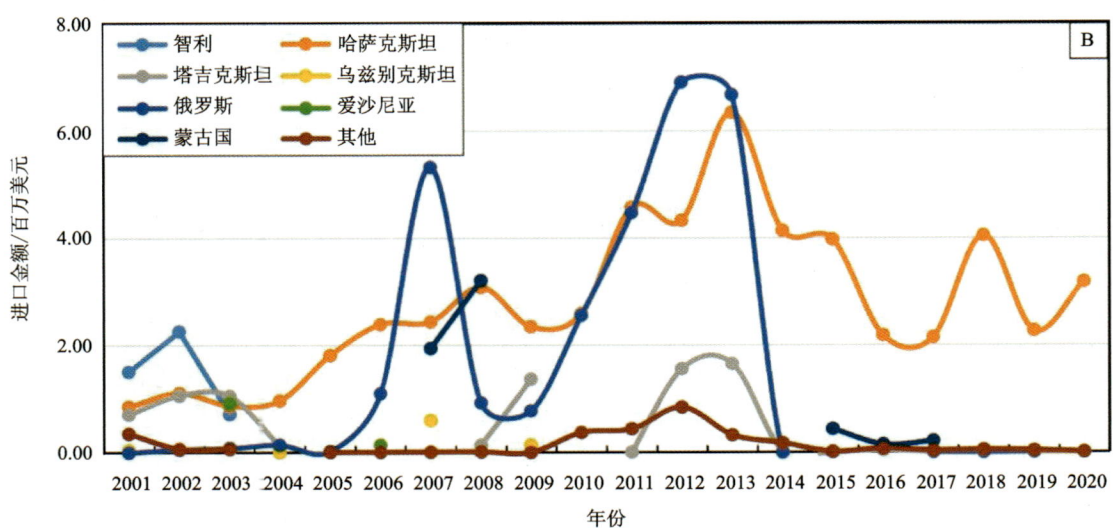

图 11-11 吉尔吉斯斯坦矿产品进口来源

2. 出口情况

吉尔吉斯斯坦绝大多数矿产品出口至哈萨克斯坦,2001—2020 年期间出口该国的矿产品金额为 0.000 2 百万~129.514 百万美元,占其出口总金额的 0.02%~94.37%;其次是中国,2001—2020 年期间出口该国的矿产品金额为 0.020 百万~42.722 百万美元,占其出口总金额的 0.64%~98.44%;吉尔吉斯斯坦也有部分矿产品出口至俄罗斯、乌兹别克斯坦、拉脱维亚等国,2001—2020 年期间出口这些国家的矿产品金额分别为 0.000 01 百万~4.912 百万美元、0.000 001 百万~0.596 百万美元、0.01 百万~0.79 百万美元(表 11-12,图 11-12)。

表 11-12 吉尔吉斯斯坦矿产品出口统计表　　　　　单位:百万美元

目标国	2001 年	2002 年	2003 年	2004 年	2005 年	2006 年	2007 年	2008 年	2009 年	2010 年
哈萨克斯坦	0.550	0.111	0.113	0.045	—	0.001	0.003	0.003	0.000 5	0.000 2
俄罗斯	0.220	0.293	0.030	0.000 02	0.977	2.629	4.912	3.578	2.431	0.000 01
乌兹别克斯坦	0.001	0.007	—	—	0.000 001	0.005	—	0.596	—	0.006
拉脱维亚	—	—	—	0.046	0.078	0.371	0.793	0.320	—	—
中国						0.048	0.020	0.172	0.109	0.083	0.574
其他	0.012	0.009	0.029	0.001	0.018	0.039	0.039	0.009	0.010	0.003
合计	0.783	0.420	0.173	0.092	1.120	3.064	5.919	4.616	2.524	0.583
目标国	2011 年	2012 年	2013 年	2014 年	2015 年	2016 年	2017 年	2018 年	2019 年	2020 年
哈萨克斯坦	7.744	25.220	17.447	38.392	18.700	25.387	108.722	97.657	129.514	100.196
俄罗斯	—	0.004	0.000 03	0.002	0.009	—	—	0.000 1	0.001	
乌兹别克斯坦				0.002	0.005	0.036	0.006	—	0.008	
拉脱维亚	—	—	—	0.009	—	—	—	—	—	—
中国	9.443	30.255	1.038	2.811	0.805	42.722	35.000	20.413	26.809	17.553
其他	0.148	0.181	0.004	0.173	0.298	0.140	1.026	6.496	6.364	4.548
合计	17.336	55.660	18.488	41.389	19.816	68.285	144.754	124.566	162.695	122.297

注:1. 数据来源于 UN Comtrade Database(http://comtrade.un.org/)。
　　2. "—"表示未收集到相关数据。

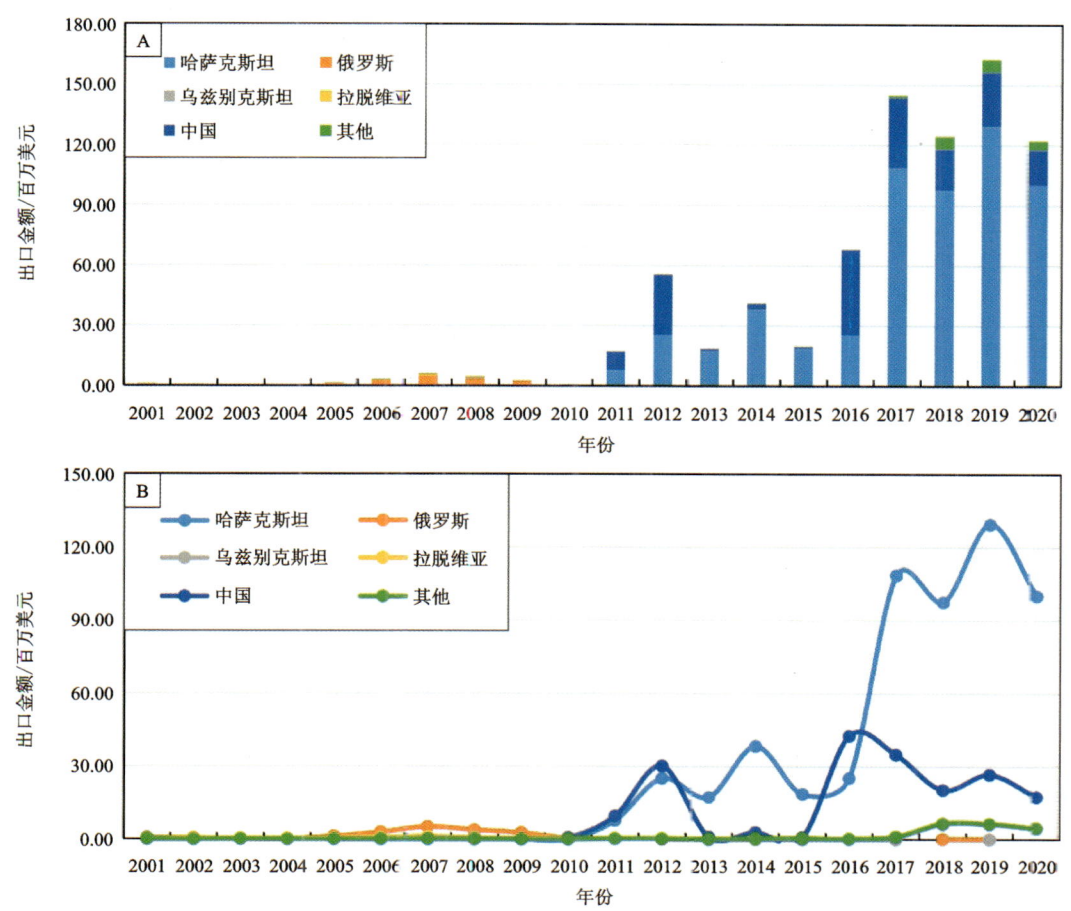

图 11-12　吉尔吉斯斯坦矿产品出口目标

六、巴基斯坦——矿产品进口国转变为出口国

巴基斯坦矿产品贸易体量相对较小,总体呈现分阶段的变化趋势,以 2009 年为界,前期以矿产品进口为主,后期以矿产品出口为主(表 11-1,图 11-1)。2003—2020 年期间(未收集到 2001—2002 年数据),巴基斯坦矿产品进口金额仅为 1.69 百万~188.96 百万美元,总体呈现先增加、后减少的"Λ"字形变化趋势(表 11-1,图 11-1);而其出口金额仅为 8.08 百万~168.23 百万美元,则表现为先快速增加、后基本平稳(缓慢下降)的变化趋势(表 11-1,图 11-1)。

1. 进口情况

巴基斯坦矿产品进口主要来源于印度和伊朗,2003—2020 年期间从该国进口的矿产品金额分别为 0.004 百万~84.704 百万美元、0.005 百万~90.561 百万美元,占其进口总金额的 0.02%~69.72%、0.10%~83.20%,其中,印度(2003—2007 年)和伊朗(2008—2012 年)都曾是巴基斯坦矿产品进口第一大来源国;其次是澳大利亚、阿曼、毛里塔尼亚、阿联酋等国,2003—2020 年期间从该国进口的矿产品金额分别为 0.108 百万~21.595 百万美元、0.003 百万~14.874 百万美元、0.021 百万~11.700 百万美元、0.001 百万~12.883 百万美元,占其进口总金额的 0.19%~26.59%、0.02%~35.78%、0.02%~42.08%、0.001%~46.34%;巴基斯坦也有部分矿产品来源于中国、巴林、南非等国,2003—2020 年期间从该国进口的矿产品金额分别为 0.014 百万~1.903 百万美元、0.018 百万~7.366 百万美元、0.012 百万~8.034 百万美元(表 11-13,图 11-13)。

表 11-13 巴基斯坦矿产品进口统计表　　　　　　　　　　　　　　　　　　　单位:百万美元

来源国	2001年	2002年	2003年	2004年	2005年	2006年	2007年	2008年	2009年	2010年
印度	—	—	28.214	30.577	64.873	46.201	60.724	84.704	13.866	3.605
澳大利亚	—	—	14.001	8.946	12.243	17.340	21.595	12.435	0.143	0.175
伊朗	—	—	4.355	3.702	19.728	19.341	18.431	90.561	61.836	11.414
中国	—	—	0.022	0.052	0.106	0.104	0.035	0.016	0.090	0.090
巴林	—	—	—	—	—	0.018	0.103	0.080	0.091	0.037
阿曼	—	—	—	0.014	0.024	—	—	—	—	0.003
毛里塔尼亚	—	—	—	5.515	—	—	0.021	—	—	—
阿联酋	—	—	—	0.051	—	0.096	0.038	—	0.003	0.001	0.049
南非	—	—	0.213	0.113	0.091	0.049	0.023	0.163	0.101	0.016
其他	—	—	0.280	0.451	0.370	2.754	0.319	1.001	0.334	1.893
合计	—	—	52.650	43.856	97.530	85.866	101.230	188.962	76.461	17.283
来源国	2011年	2012年	2013年	2014年	2015年	2016年	2017年	2018年	2019年	2020年
印度	5.179	1.004	0.027	1.574	1.111	1.690	2.128	0.105	—	—
澳大利亚	0.296	1.585	8.520	0.200	0.268	0.214	0.181	0.168	0.118	0.108
伊朗	38.170	3.828	5.578	—	—	—	0.013	—	—	0.005
中国	0.014	1.033	0.219	0.283	0.214	1.903	0.959	1.646	0.092	0.364
巴林	—	7.366	—	—	—	—	—	—	—	—
阿曼	0.064	5.624	14.874	0.108	4.421	0.103	0.130	0.056	0.253	0.087
毛里塔尼亚	—	—	8.919	11.700	—	—	—	—	—	—
阿联酋	0.261	0.042	3.077	12.883	7.087	2.382	0.255	0.222	—	0.152
南非	0.034	0.056	0.012	0.033	8.034	0.067	0.153	0.211	0.151	0.948
其他	1.862	1.580	0.339	1.056	0.467	0.389	0.806	0.532	1.075	3.254
合计	45.880	25.118	41.565	27.803	21.601	6.748	4.625	2.940	1.690	4.918

注:1.数据来源于 UN Comtrade Database(http://comtrade.un.org/)。

2."—"表示未收集到相关数据。

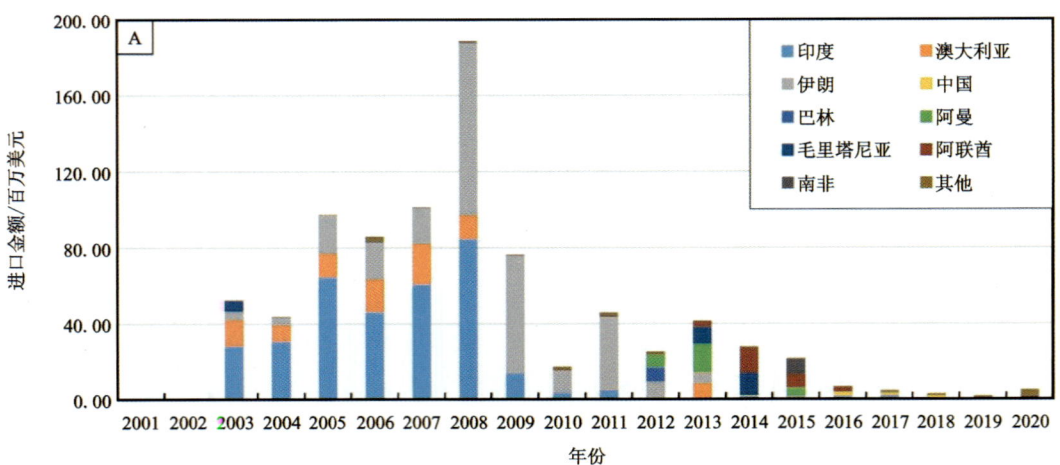

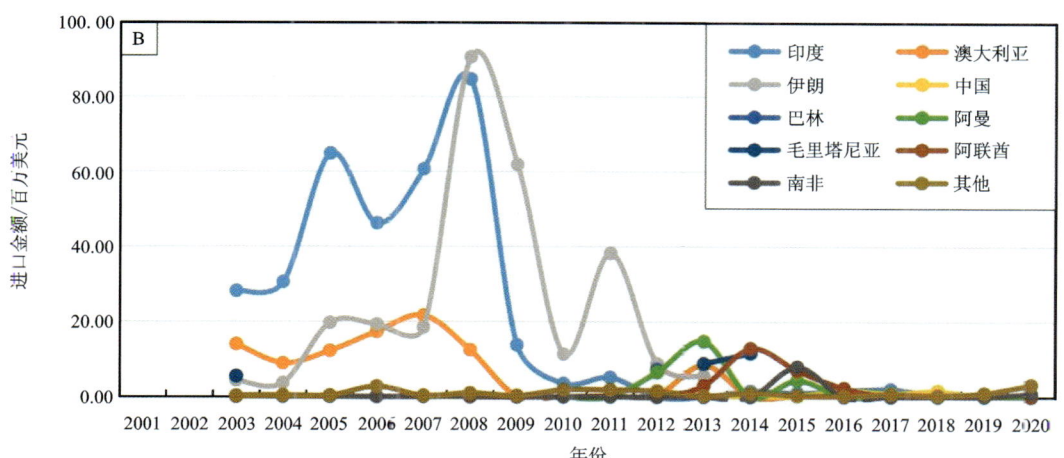

图 11-13 巴基斯坦矿产品进口来源

2. 出口情况

巴基斯坦绝大多数矿产品出口至中国,2003—2020 年期间出口中国的矿产品金额为 4.75 百万~158.63 百万美元,占其出口总金额的 58.80%~95.32%;其次是日本、俄罗斯、印度,2003—2020 年期间出口这些国家的矿产品金额分别为 0.592 百万~7.307 百万美元、0.064 百万~6.610 百万美元、0.006 百万~6.123 百万美元,占其出口总金额的 0.87%~8.65%、0.05%~4.81%、0.01%~7.05%;巴基斯坦也有部分矿产品出口至德国、韩国、西班牙、阿联酋等国,2003—2020 年期间出口这些国家的矿产品金额分别为 0.003 百万~2.124 百万美元、0.141 百万~1.840 百万美元、0.112 百万~1.526 百万美元、0.023 百万~1.627 百万美元(表 11-14,图 11-14)。

表 11-14 巴基斯坦矿产品出口统计表　　　　　　　　单位:百万美元

目标国	2001 年	2002 年	2003 年	2004 年	2005 年	2006 年	2007 年	2008 年	2009 年	2010 年
中国	—	—	4.751	8.805	25.629	27.836	87.712	158.631	74.900	149.799
德国	—	—	0.652	0.243	—	0.513	0.539	2.124	0.127	—
日本	—	—	0.592	0.923	1.786	0.975	2.141	2.388	0.704	2.215
俄罗斯	—	—	0.389	0.385	—	—	0.296	—	2.159	6.610
韩国	—	—	0.141	0.189	0.489	0.263	0.729	1.240	0.608	1.356
西班牙	—	—	0.112	0.491	0.259	0.152	0.231	0.413	0.166	0.482
阿联酋	—	—	—	—	—	0.113	1.627	1.520	0.054	0.023
印度	—	—	—	—	—	0.337	0.976	0.781	0.309	0.989
其他	—	—	1.444	3.586	2.890	1.593	2.626	1.136	1.585	3.477
合计	—	—	8.080	14.624	31.053	31.792	96.876	168.232	80.611	164.950
目标国	2011 年	2012 年	2013 年	2014 年	2015 年	2016 年	2017 年	2018 年	2019 年	2020 年
中国	112.681	120.850	129.174	91.668	70.649	77.664	98.466	66.894	86.117	77.274
德国	—	0.047	0.247	—	—	0.003	0.094	0.019	0.010	—
日本	1.692	1.799	2.337	4.479	7.307	3.450	4.274	5.316	2.387	1.390
俄罗斯	—	—	0.054	—	—	0.162	—	—	0.549	0.942
韩国	0.943	1.153	1.052	1.105	1.086	0.958	1.163	1.192	1.120	1.830

续表 11-14

目标国	2001 年	2002 年	2003 年	2004 年	2005 年	2006 年	2007 年	2008 年	2009 年	2010 年
西班牙	0.573	0.437	0.419	0.660	0.576	0.305	0.766	1.526	1.333	0.820
阿联酋	0.078	—	—	—	0.120	—	0.105	0.205	0.101	0.122
印度	0.560	0.367	0.582	1.671	3.152	6.123	6.033	5.872	0.206	0.006
其他	2.262	2.251	1.636	2.807	1.580	1.914	1.942	2.228	2.095	2.242
合计	118.790	126.904	135.510	102.389	84.469	90.580	112.842	83.252	93.918	84.624

注：1. 数据来源于 UN Comtrade Database(http://comtrade.un.org/)。
2. "—"表示未收集到相关数据。

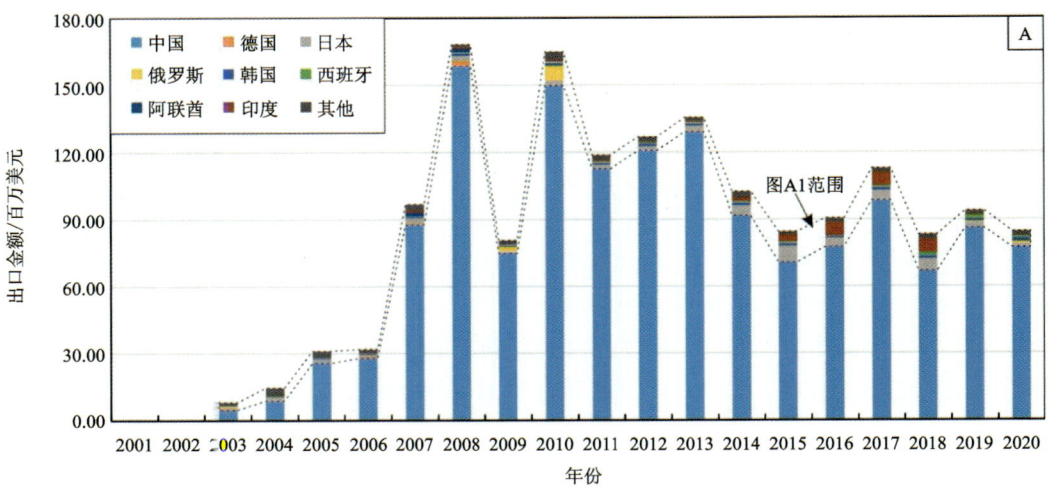

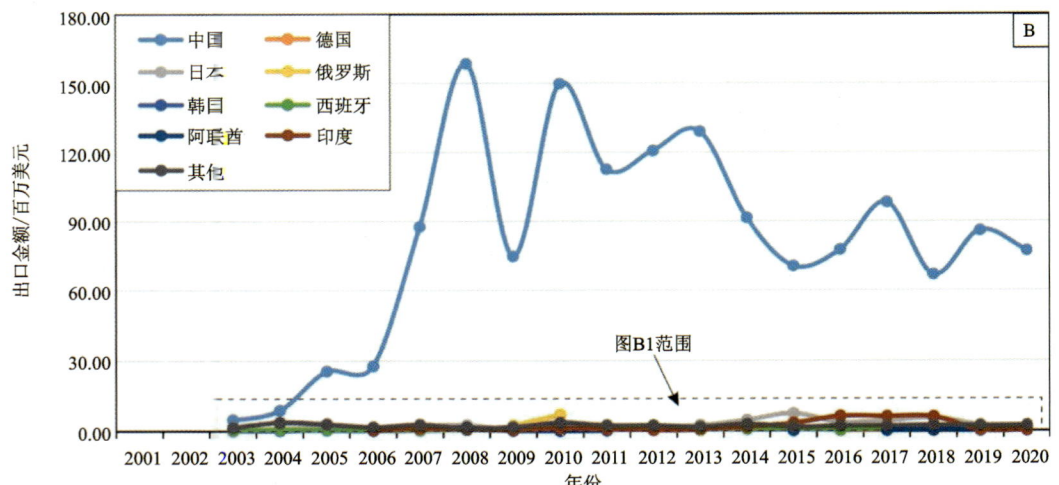

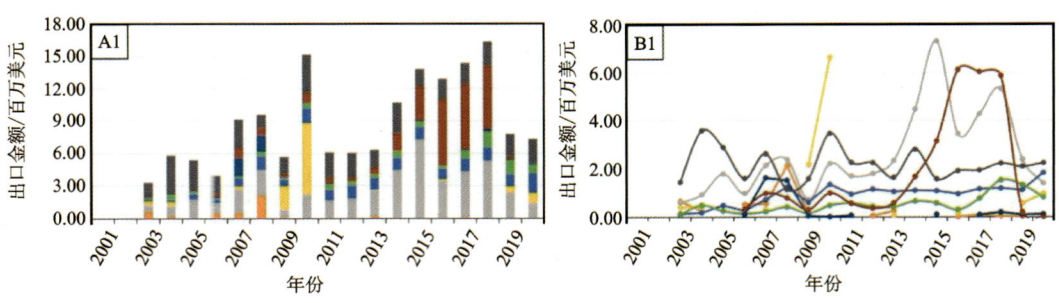

图 11-14　巴基斯坦矿产品出口目标

七、俄罗斯——矿产品进口国转变为出口国

俄罗斯是上合组织成员国中较为重要的矿产品贸易国,总体呈现分阶段的变化趋势,以2005年为界,前期以矿产品进口为主,后期以矿产品出口为主(表11-1,图11-1)。2001—2020年期间,俄罗斯矿产品进口金额为200.07百万~2 307.25百万美元,总体呈现多峰式的变化趋势,其中2010—2011年俄罗斯矿产品进口呈断崖式下跌,主要是因为当年统计数据中未包含哈萨克斯坦(表11-15,图11-15);而其出口金额为264.76百万~4 329.57百万美元,总体呈现先增加、后减少、再增加的"N"字形变化趋势(表11-16,图11-16)。

表11-15 俄罗斯矿产品进口统计表　　　　　单位:百万美元

来源国	2001年	2002年	2003年	2004年	2005年	2006年	2007年	2008年	2009年	2010年
哈萨克斯坦	364.82	387.36	460.71	987.57	787.80	790.40	1 038.45	1 615.17	920.94	—
南非	0.02	0.09	0.27	0.44	0.37	0.50	30.21	93.83	22.31	85.32
乌克兰	24.83	16.85	20.76	20.26	166.48	29.11	51.76	85.42	25.08	27.19
土耳其	26.97	15.00	19.55	22.81	15.61	21.62	66.52	250.01	27.03	20.02
智利	—	—	—	1.32	0.92	0.04	—	0.38	0.69	4.28
中国	1.35	1.19	1.06	1.88	3.52	3.47	5.59	10.86	4.79	5.77
荷兰	0.28	0.30	0.89	0.85	1.19	2.03	4.43	7.23	5.44	7.86
美国	0.45	0.46	1.31	0.08	1.39	0.04	5.89	146.42	7.23	3.75
其他	78.03	59.44	70.41	45.03	62.32	66.76	79.40	97.91	30.24	39.87
合计	496.74	480.69	574.96	1 080.24	1 039.59	914.37	1 282.25	2 307.25	1 043.75	200.07
来源国	2011年	2012年	2013年	2014年	2015年	2016年	2017年	2018年	2019年	2020年
哈萨克斯坦	—	1 477.23	1 439.61	1 576.62	763.02	725.73	1 051.51	1 182.21	1 544.40	1 557.33
南非	69.59	105.56	146.61	143.75	119.89	135.12	146.64	239.68	182.54	150.08
乌克兰	33.44	116.04	74.25	62.70	46.24	55.26	76.36	98.39	107.65	63.83
土耳其	42.33	31.82	5.29	0.27	5.78	0.59	0.52	12.20	14.41	0.16
智利	11.96	6.54	2.99	31.60	32.57	11.98	89.34	136.72	65.79	28.14
中国	9.38	28.29	12.54	10.30	7.19	5.23	4.85	6.39	22.63	20.95
荷兰	14.90	9.86	7.28	12.30	14.87	12.02	25.60	24.15	27.86	18.49
美国	13.61	7.18	6.65	12.22	11.88	5.09	12.67	6.61	13.91	15.09
其他	90.84	111.03	59.05	60.52	109.90	57.36	184.95	213.15	313.01	91.86
合计	286.05	1 893.56	1 754.27	1 910.28	1 111.34	1 008.38	1 592.46	1 919.50	2 292.19	1 945.94

注:1.数据来源于UN Comtrade Database(http://comtrade.un.org/)。
　　2."—"表示未收集到相关数据。

1. 进口情况

俄罗斯矿产品进口绝大多数来源于哈萨克斯坦,2001—2020年期间从该国进口的矿产品金额高达364.82百万~1 615.17百万美元,占其进口总金额的61.59%~91.42%;其次是南非、乌克兰、土耳其,

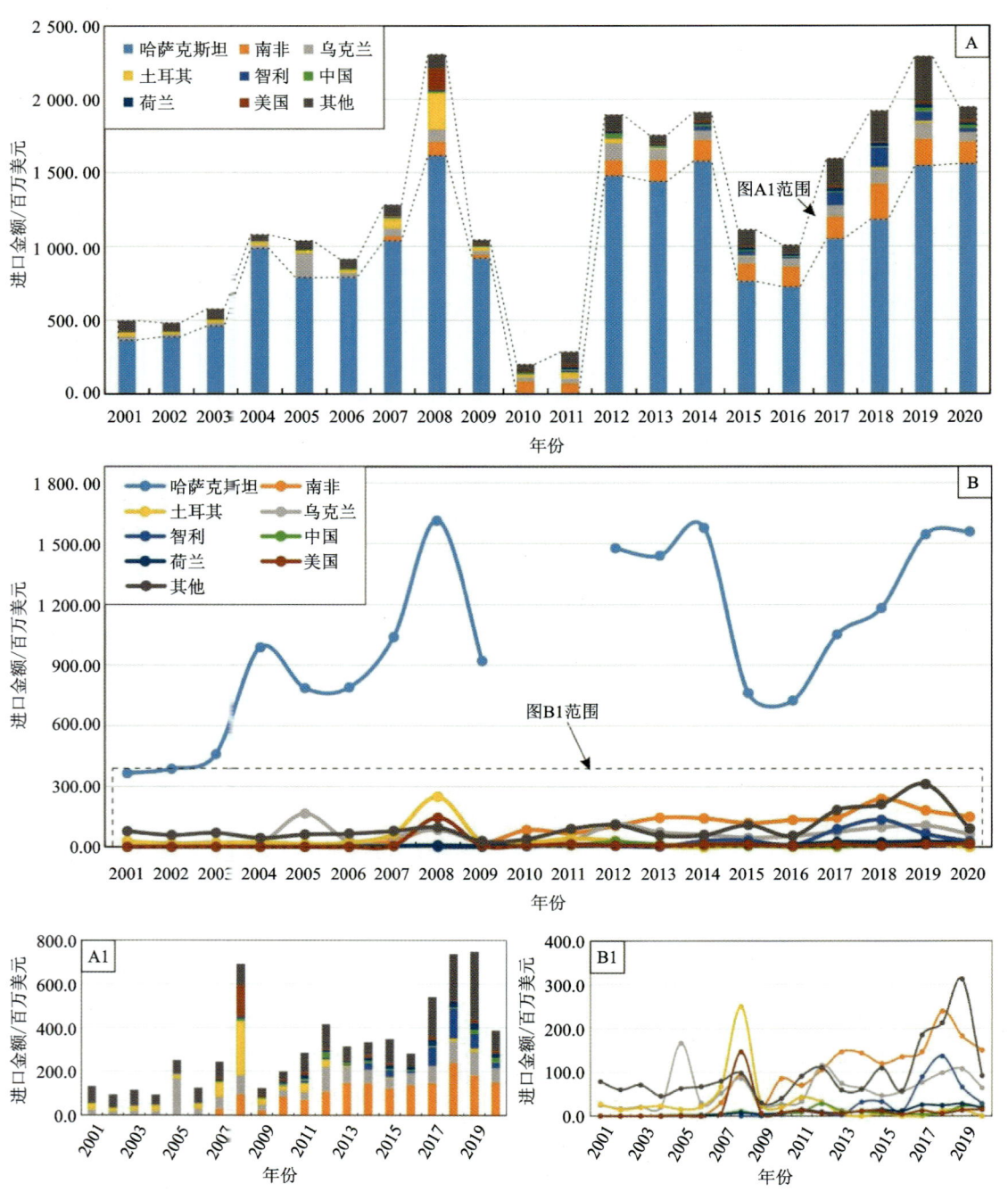

图 11-15 俄罗斯矿产品进口来源

2001—2020 年期间从这些国家进口的矿产品金额分别为 0.02 百万～239.68 百万美元、16.85 百万～166.48 百万美元、0.16 百万～250.01 百万美元,占其进口总金额的 0.003%～42.65%、1.88%～16.01%、0.008%～14.80%;俄罗斯也有一定份额的矿产品来源于智利、中国、荷兰、美国等国,2001—2020 年期间从这些国家进口的矿产品金额分别为 0.04 百万～136.72 百万美元、1.06 百万～28.29 百万美元、0.28 百万～27.86 百万美元、0.04 百万～146.42 百万美元(表 11-15,图 11-15)。

2. 出口情况

俄罗斯矿产品出口总体呈现分阶段的变化趋势,2005 年以前主要出口至斯洛伐克、波兰和捷克;2005 年以来,特别是 2008 年以来,俄罗斯出口至中国的矿产品占其出口总金额的 1/3 以上。其中,中国是俄罗斯最为重要的矿产品出口目标国,俄罗斯在 2001—2020 年期间出口至中国的矿产品金额为 12.01 百万~2 675.24 百万美元,占其出口总金额的 3.56%~66.42%(表 11-16,图 11-16)。

表 11-16 俄罗斯矿产品出口统计表　　　　　　　　　　　　　单位:百万美元

目标国	2001 年	2002 年	2003 年	2004 年	2005 年	2006 年	2007 年	2008 年	2009 年	2010 年
中国	12.85	21.61	12.01	72.24	217.90	163.35	380.91	751.68	662.10	967.86
哈萨克斯坦	7.13	7.05	5.33	25.06	32.66	27.61	108.75	197.32	12.35	—
乌克兰	75.07	56.63	95.00	76.42	102.20	72.68	152.89	185.13	131.63	151.13
德国	13.21	15.49	10.54	23.38	5.28	—	—	22.17	1.81	18.35
斯洛伐克	36.30	29.94	36.86	56.69	93.15	99.39	152.24	205.33	88.95	241.68
日本	17.66	8.41	15.82	31.61	27.04	1.27	8.96	19.57	7.56	10.26
土耳其	4.09	—	—	1.65	6.77	29.64	5.54	2.51	40.97	37.62
荷兰	8.89	12.01	17.51	15.45	101.05	34.82	34.00	106.35	55.49	250.81
芬兰	28.59	23.01	30.02	31.02	70.79	88.48	18.70	15.89	0.23	10.71
波兰	16.09	21.09	26.38	125.11	113.20	143.36	267.20	343.66	24.71	61.91
捷克	16.16	29.83	45.02	76.47	106.07	140.23	158.29	178.30	39.36	104.63
其他	30.67	39.69	42.39	93.18	205.81	253.58	304.65	346.91	111.62	304.11
合计	266.73	264.76	336.86	628.28	1 081.92	1 054.41	1 592.12	2 374.81	1 176.77	2 159.07
目标国	2011 年	2012 年	2013 年	2014 年	2015 年	2016 年	2017 年	2018 年	2019 年	2020 年
中国	2 675.24	2 036.07	1 824.59	1 034.74	755.13	767.04	1 042.66	1 394.39	1 854.42	2 164.96
哈萨克斯坦	—	503.59	272.02	400.69	341.76	375.15	344.09	329.52	379.12	420.24
乌克兰	140.25	189.16	272.25	213.81	106.56	57.38	234.76	467.13	571.61	204.63
德国	26.15	8.71	23.98	34.20	39.41	45.96	118.63	112.02	187.29	158.43
斯洛伐克	249.42	173.29	126.46	163.15	105.85	93.14	117.38	146.40	108.20	126.62
日本	16.31	33.29	117.33	166.95	105.16	128.15	96.22	105.76	105.50	107.36
土耳其	69.86	122.20	154.45	239.95	125.84	112.49	179.23	123.95	108.66	97.59
荷兰	178.11	223.17	154.51	83.33	11.13	29.08	82.51	76.35	13.80	70.07
芬兰	6.74	42.21	69.27	72.94	54.10	66.20	109.88	100.31	182.92	54.01
波兰	83.22	95.88	100.61	60.51	24.83	41.64	123.56	34.75	0.16	7.84
捷克	175.08	113.11	73.14	71.51	30.01	29.93	41.84	9.96	11.78	48.44
其他	407.14	347.56	427.08	758.73	259.68	297.53	581.30	771.73	676.55	569.36
合计	4 027.53	3 888.23	3 615.69	3 300.52	1 959.46	2 043.59	3 072.05	3 672.27	4 200.01	4 329.57

注:1. 数据来源于 UN Comtrade Database(http://comtrade.un.org/)。

　　2. "—"表示未收集到相关数据。

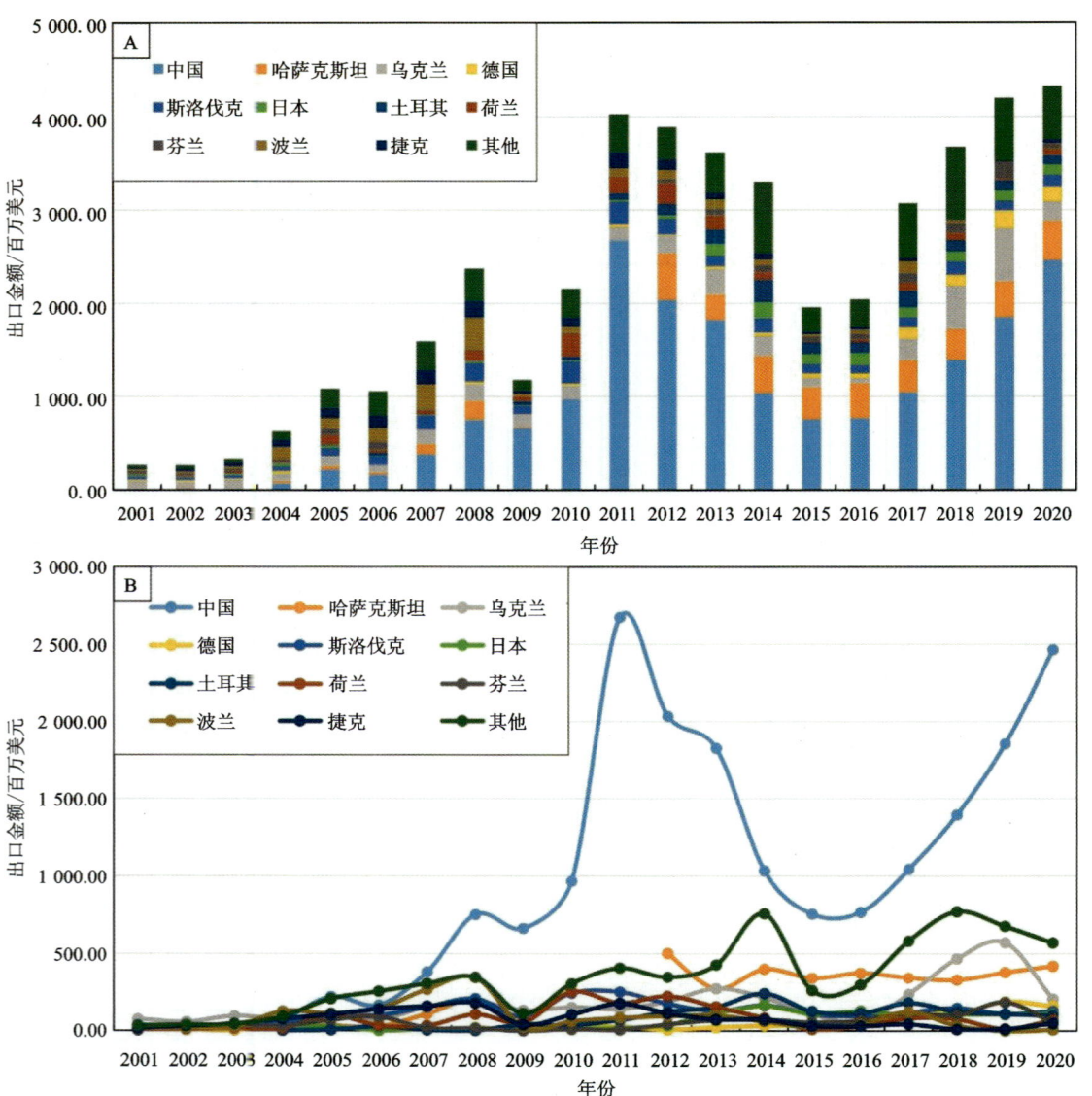

图 11-16 俄罗斯矿产品出口目标

哈萨克斯坦、乌克兰、斯洛伐克、波兰、捷克是俄罗斯较为重要的矿产品出口目标国。2001—2020年期间,俄罗斯出口这些国家的矿产品金额分别为 5.33 百万～503.59 百万美元、56.63 百万～571.61 百万美元、29.94 百万～249.42 百万美元、0.16 百万～343.66 百万美元、9.96 百万～178.30 百万美元,占其出口总金额的 1.05%～18.36%、2.81%～28.20%、2.58%～13.61%、0.004%～19.91%、0.27%～13.36%(表 11-16,图 11-16)。

俄罗斯也有一定份额的矿产品出口至德国、日本、土耳其、荷兰、芬兰等国,2001—2020 年期间出口这些国家的矿产品金额分别为 1.81 百万～187.29 百万美元、1.27 百万～166.95 百万美元、1.65 百万～239.95 百万美元、8.89 百万～250.81 百万美元、0.23 百万～182.92 百万美元(表 11-16,图 11-16)。

八、塔吉克斯坦——典型的矿产品出口国

塔吉克斯坦矿产品贸易体量相对较小,是典型的矿产品出口国,矿产品出口明显大于进口(表 11-1,

图 11-1)。2016—2020 年期间,塔吉克斯坦矿产品进口金额仅为 0.278 百万~1.351 百万美元,表现为减少、增加、再减少的变化趋势(表 11-17,图 11-17);而其出口金额却高达 158.24 百万~400.13 百万美元,则呈现先增加、后减少的"A"字形变化趋势(表 11-18,图 11-18)。

1. 进口情况

塔吉克斯坦矿产品进口相对较少,绝大多数来源于俄罗斯,2016—2020 年期间从该国进口的矿产品金额为 0.261 百万~0.976 百万美元,占其进口总金额的 45.05%~97.83%;塔吉克斯坦也有部分矿产品来源于乌兹别克斯坦、伊朗、中国、乌克兰、哈萨克斯坦等国,2016—2020 年期间从这些国家进口的矿产品金额分别为 0.002 百万~0.702 百万美元、0.003 百万~0.038 百万美元、0.001 百万~0.040 百万美元、0.068 百万~0.087 百万美元、0.003 百万美元(表 11-17,图 11-17)。

表 11-17 塔吉克斯坦矿产品进口统计表　　　　　　　　　　　　　　　　单位:百万美元

来源国	2016 年	2017 年	2018 年	2019 年	2020 年
俄罗斯	0.400	0.261	0.485	0.609	0.976
乌兹别克斯坦	—	0.002	0.012	0.702	0.019
伊朗				0.038	—	0.003
中国	0.028	0.012	0.001	0.040	
乌克兰	0.087	—	0.068		
哈萨克斯坦	—	0.003	—		
合计	0.515	0.278	0.603	1.351	0.997

注:1. 数据来源于 UN Comtrade Database(http://comtrade.un.org/)。
　　2. "—"表示未收集到相关数据。

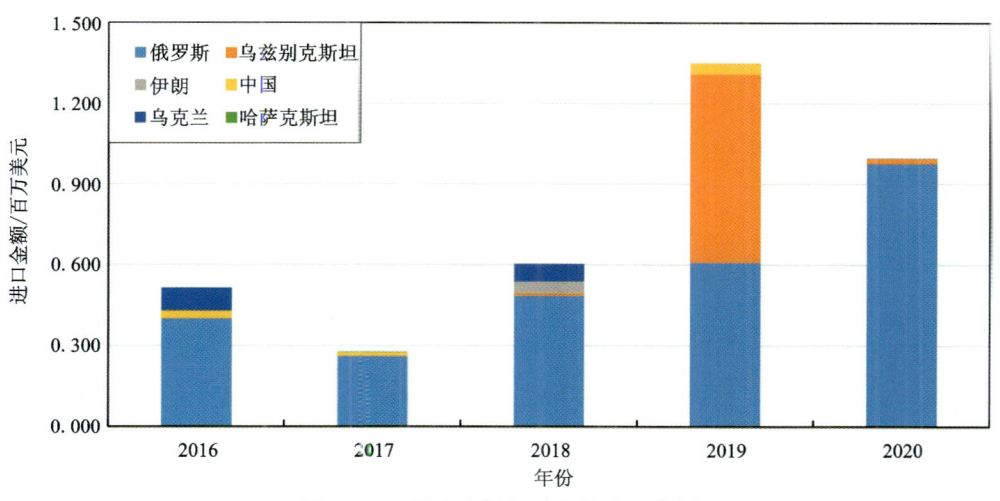

图 11-17　塔吉克斯坦矿产品进口来源

2. 出口情况

塔吉克斯坦绝大多数矿产品出口至哈萨克斯坦,2016—2020 年期间出口该国的矿产品金额为 140.09 百万~316.99 百万美元,占其出口总金额的 69.79%~88.53%;其次是中国和乌兹别克斯坦,2016—2020 年期间出口这些国家的矿产品金额分别为 13.89 百万~31.38 百万美元、3.28 百万~70.36 百万美元,占其出口总金额的 7.51%~9.84%、2.07%~19.09%;塔吉克斯坦也有部分矿产品出口至荷兰、英国,2016—2020 年期间出口这些国家的矿产品金额分别为 0.59 百万~4.46 百万美元、0.28 百万~1.42 百万美元;塔吉克斯坦出口吉尔吉斯斯坦、俄罗斯、安圭拉、伊朗等国的矿产品相对较少(表 11-18,图 11-18)。

表 11-18　塔吉克斯坦矿产品出口统计表　　　　　　　　　　单位：百万美元

目标国	2016年	2017年	2018年	2019年	2020年
哈萨克斯坦	183.01	316.99	292.14	207.19	140.09
中国	23.31	29.07	31.38	29.20	13.89
乌兹别克斯坦	29.29	36.66	70.98	56.68	3.28
荷兰	2.92	4.07	4.46	2.39	0.99
英国	0.28	0.53	1.16	1.42	—
吉尔吉斯斯坦	—	—	—	—	0.000 05
俄罗斯	0.004	—	0.000 2	—	—
安圭拉	0.30	—	—	—	—
伊朗	0.008	—	—	—	—
合计	239.12	387.33	400.13	296.89	158.24

注：1. 数据来源于 UN Comtrade Database(http://comtrade.un.org/)。
　　2. "—"表示未收集到相关数据。

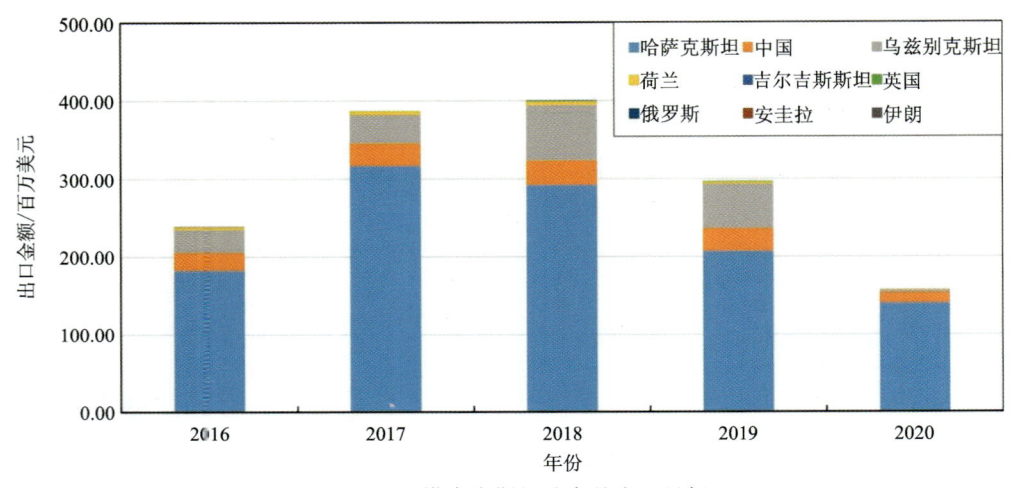

图 11-18　塔吉克斯坦矿产品出口目标

九、乌兹别克斯坦——典型的矿产品进口国

乌兹别克斯坦矿产品贸易体量相对较小，是典型的矿产品进口国，矿产品进口明显大于出口(表 11-1，图 11-1)。2017—2020 年期间，乌兹别克斯坦矿产品进口金额为 99.913 百万～345.580 百万美元(表 11-19，图 11-19)，而其出口金额仅为 0.369 百万～43.643 百万美元，均呈现先增加、后减少的"Λ"字形变化趋势(表 11-20，图 11-20)。

1. 进口情况

乌兹别克斯坦矿产品进口绝大多数来源于哈萨克斯坦和塔吉克斯坦(第一大来源国和第二大来源国)，2017—2020 年期间从该国进口的矿产品金额分别为 56.383 百万～273.157 百万美元、14.586 百万～65.439 百万美元，占其进口总金额的 49.79%～81.20%、5.91%～48.18%。乌兹别克斯坦从俄罗斯、阿塞拜疆和格鲁吉亚进口一定份额的矿产品，2017—2020 年期间从这些国家进口的矿产品金额分别为 0.008 百万～16.064 百万美元、7.019 百万～10.478 百万美元、1.175 百万～9.283 百万美元；乌兹别克斯坦也有少量的矿产品来源于中国、荷兰、乌克兰、吉尔吉斯斯坦等国（表 11-19，图 11-19）。

表 11-19　乌兹别克斯坦矿产品进口统计表　　　　　　　　　　　　　　　　　单位：百万美元

来源国	2017 年	2018 年	2019 年	2020 年
哈萨克斯坦	56.383	67.619	273.157	200.483
俄罗斯	0.008	1.043	4.541	16.064
塔吉克斯坦	39.078	65.439	50.529	14.586
阿塞拜疆	—	—	7.019	10.478
格鲁吉亚	3.300	1.175	9.283	3.539
中国	0.088	0.088	0.613	1.273
荷兰	0.082	0.036	0.041	0.052
乌克兰	0.124	0.013	0.060	0.008
吉尔吉斯斯坦	0.039	—	0.008	0.004
其他	0.812	0.400	0.329	0.404
合计	99.913	135.814	345.580	246.888

注：1. 数据来源于 UN Comtrade Database(http://comtrade.un.org/)。
　　2. "—"表示未收集到相关数据。

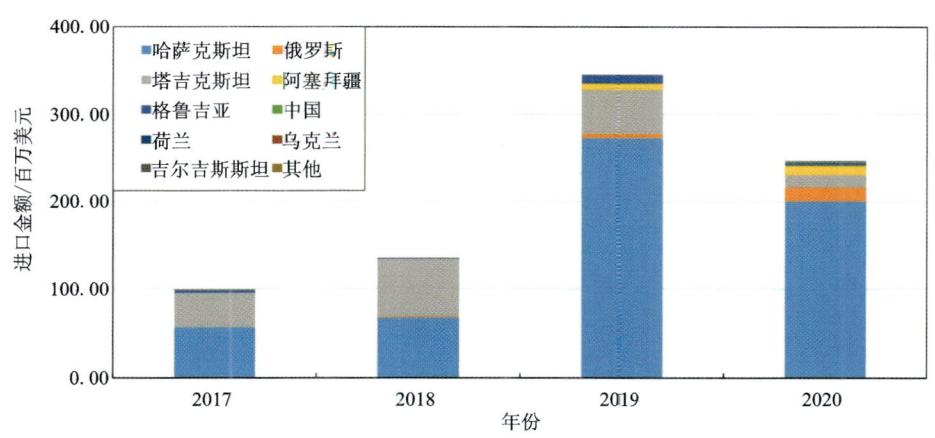

图 11-19　乌兹别克斯坦矿产品进口来源

2. 出口情况

乌兹别克斯坦绝大多数矿产品出口至哈萨克斯坦，2017—2020 年期间出口该国的矿产品金额高达 19.425 百万～42.527 百万美元，占其出口总金额的 89.15%～98.89%；乌兹别克斯坦也有少量的矿产品出口至瑞士、英国、吉尔吉斯斯坦、中国、塔吉克斯坦、印度、巴基斯坦、俄罗斯、越南、荷兰等国（表 11-20，图 11-20）。

表 11-20　乌兹别克斯坦矿产品出口统计表　　　　　　　　　　　　　　　　　单位：百万美元

目标国	2017 年	2018 年	2019 年	2020 年
哈萨克斯坦	—	19.425	42.527	24.743
瑞士	—	—	—	2.728
英国	—	—	—	0.117

续表 11-20

目标国	2017 年	2018 年	2019 年	2020 年
吉尔吉斯斯坦	0.002	0.001	0.022	0.058
中国	0.001	—	0.013	0.056
塔吉克斯坦	0.003	0.007	0.787	—
印度	0.004	—	0.072	—
巴基斯坦	—	—	0.069	—
俄罗斯	0.358	—	0.002	0.003
越南	—	0.180	0.034	—
荷兰	—	0.017	0.033	—
其他	0.001	0.014	0.083	0.050
合计	0.369	19.644	43.643	27.755

注：1. 数据来源于 UN Comtrade Database(http://comtrade.un.org/)。
2. "—"表示未收集到相关数据。

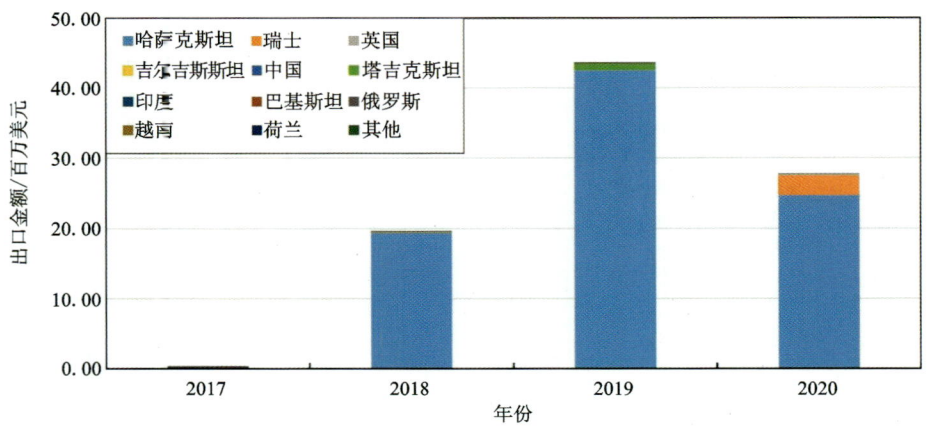

图 11-20 乌兹别克斯坦矿产品出口目标

第十二章 矿产品贸易(矿种)

一、印度——进口以铜矿为主,出口以铁矿为主

1. 矿产品进口以铜矿为主,铁矿、锰矿次之

印度矿产品进口以铜矿为主,铁矿、锰矿次之,其他矿产品相对较少。其中,铜矿及其精粉是印度进口最多的矿产品,2001—2020年的进口金额高达317.58百万~7 443.38百万美元,占其进口矿产品总金额的38.30%~90.42%(表12-1,图12-1)。

表12-1 印度各类矿产品进口金额统计表 单位:百万美元

矿种	2001年	2002年	2003年	2004年	2005年	2006年	2007年	2008年	2009年	2010年
铁矿	21.26	19.22	28.97	94.14	28.22	62.69	46.77	13.39	69.04	178.02
锰矿	2.07	2.32	1.98	27.38	23.23	21.98	96.92	519.65	108.39	367.76
铜矿	317.58	322.13	334.70	672.83	812.32	4 411.51	4 369.36	4 306.86	3 020.82	4 558.36
镍矿	0.15	0.09	0.38	0.03	—	0.11	0.77	4.17	1.70	2.50
钴矿	3.99	1.85	3.84	13.06	14.84	25.79	36.16	69.80	21.41	37.41
铝矿	2.86	3.42	4.32	7.81	9.11	8.43	18.59	25.90	18.11	24.25
铅矿	0.74	0.62	1.23	1.15	1.54	3.61	3.90	5.54	5.09	5.69
锌矿	13.04	15.38	22.92	32.60	10.36	84.94	77.37	57.55	30.03	69.44
锡矿	0.000 2	0.003	—	—	2.47	4.09	8.68	10.30	4.23	1.89
铬铁矿	3.15	0.28	0.26	0.49	1.42	1.55	19.93	29.31	10.21	25.02
钨矿	0.64	0.62	0.84	0.46	0.55	0.02	0.01	0.01	0.03	0.08
铀钍	—	—	—	—	—	—	—	—	0.06	—
钼矿	13.06	21.15	27.93	75.16	156.89	156.81	160.63	132.81	57.02	123.35
钛矿	0.03	0.04	2.65	1.44	3.01	7.86	10.33	6.32	12.61	21.36
铌钽钒锆	3.29	6.09	7.14	15.24	25.10	24.08	29.49	27.10	28.45	46.27
贵金属	0.13	—	1.31	4.25	1.58	0.13	—	—	0.32	7.06
其他	30.74	38.35	40.07	26.11	70.85	65.30	56.87	41.49	51.20	71.23
合计	412.73	431.56	478.54	972.15	1 161.49	4 878.90	4 935.78	5 250.20	3 438.72	5 540.69

续表 12-1

矿种	2011年	2012年	2013年	2014年	2015年	2016年	2017年	2018年	2019年	2020年
铁矿	151.91	421.93	161.50	677.51	773.74	228.35	458.18	1 033.40	189.66	109.53
锰矿	421.50	485.73	423.69	610.77	318.16	241.53	776.56	744.39	632.80	641.01
铜矿	5 283.70	4 834.54	7 443.38	5 320.20	4 093.65	2 458.41	3 902.71	2 631.54	1 187.74	897.66
镍矿	37.86	13.85	22.59	34.23	64.32	13.89	3.00	0.002	0.003	0.09
钴矿	28.21	12.89	0.61	4.22	1.81	0.55	—	0.003	0.06	0.12
铝矿	32.57	31.43	47.67	130.54	105.64	99.28	120.27	162.10	158.95	177.77
铅矿	40.17	149.72	12.28	101.10	17.19	5.35	2.21	1.43	1.73	4.86
锌矿	53.51	89.53	34.48	35.41	0.17	1.40	—	0.33	0.27	0.02
锡矿	0.000 7	0.26	0.01	—	0.36	0.73	0.51	0.69	0.02	0.01
铬铁矿	31.63	50.27	49.72	49.28	38.38	28.08	45.26	44.28	32.93	27.94
钨矿	0.06	0.53	0.25	1.29	0.42	0.35	0.50	0.93	0.99	0.14
铀钍	—	—	—	34.97	24.76	172.87	55.13	344.12	169.87	158.56
钼矿	138.37	138.56	97.78	142.63	80.89	79.68	107.68	184.63	154.24	103.52
钛矿	36.36	49.97	30.90	18.44	19.79	20.34	36.60	44.08	60.56	42.19
铌钽钒锆	104.36	71.24	73.04	54.34	57.90	73.94	83.01	132.54	96.50	79.24
贵金属	—	4.50	0.57	248.45	257.55	238.15	199.67	0.000 8	0.002	0.31
其他	89.10	78.25	86.77	97.51	63.18	68.12	80.93	103.09	68.49	100.91
合计	6 449.31	6 484.20	8 485.24	7 560.89	5 917.91	3 731.02	5 872.22	5 427.56	2 754.82	2 343.88

注：1. 数据来源于 UN Comtrade Database(http://comtrade.un.org/)。
2. 矿种是指各类矿石与精矿，贵金属未细分，其他包括其他矿石与精矿、矿渣、矿灰等。
3. "—"表示未收集到相关数据。
4. 铁矿实际上是指铁矿及其精粉。后同。

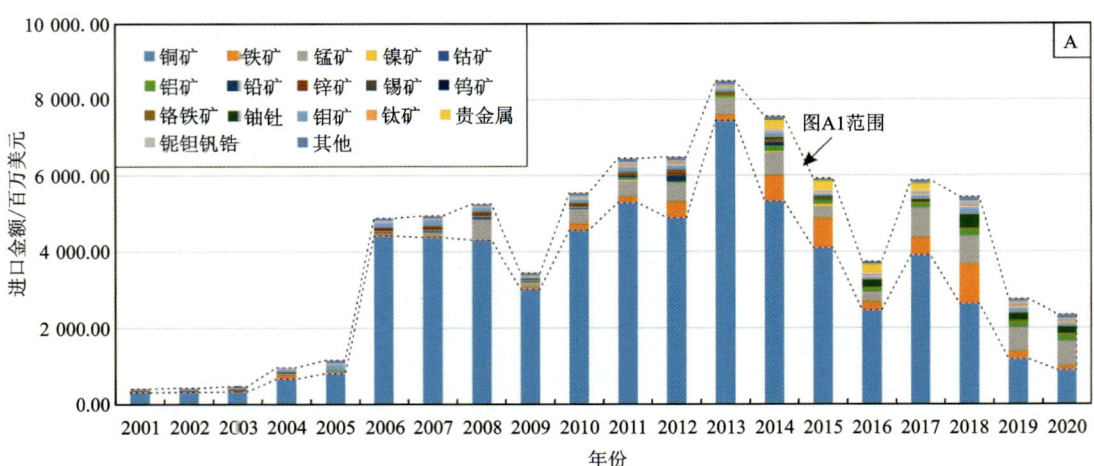

第十二章 矿产品贸易(矿种)

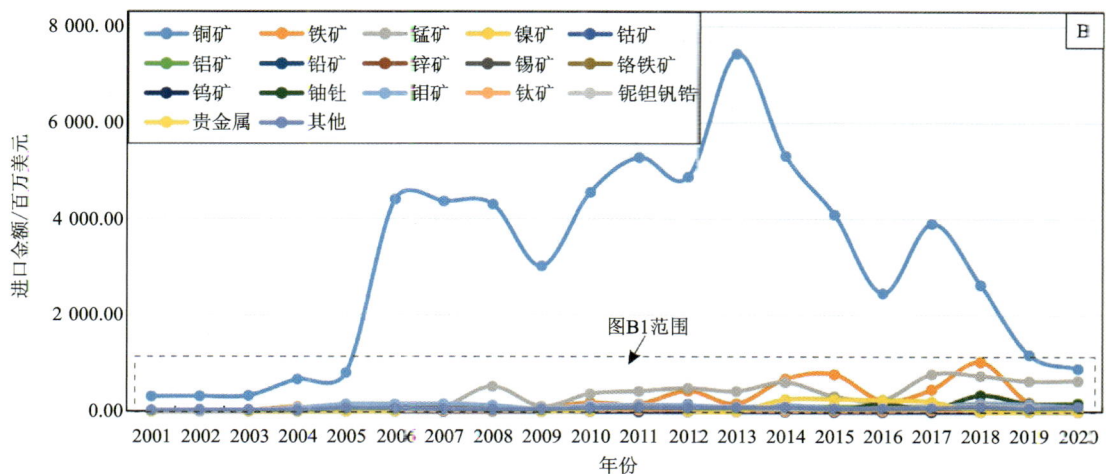

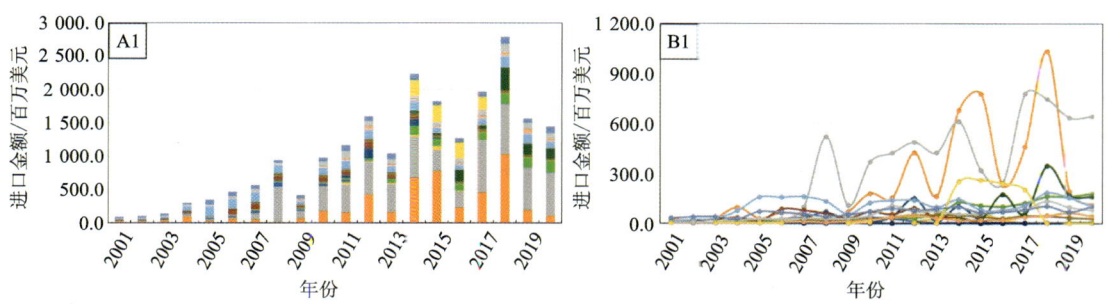

图 12-1 印度各类矿产品进口

铁矿和锰矿在印度进口矿产品中占有较为重要的地位,2001—2020 年印度进口这些矿产的金额分别为 13.39 百万～1033.40 百万美元、1.98 百万～776.56 百万美元,占其进口总金额的 0.26%～19.04%、0.41%～27.35%(表 12-1,图 12-1)。

印度也进口一定份额的铝矿、铅矿、铀钍、钼矿、铌钽钒锆、贵金属,以及其他矿产(矿渣、矿灰等),其进口金额分别为 2.86 百万～177.77 百万美元、0.62 百万～149.72 百万美元、0.06 百万～344.12 百万美元、13.06 百万～184.63 百万美元、3.29 百万～132.54 百万美元、0.000 8 百万～257.55 百万美元、26.11 百万～103.09 百万美元(表 12-1,图 12-1)。印度进口较少金额的镍矿、钴矿、锌矿、锡矿、铬铁矿、钨矿、钛矿。

2. 矿产品出口以铁矿为主,铜矿、锌矿、钛矿、铬铁矿、铝矿次之

印度矿产品出口以铁矿为主,铜矿、锌矿、钛矿、铬铁矿、铝矿次之,其他矿产品相对较少。其中,铁矿及其精粉在印度矿产品出口中占据绝对领先的地位,2001—2020 年的出口金额高达 210.67 百万～6 146.91百万美元,占其出口总金额的 31.30%～92.14%(表 12-2,图 12-2)。

表 12-2 印度各类矿产品出口金额统计表 单位:百万美元

矿种	2001 年	2002 年	2003 年	2004 年	2005 年	2006 年	2007 年	2008 年	2009 年	2010 年
铁矿	378.21	779.38	796.88	2 267.91	4 192.66	3 768.70	4 607.17	5 638.09	5 298.55	6 146.91
锰矿	15.18	14.33	8.58	12.04	12.63	14.07	7.83	33.96	18.15	27.61
铜矿	0.60	4.56	2.82	0.01	3.29	2.36	0.40	9.23	0.05	6.38
铝矿	20.58	30.03	36.11	25.25	57.21	119.01	259.42	170.61	13.20	10.57
铅矿	7.28	0.43	1.17	12.58	32.84	34.53	103.93	140.21	57.66	111.86

续表 12-2

矿种	2001年	2002年	2003年	2004年	2005年	2006年	2007年	2008年	2009年	2010年
锌矿	8.01	3.51	50.21	50.12	88.79	337.48	460.31	98.54	62.42	233.00
铬铁矿	57.51	57.42	38.44	2.20	255.49	194.56	292.86	237.60	144.80	116.67
钨矿	0.02	0.04	0.48	0.16	0.000 4	0.17	0.07	0.39	0.82	—
钼矿	0.02	—	0.02	0.02	1.05	1.25	—	3.82	0.30	0.98
钛矿	17.62	13.67	22.18	37.02	45.07	41.22	35.67	45.52	49.79	127.21
铌钽钒锆	—	1.20	0.09	0.09	0.32	0.22	0.72	1.01	1.99	5.67
贵金属	0.02	0.07	0.02	0.11	12.99	27.32	14.12	17.73	1.39	0.81
其他	7.60	8.46	48.14	76.47	148.75	60.34	75.88	122.77	144.75	121.08
合计	512.65	913.10	1 005.14	2 483.98	4 851.11	4 601.24	5 858.38	6 519.47	5 793.88	6 908.76
矿种	2011年	2012年	2013年	2014年	2015年	2016年	2017年	2018年	2019年	2020年
铁矿	4 159.28	2 425.34	1 635.19	874.40	210.67	1 005.31	1 650.77	1 253.31	2 358.24	3 874.95
锰矿	6.33	8.70	3.29	2.05	0.21	0.23	0.25	8.28	3.93	12.25
铜矿	29.67	0.06	36.44	18.67	0.000 2	26.47	42.61	117.17	409.41	92.47
铝矿	18.89	59.27	136.51	184.73	257.85	90.36	44.88	34.11	29.76	12.49
铅矿	101.45	0.000 8	0.01	0.36	0.01	0.001	0.000 4	0.03	0.01	0.01
锌矿	42.29	0.000 3	78.12	0.01	0.18	0.08	61.57	0.86	0.43	0.36
铬铁矿	75.77	77.10	75.50	26.54	20.50	51.57	27.60	17.08	18.56	1.64
钨矿	1.77	0.10	0.65	0.58	0.01	0.000 7	0.34	0.83	—	—
钼矿	0.19	0.02	3.31	2.13	0.02	0.03	0.03	0.01	0.04	0.26
钛矿	188.61	322.94	207.12	119.90	109.72	83.82	87.78	104.92	67.97	72.41
铌钽钒锆	28.23	29.62	13.01	9.09	5.70	1.71	0.68	0.27	0.18	0.01
贵金属	13.82	91.20	3.95	0.01	0.01	0.03	0.004	0.01	0.03	0.06
其他	252.10	186.44	195.85	118.31	68.20	56.70	73.27	118.75	140.74	138.60
合计	4 918.41	3 200.78	2 388.95	1 356.79	673.07	1 316.32	1 989.79	1 655.62	3 029.29	4 205.51

注：1. 数据来源于 UN Comtrade Database(http://comtrade.un.org/)。

2. 矿种是指各类矿石与精矿，贵金属未细分，其他包括其他矿石与精矿、矿渣、矿灰等。

3. "—"表示未收集到相关数据。

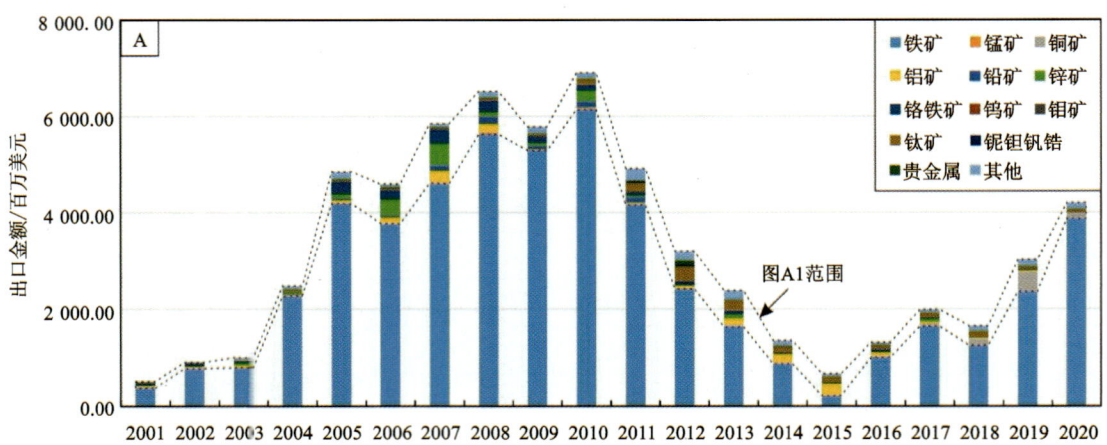

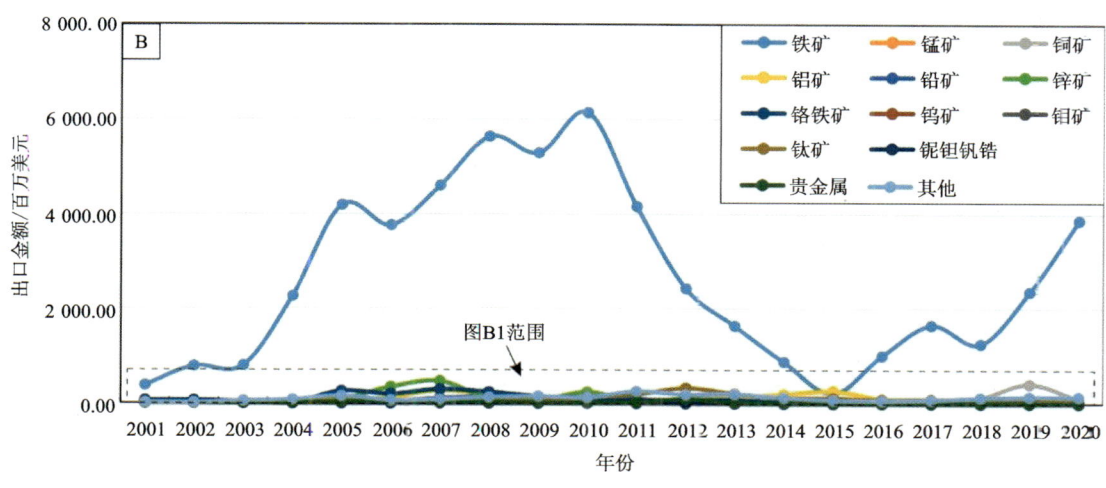

图 12-2 印度各类矿产品出口

铜矿、锌矿、钛矿、铬铁矿、铝矿是印度出口较多的矿产品,2001—2020年的出口金额(及其占比)分别为 0.000 2 百万～409.41 百万美元(0.000 03%～13.51%)、0.000 3～460.31 百万美元(0.000 01%～7.86%)、13.67 百万～322.94 百万美元(0.61%～16.30%)、1.64 百万～292.86 百万美元(0.04%～11.22%)、10.57 百万～259.42 百万美元(0.15%～38.31%)。印度也出口一定份额的矿渣、矿灰、铅矿和贵金属,出口金额分别为 7.60 百万～252.10 百万美元、0.000 4 百万～140.21 百万美元、0.004 百万～91.20 百万美元(表 12-2,图 12-2)。印度出口锰矿、钨矿、钼矿、铌钽钒锆、贵金属的金额相对较少。

二、哈萨克斯坦——进口以铅矿、铁矿、贵金属矿为主,出口以铁矿、铜矿为主

1. 矿产品进口分阶段变化,以铅矿、铁矿、贵金属矿为主

哈萨克斯坦矿产品进口呈现分阶段变化趋势,2001—2006年、2010—2011年,矿产品进口以铅矿为主,钛矿次之;2007—2009年,铁矿成为哈萨克斯坦矿产品进口第一大矿种;2012—2015年、2019—2020年,贵金属进口位居哈萨克斯坦矿产品进口第一位,铅矿、锌矿次之;2014—2018年,铅矿、贵金属"平分秋色"(锌矿次之),是哈萨克斯坦矿产品进口最为重要的矿种(表 12-3,图 12-3)。

表 12-3 哈萨克斯坦各类矿产品进口统计表　　　　　　　　　　　单位：百万美元

矿种	2001年	2002年	2003年	2004年	2005年	2006年	2007年	2008年	2009年	2010年
铁矿	0.23	0.06	0.12	1.87	0.19	12.33	74.63	192.64	40.42	49.42
锰矿	0.01	—	—	—	—	—	—	—	0.03	0.02
铜矿	—	—	—	12.80	43.84	1.98	0.02	0.000 4	—	0.98
铝矿	0.002	0.003	0.01	0.002	0.003	—	—	0.08	0.01	—
铅矿	51.55	13.37	28.34	59.03	46.27	66.98	66.54	1.41	4.07	49.84
锌矿	—	—	0.000 1	—	3.16	—	7.12	—	—	3.43
铬铁矿	—	0.01	—	—	0.02	0.04	0.06	0.04	0.06	0.04
钼矿	0.01	—	—	—	0.12	0.13	0.12	0.04	0.01	—	0.001
钛矿	6.38	12.31	8.95	13.86	12.06	12.31	19.05	15.19	16.90	5.62
铌钽钒锆	—	5.55	0.60	3.09	13.63	3.15	1.80	16.60	6.83	1.86
贵金属	0.55	0.11	0.12	—	—	0.004	0.01	—	0.003	0.04
其他	1.59	2.23	4.27	5.66	5.58	14.59	57.76	26.23	1.71	0.32
合计	60.32	38.63	42.42	96.44	124.87	111.51	227.11	252.11	70.03	111.57
矿种	2011年	2012年	2013年	2014年	2015年	2016年	2017年	2018年	2019年	2020年
铁矿	20.69	3.62	0.001	0.01	3.91	0.05	35.05	10.89	0.04	0.05
锰矿	0.03	0.03	1.77	0.42	0.03	0.03	0.04	0.04	0.20	0.03
铜矿	0.01	0.000 02	9.97	15.32	19.07	26.35	32.74	83.43	8.63	16.21
铝矿	—	0.29	0.37	1.27	0.04	0.003	0.04	0.76	0.56	0.31
铅矿	87.18	99.37	99.97	197.81	177.10	221.25	226.50	226.19	126.00	86.46
锌矿	2.63	8.01	22.51	65.28	71.71	120.86	196.78	131.75	123.69	117.77
铬铁矿	0.10	0.05	0.03	0.01	0.01	0.02	0.03	0.11	0.11	7.85
钼矿	7.26	13.57	12.91	2.70	0.03	—	0.02	—	—	0.000 3
钛矿	19.99	47.70	29.99	9.53	5.09	0.01	6.26	9.34	42.35	27.76
铌钽钒锆	17.44	29.19	51.68	14.27	15.64	13.50	3.57	11.86	9.86	5.10
贵金属	38.30	427.49	141.19	217.59	219.69	198.05	165.39	265.98	353.44	360.59
其他	2.22	5.10	3.12	8.52	12.72	114.44	122.69	83.01	11.29	19.52
合计	195.85	634.41	373.52	532.74	525.03	694.57	789.09	823.35	676.18	641.66

注：1. 数据来源于 UN Comtrade Database(http://comtrade.un.org/)。

2. 矿种是指各类矿石与精矿，贵金属未细分，其他包括其他矿石与精矿、矿渣、矿灰等。

3. "—"表示未收集到相关数据。

4. 铅矿是指铅矿及其精粉；贵金属是指贵金属及其精粉；锌矿是指锌矿及其精粉。后同。

铅矿、铁矿、贵金属、锌矿是哈萨克斯坦矿产品进口最为重要的矿种。其中，2001—2020年，哈萨克斯坦进口铅矿及其精粉的金额为1.41百万～226.50百万美元，占其进口总金额的0.56%～84.46%，大多数年份占据该国矿产品进口总金额的1/3；哈萨克斯坦进口铁矿及其精粉的金额为0.001百万～192.64百万美元，占其进口总金额的0.000 2%～76.41%，2007—2010年占据该国矿产品金额的1/3；哈萨克斯坦进口贵金属及其精粉的金额为0.003百万～427.49百万美元，占其进口总金额的0.003%～

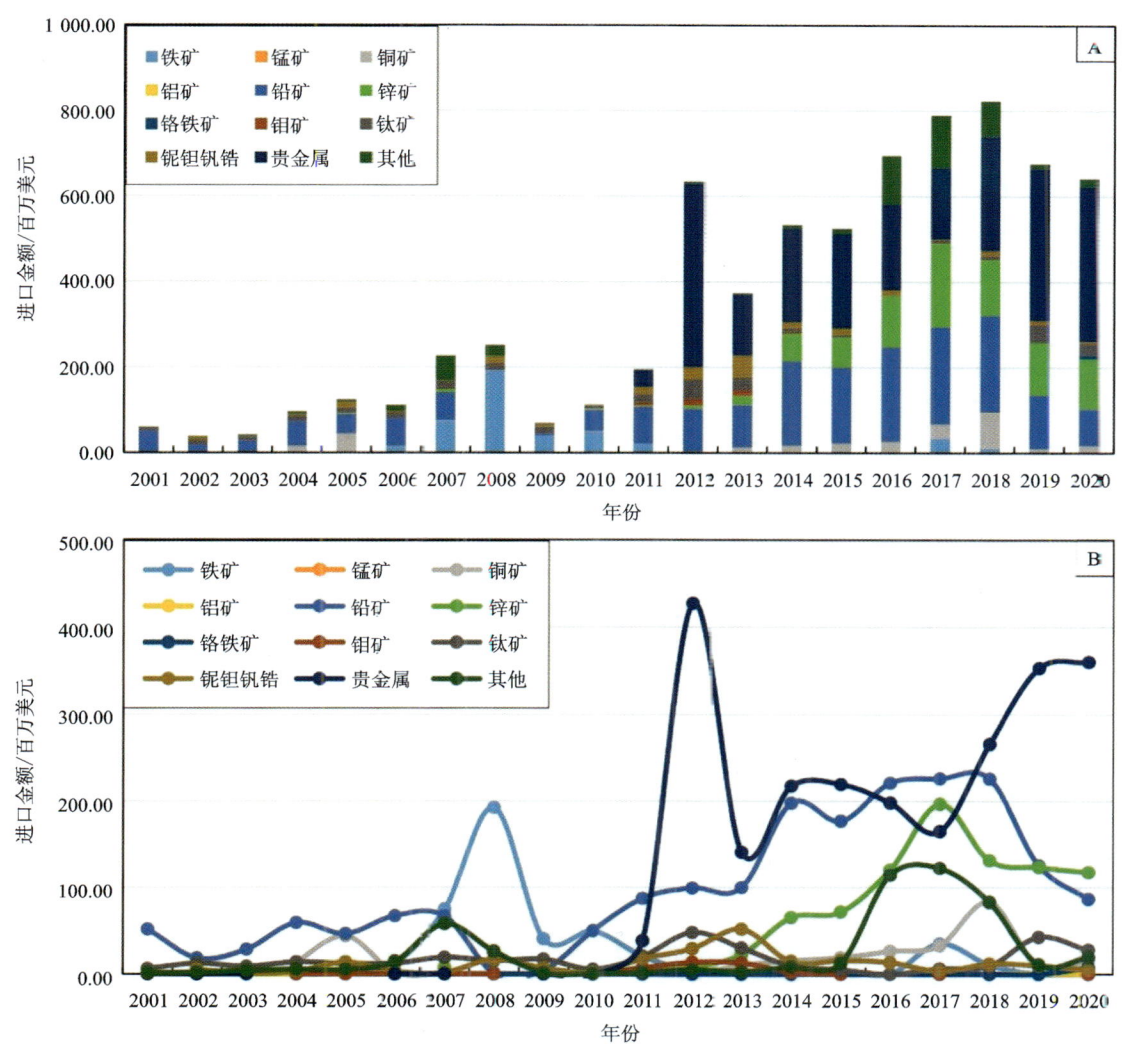

图 12-3 哈萨克斯坦各类矿产品进口

67.38%,特别是 2012 年以来在该国矿产品进口中占有较大的比例;哈萨克斯坦进口锌矿及其精粉的金额为 0.000 1 百万~196.78 百万美元,在该国矿产品进口金额中的占比最高可达 24.94%(表 12-3,图 12-3)。

哈萨克斯坦也进口一定金额的其他矿种(矿渣、矿灰)、铜矿、钛矿、铌钽钒锆,进口金额分别为 0.32 百万~122.69 百万美元、0.000 02 百万~83.43 百万美元、0.01 百万~47.70 百万美元、0.60 百万~51.68 百万美元。哈萨克斯坦进口少量的锰矿、铝矿、铬铁矿、钼矿(表 12-3,图 12-3)。

2. 矿产品出口分阶段变化,以铁矿、铜矿为主,锌矿、铬矿、贵金属次之

哈萨克斯坦矿产品出口呈分阶段变化的趋势,以 2016 年为界,前期以铁矿及其精粉出口为主,铜矿、锌矿、铬铁矿次之;后期以铜矿出口为主,铁矿、贵金属、锌矿、铬铁矿次之(表 12-4,图 12-4)。

铁矿和铜矿在哈萨克斯坦矿产品出口中占据举足轻重的地位,先后位居该国矿产品出口金额第一位。2001—2020 年,哈萨克斯坦出口铁矿和铜矿的金额分别高达 85.53 百万~2 745.49 百万美元、38.55 百万~1 462.86 百万美元,占其出口总金额的 21.10%~38.91%、10.73%~56.49%(表 12-4,图 12-4)。

表 12-4　哈萨克斯坦各类矿产品出口金额　　　　　　　　　　　　　　　　　　　　　　单位：百万美元

矿种	2001年	2002年	2003年	2004年	2005年	2006年	2007年	2008年	2009年	2010年
铁矿	85.53	110.02	179.14	435.34	637.78	674.86	795.65	1 279.16	936.06	1 189.69
锰矿	34.39	25.98	26.52	44.73	36.89	42.37	52.80	192.05	68.98	64.45
铜矿	38.55	39.70	70.54	143.64	99.29	122.34	248.44	357.17	456.61	545.65
铅矿	0.000 1	0.000 5		0.26	0.65	1.23	4.40	8.00	7.39	15.14
锌矿	38.64	47.69	33.42	23.20	10.79	114.89	224.41	98.26	62.50	137.66
铬铁矿	22.89	22.70	25.08	58.48	122.51	134.25	218.23	428.74	178.57	211.44
钼矿	—	—	—	0.09	—	7.55	28.55	24.27	—	2.77
铌钽钒锆	—	—	—	—	—	0.04	0.12	0.06	—	0.23
贵金属	0.13	6.34	13.31	15.17	12.27	7.61	6.43	12.04	17.10	10.90
其他	1.77	2.00	2.35	3.05	5.41	7.48	10.12	12.55	4.07	7.26
合计	221.90	253.43	350.36	723.96	925.59	1 112.62	1 589.15	2 412.30	1 731.28	2 185.19
矿种	2011年	2012年	2013年	2014年	2015年	2016年	2017年	2018年	2019年	2020年
铁矿	2 745.49	2 416.24	1 566.27	1 108.46	404.73	386.71	511.54	483.07	664.54	662.99
锰矿	105.48	79.80	103.00	80.05	20.09	20.87	49.14	33.44	29.26	26.45
铜矿	880.71	818.11	587.26	825.17	310.90	444.76	1 093.48	1 185.03	1 153.83	1 462.86
铅矿	32.98	36.00	13.30	17.22	8.32	39.35	10.59	11.38	7.16	24.56
锌矿	231.47	237.69	132.69	172.88	157.38	175.95	242.40	201.65	156.49	179.12
铬铁矿	366.71	297.26	267.27	215.35	146.60	116.48	201.11	156.64	107.41	52.23
钼矿	4.56	13.71	4.14	108.58	—	0.000 1	0.004	0.44	3.88	5.64
铌钽钒锆	1.90	4.62	3.54	2.97	2.08	1.15	1.97	3.65	5.14	8.25
贵金属	38.41	42.36	38.83	60.37	24.75	1.26	5.15	18.24	594.95	711.79
其他	20.41	18.21	13.24	12.37	9.29	7.07	3.89	4.30	4.40	7.87
合计	4 428.12	3 994.00	2 729.54	2 603.42	1 084.14	1 193.60	2 119.27	2 097.84	2 727.06	3 141.76

注：1. 数据来源于 UN Comtrade Database(http://comtrade.un.org/)。
　　2. 矿种是指各类矿石与精矿，贵金属未细分，其他包括其他矿石与精矿、矿渣、矿灰等。
　　3. "—"表示未收集到相关数据。

铬铁矿、锌矿、贵金属在哈萨克斯坦矿产品出口中占有较为重要的地位。2001—2020年，哈萨克斯坦出口铬铁矿及其精粉的金额为 22.70 百万～428.74 百万美元，占该国出口总金额的 1.66%～17.77%；出口锌矿及其精粉的金额为 10.79 百万～267.69 百万美元，占该国出口总金额的 1.17%～18.82%；哈萨克斯坦出口贵金属及其精粉的金额为 0.13 百万～711.79 百万美元，占该国出口总金额的 0.066%～26.66%（表 12-4，图 12-4）。

哈萨克斯坦出口一定金额的锰矿和钼矿，出口金额分别为 20.09～192.05 百万美元、0.000 1～108.58 百万美元。哈萨克斯坦也出口极少量的铅矿、铌钽钒锆，以及矿渣、矿灰等其他矿产（表 12-4，图 12-4）。

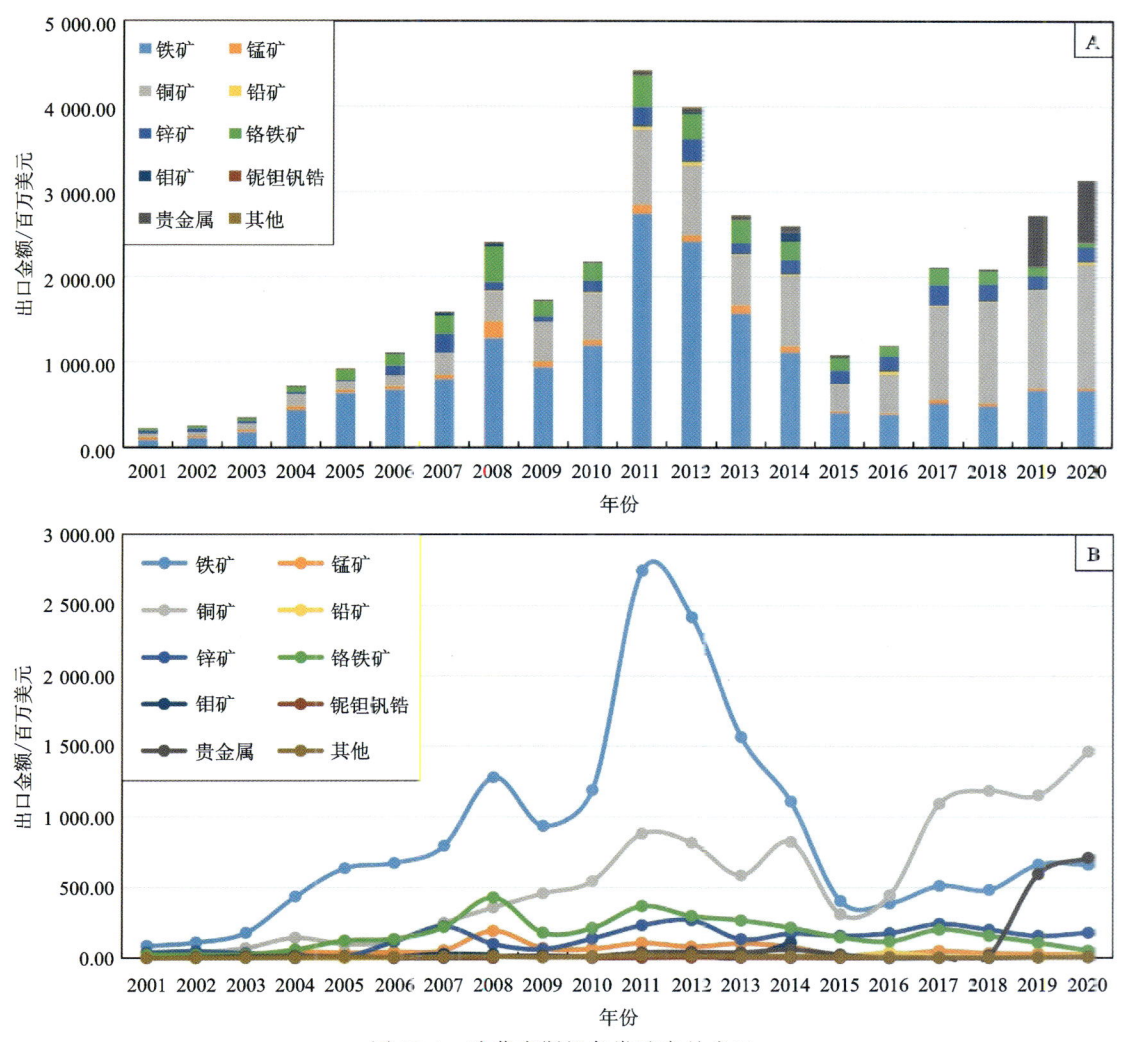

图12-4 哈萨克斯坦各类矿产品出口

三、中国——进口以铁矿、铜矿为主,出口以钼矿、铁矿为主

1. 矿产品进口以铁矿、铜矿为主,锰矿、镍矿、铝矿、贵金属次之

中国矿产品进口以铁矿、铜矿为主,锰矿、镍矿、铝矿、贵金属次之,进口相对较多的铅矿、锌矿和铬铁矿,也进口一定金额的钴矿、锡矿、钼矿、钛矿、铌钽钒锆,以及矿渣、矿灰等,其他矿产品相对较少(表12-5,图12-5)。

表12-5 中国各类矿产品进口金额统计表　　　　　　　　　　　　　　　　　　　　　　单位:百万美元

矿种	2001年	2002年	2003年	2004年	2005年	2006年	2007年	2008年	2009年	2010年
铁矿	2 502.76	2 769.07	4 856.21	12 699.13	18 379.48	20 913.15	33 797.70	60 709.46	50 140.40	79 722.41
锰矿	131.07	151.44	204.15	585.58	683.18	645.63	1 300.32	3 466.74	2 772.83	2 807.45
铜矿	898.00	809.45	1 291.28	2 228.04	3 720.78	6 113.90	8 832.77	9 930.44	8 478.68	13 025.10
镍矿	4.18	3.41	5.10	35.24	174.19	439.32	2 413.11	2 050.36	2 056.57	1 945.47
钴矿	31.53	33.79	68.10	241.88	282.84	316.86	382.41	1 088.42	554.90	831.89

续表 12-5

矿种	2001年	2002年	2003年	2004年	2005年	2006年	2007年	2008年	2009年	2010年
铝矿	8.24	10.42	15.68	25.79	71.70	320.11	1 030.58	1 638.75	704.98	1 309.97
铅矿	67.30	85.09	204.63	437.01	603.64	963.38	1 663.12	1 573.35	1 736.65	2 512.92
锌矿	140.36	149.65	153.91	171.10	181.04	564.82	1 554.87	1 057.88	1 882.51	2 145.14
锡矿	5.96	4.53	4.24	28.34	24.75	26.94	27.63	33.12	37.09	97.60
铬铁矿	80.98	78.91	150.83	381.33	595.38	739.27	1 547.45	2 709.69	1 310.70	2 397.13
钨矿	0.48	0.60	1.51	5.72	39.14	123.64	95.82	94.66	68.88	49.74
铀钍	1.31	0.79	1.72	0.97	0.98	1.56	12.93	4.05	0.76	2.18
钼矿	49.81	44.80	46.22	117.04	755.84	405.49	234.72	84.10	768.42	499.13
钛矿	5.07	4.16	16.34	41.74	45.20	62.67	143.93	180.70	162.46	256.87
铌钽钒锆	235.04	118.45	122.71	189.06	285.74	321.55	398.54	504.59	442.00	668.79
贵金属	0.92	2.79	3.59	12.28	19.22	38.32	314.15	291.58	285.65	601.55
其他	12.73	13.39	28.68	72.31	170.28	167.92	292.66	518.91	190.13	513.76
合计	4 175.73	4 280.72	7 174.91	17 272.58	26 033.37	32 164.53	54 042.72	85 936.80	69 593.61	109 387.11
矿种	2011年	2012年	2013年	2014年	2015年	2016年	2017年	2018年	2019年	2020年
铁矿	112 408.91	95 619.20	106 175.38	93 439.15	57 393.06	58 032.58	76 499.82	75 011.05	99 843.06	118 944.29
锰矿	2 678.15	2 185.74	3 192.36	2 718.87	1 994.86	2 074.64	4 005.52	5 827.26	6 374.59	4 904.34
铜矿	15 338.99	16 925.83	19 508.98	21 463.93	18 780.90	20 888.05	26 897.18	32 727.69	34 080.60	34 297.83
镍矿	4 905.36	5 247.15	5 136.58	4 577.27	2 622.25	1 527.68	2 082.55	2 974.96	3 933.18	2 900.56
钴矿	850.27	370.30	338.15	393.14	447.56	214.62	342.77	601.63	182.24	112.21
铝矿	2 052.86	1 886.45	3 767.95	2 052.03	2 897.68	2 497.15	3 392.81	4 434.99	5 139.22	5 052.14
铅矿	3 017.87	3 174.53	2 106.75	2 150.57	2 037.03	1 487.91	1 699.77	1 686.41	2 138.97	1 714.47
锌矿	2 041.57	1 245.79	1 358.32	1 525.54	1 959.27	1 289.59	2 282.07	3 248.26	2 524.48	2 472.21
锡矿	113.04	175.86	290.93	388.26	373.61	814.65	923.18	739.46	663.11	554.71
铬铁矿	2 663.97	2 034.48	2 388.39	1 830.92	1 789.30	1 618.70	3 443.18	2 865.02	2 647.29	2 044.29
钨矿	159.07	153.92	132.57	93.85	35.95	22.94	27.41	45.55	17.47	15.93
铀钍	20.52	8.45	2.83	13.38	13.91	18.31	16.34	19.39	29.06	41.10
钼矿	316.48	164.40	177.80	153.84	90.51	129.27	215.57	188.44	236.53	845.82
钛矿	549.50	1 003.21	642.84	417.85	273.84	295.86	551.52	546.12	467.38	642.98
铌钽钒锆	1 387.49	1 451.00	957.61	838.57	870.66	703.30	837.18	1 131.41	1 214.87	1 042.14
贵金属	1 143.60	1 275.53	1 807.41	2 061.75	1 904.76	2 608.04	2 981.79	3 647.54	3 967.23	4 309.66
其他	1 008.04	806.08	787.45	542.13	234.93	256.99	278.97	219.27	147.80	121.42
合计	150 655.69	133 727.97	148 772.31	134 661.03	93 720.08	94 480.27	126 477.63	135 914.47	163 607.07	180 016.13

注：1. 数据来源于 UN Comtrace Database(http://comtrade.un.org/)。

2. 矿种是指各类矿石与精矿，贵金属未细分，其他包括其他矿石与精矿、矿渣、矿灰等。

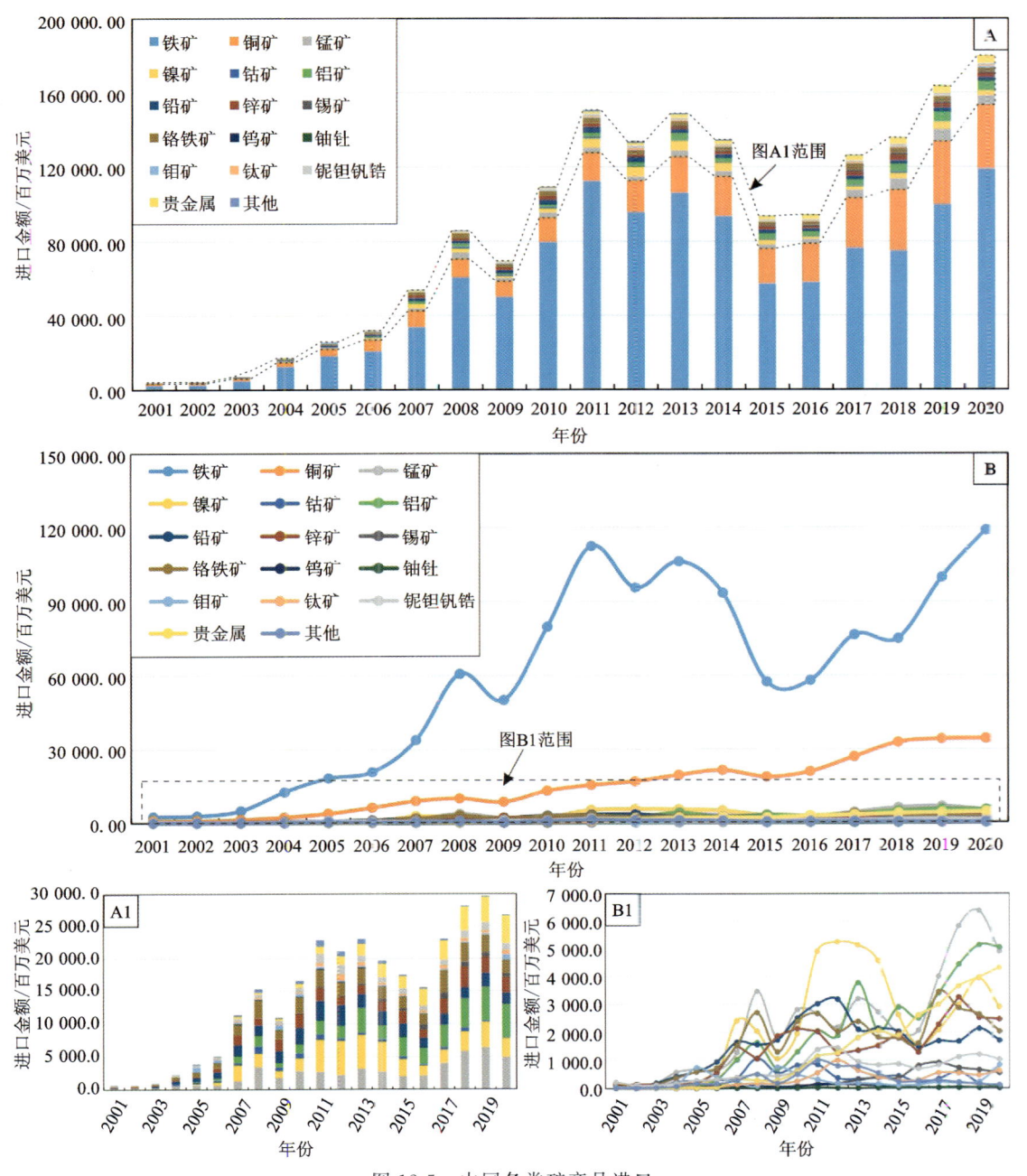

图 12-5　中国各类矿产品进口

铁矿、铜矿在中国矿产品进口中具有举足轻重的地位，分别位居矿产品进口金额的第一位和第二位，前者 2001—2020 年的进口金额高达 2 502.76 百万～118 944.29 百万美元，占中国矿产品进口总金额的 55.19%～74.61%；后者进口金额为 809.45 百万～34 297.83 百万美元，占中国矿产品进口总金额的 10.18%～24.08%（表 12-5，图 12-5）。

锰矿、镍矿、铝矿、贵金属等在中国进口矿产品中占有较为重要的地位，特别是贵金属的进口金额逐年大幅攀升，2001—2020 年中国进口这些矿产品的金额分别为 131.07 百万～6 374.59 百万美元、3.41 百万～5 247.15 百万美元、8.24 百万～5 139.22 百万美元、0.92 百万～4 309.66 百万美元，占其进口总金额的 1.63%～4.29%、0.07%～4.47%、0.15%～3.26%、0.02%～2.76%（表 12-5，图 12-5）。

中国进口相对较多的铅矿、锌矿和铬铁矿，2001—2020 年中国进口这些矿产品的金额分别为 67.30 百万～3 174.53 百万美元、140.36 百万～3 248.26 百万美元、73.91 百万～3 443.18 百万美元（表 12-5，

图 12-5)。

中国也进口一定金额的钴矿、锡矿、钼矿、钛矿、铌钽钒锆,以及矿渣、矿灰等,进口金额分别为 31.53 百万～1 088.42 百万美元、4.24 百万～923.18 百万美元、44.80 百万～845.82 百万美元、4.16 百万～1 003.21百万美元、118.45 百万～1 451.00 百万美元、12.73 百万～1 008.04 百万美元。中国进口钨矿、铀钍的金额相对较少(表 12-5,图 12-5)。

2. 矿产品出口由以钼矿为主变为以铁矿为主

中国矿产品出口分阶段变化,以 2016 年为界,前期以出口钼矿及其精粉为主,后期则偏重于铁矿及其精粉,矿渣、矿灰次之,而其他矿产品相对较少。其中,钼矿和铁矿在中国矿产品出口中占据绝对领先的地位,2001—2020 年的出口金额分别高达 21.79 百万～1 099.31 百万美元、0.09 百万～1 626.09 百万美元,占其出口总金额的 1.12%～97.87%、0.03%～83.74%(表 12-6,图 12-6)。

表 12-6 中国各类矿产品出口　　　　　　　单位:百万美元

矿种	2001年	2002年	2003年	2004年	2005年	2006年	2007年	2008年	2009年	2010年
铁矿	0.09	0.09	0.22	0.35	0.33	0.60	9.29	2.10	0.55	4.58
锰矿	0.46	0.55	0.48	0.41	0.37	0.33	0.58	0.69	5.98	24.56
铜矿	0.72	1.08	2.82	0.44	0.17	0.02	0.10	7.89	0.11	0.12
镍矿	0.02	0.000 04	0.002	—	—	0.04	0.01	4.63	2.75	0.000 01
钴矿	—	—	0.000 04	—	—	0.003	0.78	0.00	—	0.37
铝矿	0.08	0.10	0.07	0.11	0.01	0.01	0.000 04	0.000 2	—	0.05
铅矿	0.13	0.002	0.000 05	0.01	0.001	0.06	0.001	—	0.004	0.09
锌矿	2.62	0.58	—	—	—	—	0.01	0.000 1	3.88	—
锡矿	—	—	—	—	—	—	—	—	—	0.22
铬铁矿	1.43	0.28	0.92	0.68	1.25	0.12	0.37	1.11	0.99	0.76
钨矿	—	0.16	—	—	0.18	0.56	0.20	1.17	2.53	1.86
钼矿	65.81	151.67	214.79	544.49	1 099.31	889.22	881.63	842.55	129.37	479.20
钛矿	1.37	1.12	3.11	2.62	3.47	3.05	2.80	0.92	0.25	0.81
铌钽钒锆	4.41	1.48	0.68	1.46	0.70	1.90	3.04	0.18	0.07	4.61
贵金属	0.000 1	—	0.004	0.01	0.01	0.02	0.001	—	0.000 06	0.001
其他	14.73	25.76	30.33	17.09	17.46	27.43	47.01	67.26	71.46	62.94
合计	91.87	180.87	253.43	567.67	1 123.27	923.36	945.82	928.51	217.95	580.17
矿种	2011年	2012年	2013年	2014年	2015年	2016年	2017年	2018年	2019年	2020年
铁矿	1.12	7.87	9.20	16.66	8.54	57.01	422.42	793.17	1 486.35	1 626.09
锰矿	28.33	25.93	9.50	2.18	4.80	7.10	7.99	12.36	10.13	9.20
铜矿	0.06	0.66	0.40	0.56	18.94	3.38	0.11	17.38	1.44	1.54
镍矿	0.01	0.03	0.01	0.16	9.14	5.79	0.26	0.02	0.003	12.76
钴矿	—	—	0.01	0.000 02	0.000 05	—	0.13	—	0.01	0.02
铝矿	—	—	0.11	2.01	0.74	1.99	5.28	21.32	15.98	7.46
铅矿	54.08	0.000 01	26.19	1.68	0.36	—	0.16	0.57	1.72	0.005
锌矿	4.68	13.89	14.28	14.39	6.36	0.46	0.43	0.16	0.05	4.58

续表 12-6

矿种	2001年	2002年	2003年	2004年	2005年	2006年	2007年	2008年	2009年	2010年
锡矿	—	—	0.51	—	—	0.45	0.57	0.56	0.22	—
铬铁矿	1.36	0.44	2.21	2.65	1.17	0.57	0.11	2.33	4.55	3.31
钨矿	0.73	1.77	3.15	3.02	3.21	0.99	0.84	2.12	0.45	—
钼矿	375.46	205.52	88.33	152.45	36.60	46.01	71.01	115.14	72.74	21.79
钛矿	12.62	36.12	22.32	16.40	16.41	9.84	15.95	29.67	28.25	25.71
铌钽钒锆	51.43	40.83	27.14	20.95	15.28	13.98	11.34	30.08	23.10	25.24
贵金属	0.003	7.89	19.16	0.002	0.20	0.38	0.000 001	0.38	12.87	0.01
其他	63.79	85.22	156.33	116.98	122.10	122.52	180.57	145.81	157.90	204.12
合计	593.67	424.17	378.87	350.08	243.86	270.47	717.17	1 171.07	1 815.76	1 941.83

注：1. 数据来源于 UN Comtrade Database(http://comtrade.un.org/)。
    2. 矿种是指各类矿石与精矿，贵金属未细分。其他包括其他矿石与精矿、矿渣、矿灰等。
    3. "—"表示未收集到相关数据。

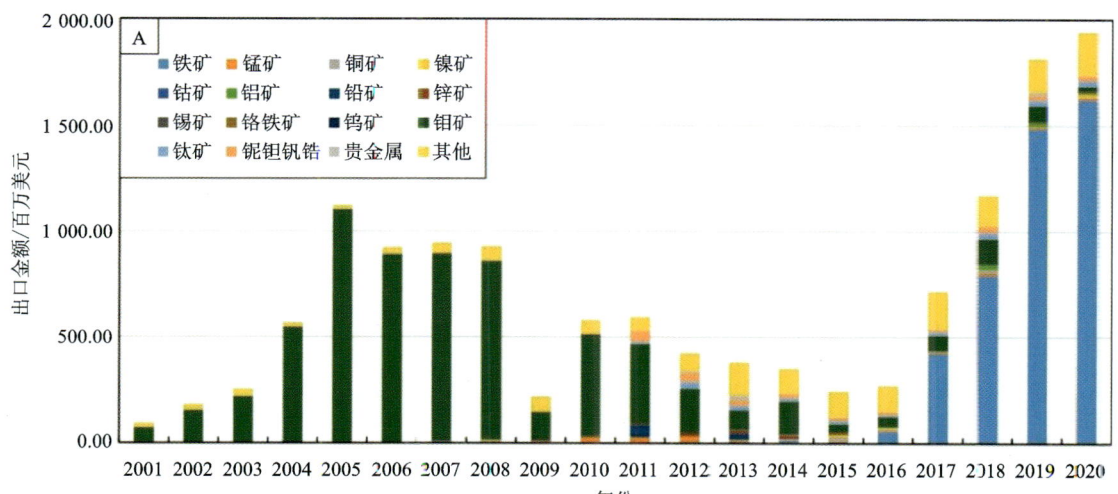

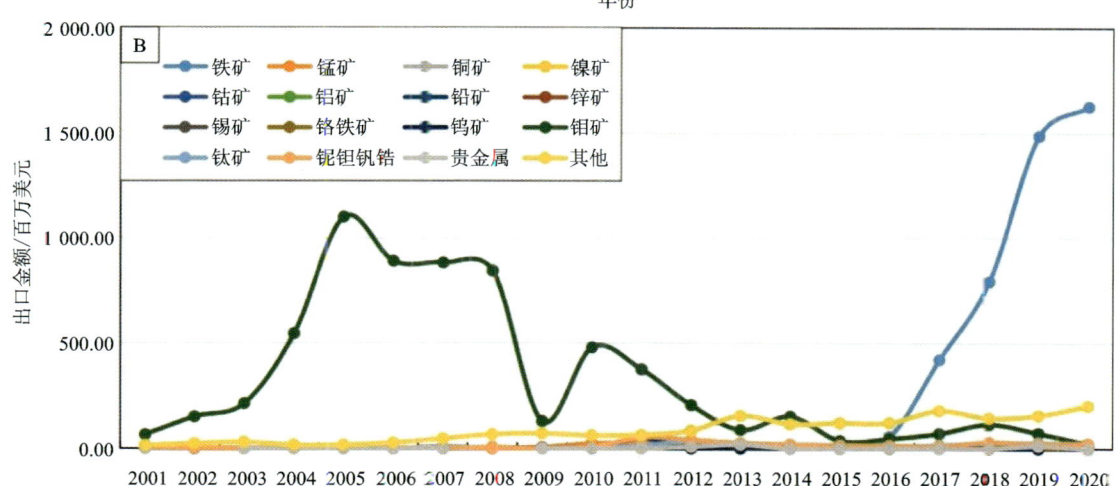

图 12-6　中国各类矿产品出口

中国出口相对较多的矿渣、矿灰，2001—2020年的出口金额为14.73百万～204.12百万美元。中国也出口一定金额的锰矿、铜矿、镍矿、铝矿、铅矿、锌矿、钛矿、铌钽钒锆、贵金属，2001—2020年的出口金额分别为0.33百万～28.33百万美元、0.02百万～18.94百万美元、0.00001百万～12.76百万美元、0.00004百万～21.32百万美元、0.00001百万～54.08百万美元、0.0001百万～14.39百万美元、0.25百万～36.12百万美元、0.07百万～51.43百万美元、0.000001百万～19.16百万美元。中国出口钴矿、锡矿、铬铁矿、钨矿的金额相对较少（表12-6，图12-6）。

四、吉尔吉斯斯坦——进口以矿渣、矿灰为主，出口以贵金属矿为主

1. 矿产品进口以矿渣、矿灰为主，钼矿、铁矿次之

吉尔吉斯斯坦矿产品进口相对较少，以矿渣、矿灰为主，钼矿、铁矿次之，其他矿产品相对较少。其中，矿渣、矿灰是吉尔吉斯斯坦进口最多的矿产品，2001—2020年的进口金额为0.895百万～12.616百万美元，占其进口总金额的33.70%～91.75%（表12-7，图12-7）。

表12-7 吉尔吉斯斯坦各类矿产品进口金额统计表　　　　　　　　　　　　　　　　单位：百万美元

矿种	2001年	2002年	2003年	2004年	2005年	2006年	2007年	2008年	2009年	2010年
铁矿	0.189	0.294	0.388	0.267	0.484	0.534	0.762	1.385	1.197	0.842
锰矿	—	—	0.054	0.016	0.009	—	—	—	—	—
铜矿	0.00001	—	—	—	—	—	—	—	0.002	0.002
镍矿	—	—	—	—	—	—	—	—	—	—
锡矿	—	—	—	—	0.005	—	—	—	—	—
钼矿	1.854	2.329	1.635	—	—	0.134	2.536	3.219	0.114	0.802
贵金属	—	0.0003	0.0002	—	—	—	—	0.008	—	—
其他	1.408	1.928	1.627	0.928	1.339	2.963	7.011	2.763	3.307	3.885
合计	3.451	4.551	3.704	1.211	1.836	3.631	10.309	7.377	4.620	5.530
矿种	2011年	2012年	2013年	2014年	2015年	2016年	2017年	2018年	2019年	2020年
铁矿	0.358	0.947	2.163	1.988	1.400	0.825	0.810	2.294	1.421	1.377
锰矿	—	—	—	—	—	—	—	—	—	—
铜矿	0.007	0.015	0.007	0.006	—	—	—	—	0.018	—
镍矿	0.0003	—	—	0.0002	0.0001	0.0001	0.0001	0.0003	0.0003	—
锡矿	—	0.00004	0.0005	0.008	—	—	—	—	—	—
钼矿	0.417	0.834	0.209	0.0002	0.441	0.147	0.218	—	—	—
贵金属	0.0002	—	0.0003	—	0.228	—	—	—	0.005	0.740
其他	8.712	11.843	12.616	2.319	2.361	1.460	1.372	1.807	0.895	1.076
合计	9.495	13.638	14.995	4.321	4.430	2.433	2.400	4.101	2.341	3.194

注：1. 数据来源于UN Comtrade Database（http://comtrade.un.org/）。
　　2. 矿种是指各类矿石与精矿，贵金属未细分，其他包括其他矿石与精矿、矿渣、矿灰等。
　　3. "—"表示未收集到相关数据。

钼矿和铁矿是吉尔吉斯斯坦进口最多的金属矿产（除了矿渣、矿灰以外），2001—2020年进口这些矿产的金额分别为0.0002百万～3.219百万美元、0.189百万～2.294百万美元，占其进口总金额的

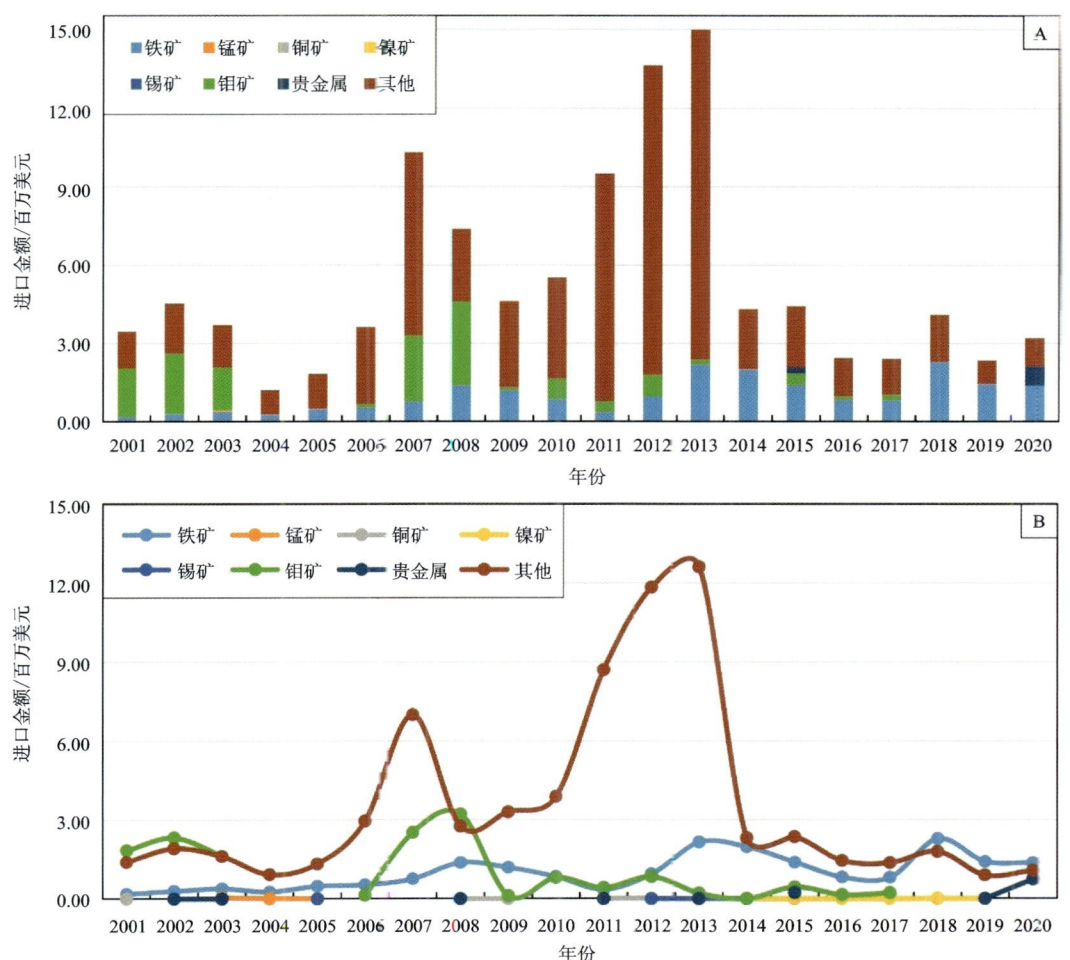

图 12-7 吉尔吉斯斯坦各类矿产品进口

0.004%～53.27%、3.77%～60.72%。吉尔吉斯斯坦也进口少量的锰矿、铜矿、镍矿、锡矿和贵金属(表 12-7,图 12-7)。

2. 矿产品出口以贵金属为主

吉尔吉斯斯坦出口的矿产品绝大多数是贵金属,其他矿产品相对较少。其中,2001—2020 年,吉尔吉斯斯坦出口贵金属及其精粉的金额为 0.000 7 百万~162.137 百万美元,占其出口总金额的 0.74%～99.93%。吉尔吉斯斯坦也出口少量的铁矿、锰矿、铜矿、铅矿、锡矿、钨矿、钼矿,以及矿渣、矿灰等其他矿产品,出口金额基本上不足 1.00 百万美元(表 12-8,图 12-8)

表 12-8 吉尔吉斯斯坦各类矿产品出口金额统计表　　　　　　　　　　　单位:百万美元

矿种	2001 年	2002 年	2003 年	2004 年	2005 年	2006 年	2007 年	2008 年	2009 年	2010 年
铁矿	—	—	—	—	—	—	0.016	—	0.000 5	—
锰矿	—	—	—	—	—	—	—	—	—	—
铜矿	—	—	—	—	—	0.005	0.000 4	0.000 02	0.003	0.002
铅矿	—	—	—	—	—	—	—	—	—	0.000 5
锡矿	0.220	0.292	0.028	—	0.387	0.296	0.462	0.125	0.000 5	—
钨矿	—	—	—	—	—	—	0.002	—	0.000 5	—
钼矿	0.000 001	—	—	0.045	0.000 001	0.022	—	0.596	—	0.006

续表 12-8

矿种	2001年	2002年	2003年	2004年	2005年	2006年	2007年	2008年	2009年	2010年
贵金属	0.550	0.111	0.113	0.000 7	0.606	2.365	4.439	3.453	2.513	0.575
其他	0.013	0.017	0.031	0.046	0.127	0.374	1.002	0.442	0.007	0.000 3
合计	0.783	0.420	0.173	0.092	1.120	3.064	5.919	4.616	2.524	0.583
矿种	2011年	2012年	2013年	2014年	2015年	2016年	2017年	2018年	2019年	2020年
铁矿	0.000 2	—	0.000 01	—	0.007	0.002	0.000 01	—	0.000 02	0.000 001
锰矿	0.008	—	—	0.001	—	0.020	0.017	—	—	—
铜矿	0.002	0.004	0.008	0.006	0.005	0.001	0.000 2	0.001	—	0.429
铅矿	—	—	—	0.005	0.060	0.025	—	—	0.000 001	0.000 1
锡矿	—	—	—	0.000 3	0.002	0.000 2	0.000 1	—	0.330	—
钨矿	—	—	—	0.002	0.017	—	—	—	—	—
钼矿	—	—	—	0.170	0.224	0.095	0.095	—	0.105	—
贵金属	17.169	55.549	18.337	40.503	19.098	67.783	144.244	124.480	162.137	121.594
其他	0.157	0.107	0.143	0.703	0.404	0.359	0.398	0.085	0.122	0.273
合计	17.336	55.660	18.488	41.389	19.816	68.285	144.754	124.566	162.695	122.297

注：1. 数据来源于 UN Comtrade Database（http://comtrade.un.org/）。

2. 矿种是指各类矿石与精矿，贵金属未细分，其他包括其他矿石与精矿、矿渣、矿灰等。

3. "—"表示未收集到相关数据。

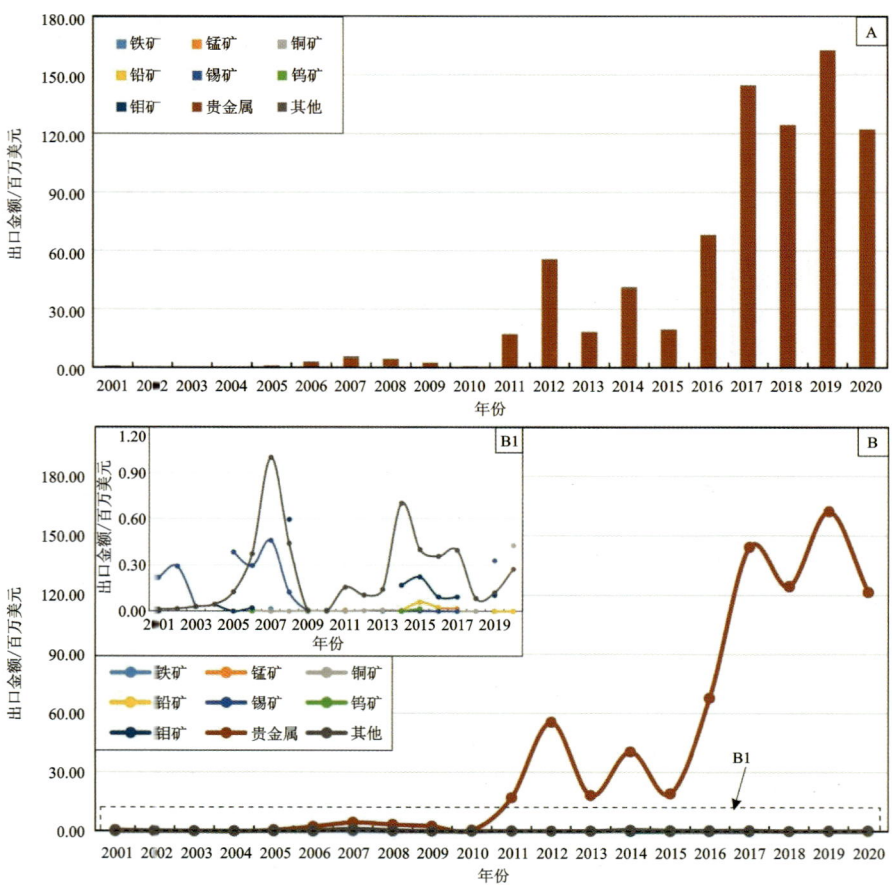

图 12-8　吉尔吉斯斯坦各类矿产品出口

五、巴基斯坦——进口以铁矿、矿渣、矿灰为主,出口以铬铁矿为主

1. 矿产品进口以铁矿、矿渣、矿灰为主

巴基斯坦矿产品进口分阶段变化,以 2016 年为界,前期以铁矿进口为主,后期以矿渣、矿灰等进口为主。巴基斯坦也进口较少金额的锰矿、铝矿、铅矿、锌矿、铬铁矿、钛矿、铌钽钒锆等(表 12-9,图 12-9)。

表 12-9 巴基斯坦各类矿产品进口金额统计表　　　　　　　单位:百万美元

矿种	2001 年	2002 年	2003 年	2004 年	2005 年	2006 年	2007 年	2008 年	2009 年	2010 年
铁矿	—	—	50.023	43.119	96.700	85.345	100.641	187.603	75.470	14.812
锰矿	—	—	1.946	—	—	0.055	0.021	0.230	0.059	0.003
铝矿	—	—	0.035	0.066	0.097	0.086	0.034	—	—	0.015
铅矿	—	—	0.133	0.220	0.225	0.194	0.190	0.120	0.205	0.169
锌矿	—	—	—	—	—	—	0.006	0.008	0.112	0.179
铬铁矿	—	—	0.029	0.041	0.055	0.009	0.052	0.134	0.048	0.035
钛矿	—	—	0.306	0.249	0.194	0.055	0.037	0.168	0.146	0.176
铌钽钒锆	—	—	0.021	0.035	0.062	0.036	0.073	0.038	0.007	0.359
其他	—	—	0.155	0.126	0.197	0.086	0.176	0.661	0.414	1.535
合计	—	—	52.649	43.856	97.530	85.866	101.230	188.962	76.461	17.283
矿种	2011 年	2012 年	2013 年	2014 年	2015 年	2016 年	2017 年	2018 年	2019 年	2020 年
铁矿	43.340	22.783	40.608	22.239	15.108	—	0.026	0.107	0.041	0.010
锰矿	0.812	0.336	—	1.152	0.006	—	0.003	1.417	0.144	0.001
铝矿	0.013	0.002	0.001	—	—	0.000 3	0.000 4	—	—	—
铅矿	0.108	0.112	0.101	0.192	0.090	0.161	0.252	0.099	0.130	0.132
锌矿	—	—	—	—	0.036	—	—	—	—	—
铬铁矿	0.049	0.701	0.143	0.583	0.114	0.063	0.267	0.133	0.097	0.348
钛矿	0.266	0.585	0.274	0.256	0.349	0.261	0.181	0.414	0.289	0.189
铌钽钒锆	0.144	0.048	—	0.133	0.003	—	0.056	0.021	—	0.100
其他	1.148	0.551	0.443	3.248	5.896	6.264	3.840	0.749	0.989	4.138
合计	45.880	25.118	41.564	27.803	21.602	6.749	4.625	2.940	1.690	4.918

注:1. 数据来源于 UN Comtrade Database(http://comtrade.un.org/)。
　　2. 矿种是指各类矿石与精矿,贵金属未细分,其他包括其他矿石与精矿、矿渣、矿灰等。
　　3. "—"表示未收集到相关数据。

铁矿及其精粉是巴基斯坦进口最多的矿产品,2003—2020 年的进口金额为 0.010 百万~137.603 百万美元,占其进口总金额的 0.21%~99.42%,特别是 2016 年以前一直位居巴基斯坦矿产品进口金额首位,其占比最低达 69.94%。巴基斯坦以矿渣、矿灰的形式进口较多金额的矿产品,2003—2020 年的进口金额为 0.086 百万~6.264 百万美元,占其进口总金额的 0.10%~92.82%。除了锰矿进口金额最多为 1.946 百万美元外,巴基斯坦进口锰矿、铝矿、铅矿、锌矿、铬铁矿、钛矿、铌钽钒锆等矿产的金额最多仅有几十万美元(表 12-9,图 12-9)。

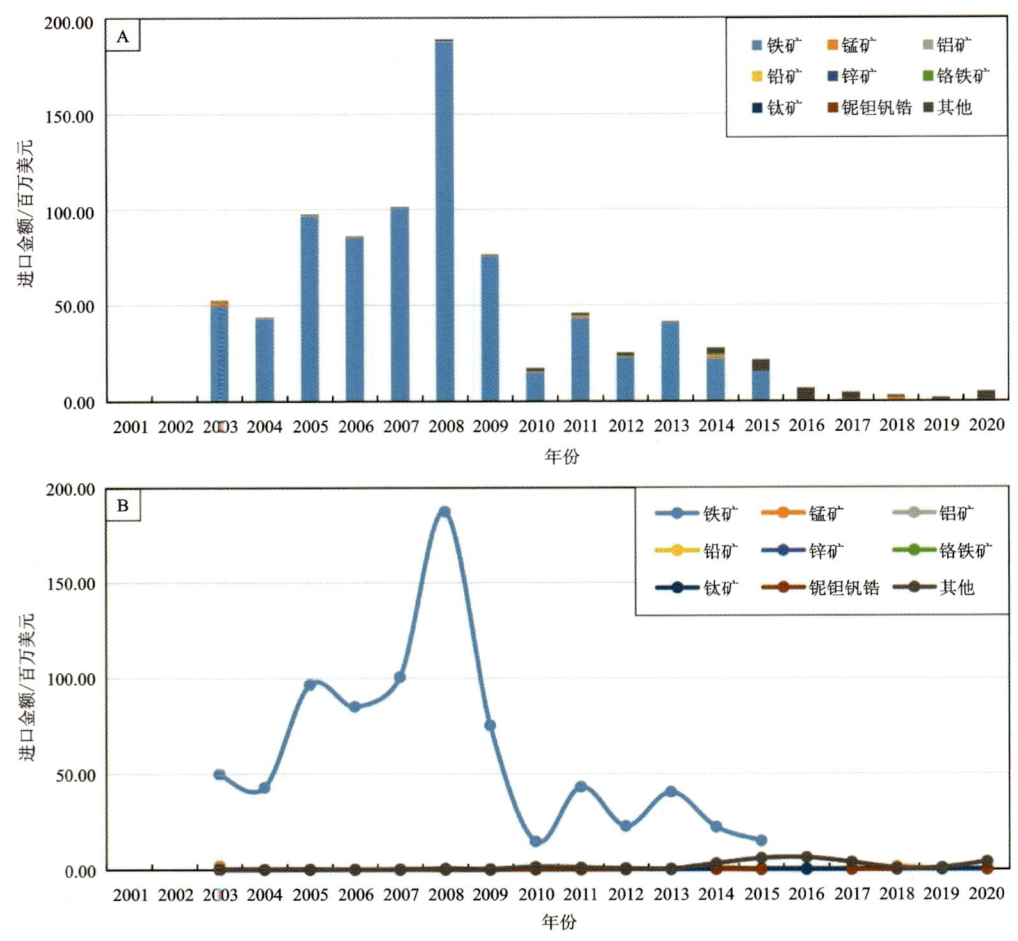

图 12-9 巴基斯坦各类矿产品进口

2. 矿产品出口以铬铁矿为主

巴基斯坦绝大多数矿产品都是以铬铁矿及其精矿的形式出口,其次是铁矿、矿渣、矿灰、铜矿和铝矿。其中,铬铁矿长期位居巴基斯坦矿产品出口金额首位,2003—2020 年的出口金额高达 8.055 百万～160.583 百万美元,占其出口总金额的 74.36%～99.69%(表 12-10,图 12-10)。

巴基斯坦出口相对较多的铁矿、其他(矿渣、矿灰)、铜矿和铝矿,2003—2020 年的出口金额为 0.003 百万～20.146 百万美元、0.022 百万～15.120 百万美元、0.059 百万～6.180 百万美元、0.044 百万～5.145 百万美元,占其出口总金额的 0.003%～23.81%、0.24%～11.16%、0.07%～7.30%、0.03%～6.18%(表 12-10,图 12-10)。

表 12-10 巴基斯坦各类矿产品出口金额统计表　　　　　　　单位:百万美元

矿种	2001 年	2002 年	2003 年	2004 年	2005 年	2006 年	2007 年	2008 年	2009 年	2010 年
铁矿	—	—	—	0.031	—	—	0.003	1.549	0.055	3.502
锰矿	—	—	—	—	0.389	0.091	0.514	2.010	1.137	0.815
铜矿	—	—	—	—	—	—	0.601	0.926	0.324	0.954
镍矿	—	—	—	—	—	—	—	—	0.001	0.103
钴矿	—	—	—	—	—	—	—	0.016	—	0.016
铝矿	—	—	—	—	—	—	0.109	0.102	—	—

续表 12-10

矿种	2001 年	2002 年	2003 年	2004 年	2005 年	2006 年	2007 年	2008 年	2009 年	2010 年
铅矿	—	—	0.003	—	—	0.138	1.082	0.973	0.953	1.103
锌矿	—	—	—	—	—	—	0.410	—	—	—
铬铁矿	—	—	8.055	14.065	30.427	30.923	91.400	160.583	75.523	150.857
其他	—	—	0.022	0.527	0.237	0.640	2.756	2.074	2.619	7.600
合计	—	—	8.080	14.623	31.053	31.792	96.875	168.233	80.612	164.950
矿种	2011 年	2012 年	2013 年	2014 年	2015 年	2016 年	2017 年	2018 年	2019 年	2020 年
铁矿	8.478	2.756	4.793	5.688	6.407	3.689	3.707	5.425	19.256	20.146
锰矿	0.252	0.193	0.102	0.019	—	0.093	0.167	0.901	1.053	0.460
铜矿	0.503	0.451	1.170	0.794	1.173	0.150	0.300	0.059	0.315	6.180
镍矿	0.098	0.026	0.030	0.018	0.001	0.003	—	—	0.014	—
钴矿	0.013	0.077	—	—	—	0.0003	0.001	0.002	—	—
铝矿	0.044	0.083	0.047	1.408	1.652	4.692	3.541	5.145	0.247	0.246
铅矿	0.553	0.099	0.231	0.063	0.059	0.018	0.159	0.556	1.293	0.983
锌矿	0.010	0.055	0.310	0.261	0.243	0.485	0.373	0.561	1.209	1.148
铬铁矿	102.194	115.860	113.708	87.172	70.934	80.049	104.323	69.509	69.835	53.373
其他	6.645	7.304	15.120	6.967	4.002	1.400	0.272	1.094	0.697	2.088
合计	118.790	126.904	135.511	102.390	84.471	90.579	112.843	83.252	93.919	84.624

注：1. 数据来源于 UN Comtrade Database(http://comtrade.un.org/)。
2. 矿种是指各类矿石与精矿，贵金属未细分，其他包括其他矿石与精矿、矿渣、矿灰等。
3. "—"表示未收集到相关数据。

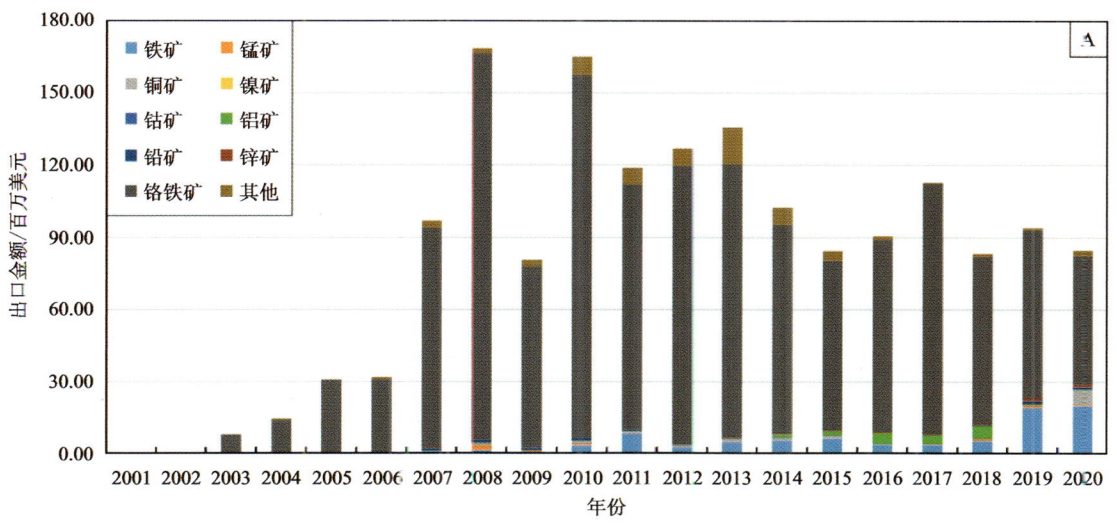

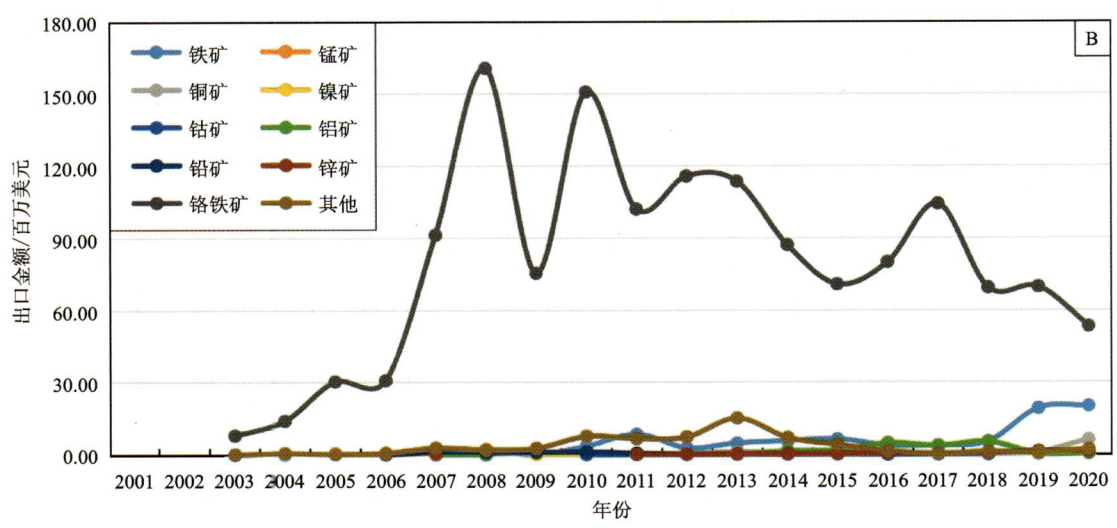

图 12-10 巴基斯坦各类矿产品出口

巴基斯坦也出口一定金额的锰矿、铅矿和锌矿,2003—2020 年的出口金额分别为 0.019 百万～2.010 百万美元、0.003 百万～1.293 百万美元、0.010 百万～1.209 百万美元。巴基斯坦出口相对较少金额的镍矿、钴矿(表 12-10,图 12-10)。

六、俄罗斯——进出口均以铁矿为主

1. 矿产品进口以铁矿为主,锰矿、铜矿、铬铁矿、贵金属次之

俄罗斯矿产品进口以铁矿为主,锰矿、铜矿、铬铁矿、贵金属次之,锌矿、钼矿、钛矿也占有一定的进口份额,其他矿产品相对较少。其中,铁矿及其精粉在俄罗斯进口中具有举足轻重的地位,长期位居该国矿产品进口金额首位,绝大多数年份占据俄罗斯矿产品进口金额的 1/3 以上,2001—2020 年的进口金额高达 2.68 百万～1 050.86 百万美元,占其进口总金额的 1.34%～69.20%,(表 12-11,图 12-11)。

表 12-11 俄罗斯各类矿产品进口统计表　　　　单位:百万美元

矿种	2001 年	2002 年	2003 年	2004 年	2005 年	2006 年	2007 年	2008 年	2009 年	2010 年
铁矿	230.39	243.71	349.65	747.50	647.53	461.97	732.21	1 050.86	599.15	2.68
锰矿	37.30	34.27	33.44	56.77	37.36	42.72	88.51	245.01	83.56	76.28
铜矿	41.67	39.90	3.22	71.48	118.91	130.47	46.98	84.07	67.90	0.10
镍矿	13.46	5.04	0.42	0.22	0.08	—	0.01	0.14	—	0.01
铝矿	14.36	14.33	11.97	7.05	8.36	4.34	8.95	12.34	5.94	8.44
锌矿	44.98	29.33	36.00	21.11	34.72	60.11	93.83	62.57	29.53	—
锡矿	1.98	1.48	1.90	1.77	2.61	0.34	0.46	5.89	8.66	5.21
铬铁矿	84.64	75.35	99.68	138.08	146.01	139.80	220.37	599.14	188.98	45.11
钨矿	0.13	0.03	0.09	0.07	0.58	10.93	8.68	1.53	0.19	0.48
钼矿	2.91	3.94	2.69	1.32	2.44	3.34	2.15	4.54	3.42	10.29
钛矿	14.44	9.30	10.89	14.67	15.72	24.22	29.07	26.87	11.87	21.73

续表 12-11

矿种	2001年	2002年	2003年	2004年	2005年	2006年	2007年	2008年	2009年	2010年
铌钽钒锆	5.50	4.92	5.26	4.49	9.25	11.68	10.94	15.94	8.93	11.93
贵金属	0.13	4.12	12.84	12.98	12.78	14.91	24.80	183.56	31.44	—
其他	4.83	9.96	6.92	2.72	3.24	9.55	15.29	14.80	4.18	17.82
合计	496.72	480.68	574.37	1 080.23	1 039.59	914.38	1 282.25	2 307.26	1 043.75	200.08
矿种	2011年	2012年	2013年	2014年	2015年	2016年	2017年	2018年	2019年	2020年
铁矿	8.68	834.70	788.23	829.00	440.66	382.51	532.41	465.10	659.62	649.20
锰矿	50.69	137.64	172.95	141.79	103.54	107.68	212.93	364.82	246.79	189.70
铜矿	0.04	207.55	182.99	175.45	68.27	111.78	303.06	501.45	615.09	333.04
镍矿	—	0.14	51.13	54.81	38.76	59.92	9.81	—	0.000 6	0.001
铝矿	13.78	17.74	15.63	17.38	16.50	15.41	6.23	7.29	6.74	5.73
锌矿	28.38	127.14	66.55	81.98	103.81	106.48	153.02	153.09	35.69	102.89
锡矿	5.30	5.55	4.41	2.31	0.26	—	0.23	0.05	0.01	0.01
铬铁矿	60.04	303.40	271.19	228.69	162.00	126.05	175.50	199.47	153.13	71.82
钨矿	—	1.59	0.93	17.37	10.69	9.30	13.83	10.34	3.48	4.48
钼矿	26.88	13.32	42.00	166.42	59.42	19.06	42.52	51.26	49.04	46.96
钛矿	38.17	118.34	51.69	49.32	56.10	44.35	81.63	99.18	115.05	73.06
铌钽钒锆	31.00	25.52	13.26	10.01	7.95	7.85	12.40	18.42	19.18	13.30
贵金属	15.47	51.53	52.95	114.89	30.42	1.67	35.07	33.96	317.02	381.31
其他	7.63	49.41	40.33	20.86	12.98	16.31	13.82	15.07	71.36	74.43
合计	286.05	1 893.56	1 754.27	1 910.28	1 111.34	1 008.38	1 592.46	1 919.50	2 292.19	1 945.94

注：1. 数据来源于 UN Comtrade Database(http://comtrade.un.org/)。

2. 矿种是指各类矿石与精矿，贵金属未细分 其他包括其他矿石与精矿、矿渣、矿灰等。

3. "—"表示未收集到相关数据。

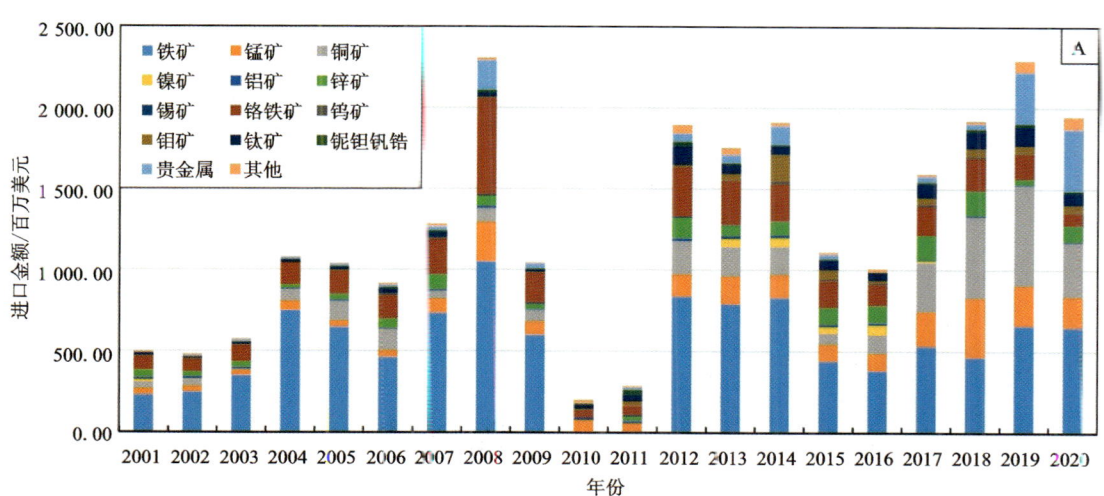

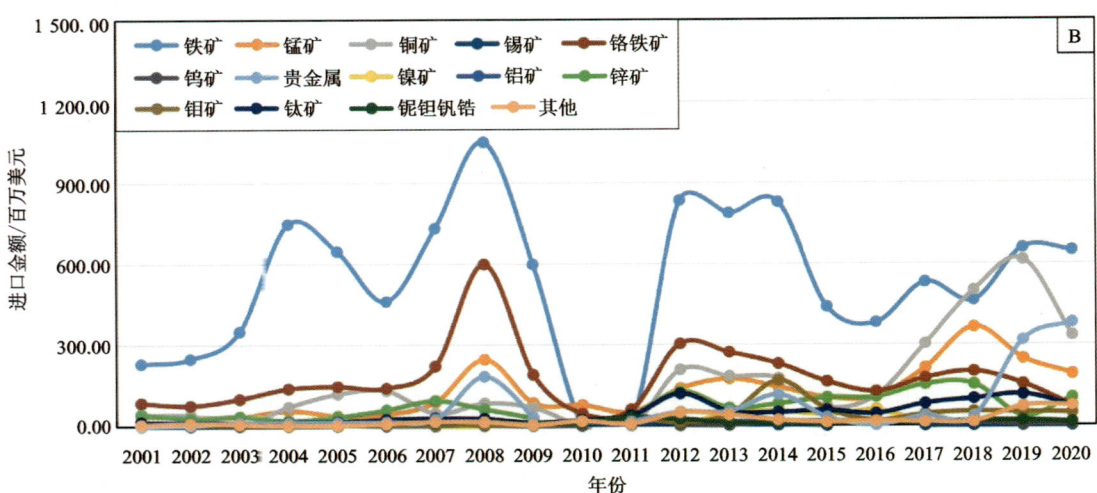

图12-11 俄罗斯各类矿产品进口

锰矿、铜矿、铬铁矿、贵金属在俄罗斯进口矿产品中占有较为重要的地位,2001—2020年进口这些矿产品的金额分别为33.41百万~364.82百万美元、0.04百万~615.09百万美元、45.11百万~599.14百万美元、0.13百万~382.31百万美元,占其进口总金额的3.59%~38.13%、0.01%~26.83%、3.69%~25.97%、0.03%~19.60%(表12-11,图12-11)。

俄罗斯也进口一定金额的锌矿、钼矿、钛矿等,2001—2020年的进口金额分别为21.11百万~153.09百万美元、1.32百万~166.42百万美元、9.30百万~118.34百万美元,占其进口总金额的1.56%~10.56%、0.12%~9.40%、1.14%~13.34%。俄罗斯进口镍矿、铝矿、锡矿、钨矿、铌钽钒锆等矿产品的金额相对较少(表12-11,图12-11)。

2. 矿产品出口以铁矿为主,铜矿、铅矿、贵金属次之

俄罗斯矿产品出口绝大多数为铁矿及其精粉,其次是铜矿、铅矿和贵金属,也出口一定金额的锌矿、矿渣、矿灰,其他矿产品出口相对较少。其中,铁矿及其精粉长期位居俄罗斯矿产品出口金额首位,绝大多数年份占据该国矿产品出口的半壁江山,2001—2020年的出口金额高达196.67百万~3 184.82百万美元,占其出口总金额的39.26%~84.85%(表12-12,图12-12)。

表12-12 俄罗斯各类矿产品出口统计表　　　　　　　　　　　　单位:百万美元

矿种	2001年	2002年	2003年	2004年	2005年	2006年	2007年	2008年	2009年	2010年
铁矿	202.65	196.67	268.20	510.71	869.83	883.44	1 302.80	2 015.00	911.67	1 827.89
锰矿	0.01	—	—	0.01	0.01	0.000 1	0.01	—	0.01	—
铜矿	2.50	2.52	2.09	18.33	26.41	0.50	8.33	8.40	12.90	5.90
镍矿	—	—	—	—	—	0.001	0.13	66.72	52.92	54.30
铝矿	0.29	0.05	0.04	0.05	0.04	0.14	0.16	0.14	0.05	0.17
铅矿	3.42	7.08	7.23	15.17	28.23	37.46	103.54	114.66	109.35	149.25
锌矿	5.97	8.60	8.14	10.51	18.27	5.76	20.30	12.29	13.00	22.37
锡矿	1.18	—	—	0.08	0.48	—	—	0.12	—	—
铬铁矿	0.001	0.01	0.01	—	0.01	0.15	0.23	0.46	0.21	0.23
钨矿	7.42	5.31	6.85	12.14	34.06	45.99	44.22	39.13	27.34	28.83
钼矿	13.82	20.06	18.21	28.75	42.62	20.92	1.81	0.36	0.10	0.000 3

续表 12-12

矿种	2001年	2002年	2003年	2004年	2005年	2006年	2007年	2008年	2009年	2010年
钛矿	0.04	—	0.01	0.56	0.01	0.01	0.05	—	—	0.002
铌钽钒锆	13.66	8.43	8.31	13.12	13.54	15.84	14.23	14.88	11.73	18.19
贵金属	—	—	0.004	—	—	—	—	0.002	0.001	—
其他	15.78	16.03	17.78	18.85	48.42	44.21	96.31	102.64	37.49	51.93
合计	266.73	264.76	336.86	628.28	1 081.92	1 054.41	1 592.12	2 374.81	1 176.77	2 159.07
矿种	2011年	2012年	2013年	2014年	2015年	2016年	2017年	2018年	2019年	2020年
铁矿	3 184.82	2 494.23	2 388.48	1 951.14	1 013.82	802.27	1 588.40	1 598.06	2 090.41	1 977.72
锰矿	—	0.15	1.61	0.58	0.03	1.56	6.35	13.19	4.84	1.16
铜矿	42.56	53.52	29.79	19.11	39.65	7.36	11.31	158.68	235.33	663.82
镍矿	19.92	18.64	4.74	0.20	8.99	27.75	28.50	38.17	19.74	82.02
铝矿	—	0.05	0.01	1.50	0.01	0.004	0.06	0.04	0.10	0.18
铅矿	439.55	434.27	430.61	471.14	318.71	432.32	521.75	549.00	562.00	489.30
锌矿	21.39	39.04	36.47	45.17	55.22	115.48	186.62	305.38	211.20	174.17
锡矿	—	—	0.17	0.41	1.82	2.03	8.26	8.38	15.56	14.01
铬铁矿	0.26	0.94	0.49	0.36	0.22	0.14	0.20	0.77	3.11	8.15
钨矿	75.62	90.26	62.09	50.20	24.29	30.72	19.81	17.00	24.59	20.43
钼矿	0.53	11.97	0.000 4	10.50	3.13	0.95	0.005	31.28	0.98	1.32
钛矿	5.25	30.15	31.87	22.49	27.20	8.33	0.34	0.59	0.39	0.31
铌钽钒锆	28.23	32.19	24.71	31.06	27.52	24.59	24.53	29.60	33.40	13.47
贵金属	39.27	505.47	427.73	491.92	352.49	500.59	507.45	602.13	819.84	762.07
其他	170.14	177.33	176.93	204.73	86.36	89.50	168.49	319.98	178.50	121.45
合计	4 027.53	3 888.23	3 615.69	3 300.52	1 959.46	2 043.59	3 072.05	3 672.27	4 200.01	4 329.57

注：1. 数据来源于 UN Comtrade Database(http://comtrade.un.org/)。

2. 矿种是指各类矿石与精矿，贵金属未细分，其他包括其他矿石与精矿、矿渣、矿灰等。

3. "—"表示未收集到相关数据。

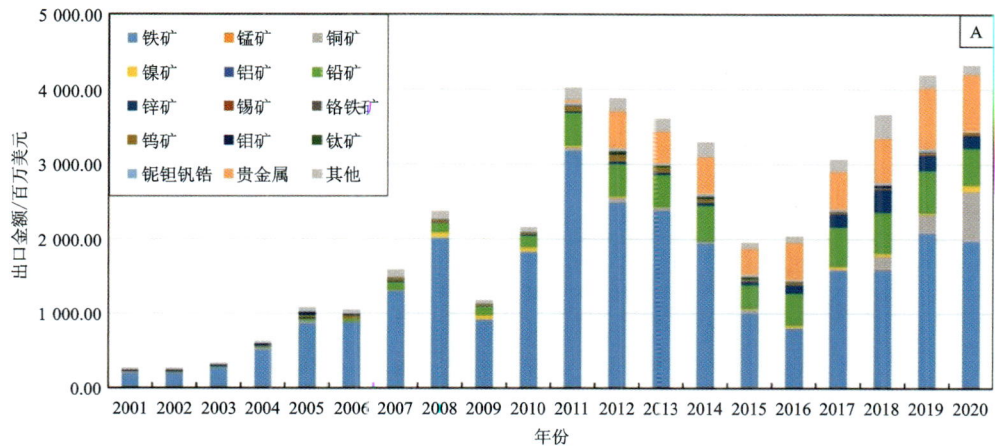

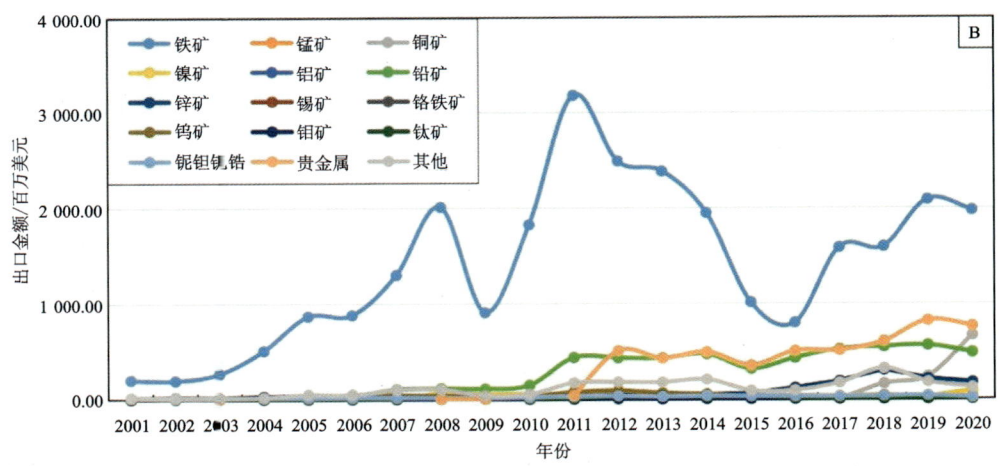

图 12-12 俄罗斯各类矿产品出口

铜矿、铅矿和贵金属是俄罗斯较为重要的出口矿产品,2001—2020 年的出口金额分别为 0.50 百万～663.82 百万美元、3.42 百万～562.00 百万美元、0.001 百万～819.84 百万美元,占其进口总金额的 0.05%～15.33%、1.28%～21.16%、0.000 1%～24.50%。俄罗斯也出口一定金额的锌矿、其他矿种(矿渣、矿灰)等,2001—2020 年的进口金额分别为 5.76 百万～305.38 百万美元、15.78 百万～319.98 百万美元,占其进口总金额的 0.52%～8.32%、2.41%～8.71%。俄罗斯出口镍矿、铝矿、锡矿、钨矿、铌钽钒锆等矿产品的金额相对较少(表 12-12,图 12-12)。

七、塔吉克斯坦——进口以铁矿为主,出口以铅矿、锌矿为主

1. 矿产品进口以铁矿为主,矿渣、矿灰次之

塔吉克斯坦矿产品进口以铁矿为主,矿渣、矿灰次之,其他矿产品相对较少。其中,铁矿及其精粉是塔吉克斯坦进口金额最多的矿产品,2016—2020 年的进口金额为 0.261 百万～0.964 百万美元,占其进口总金额的 45.05%～96.69%(表 12-13,图 12-13)。

表 12-13 塔吉克斯坦各类矿产品进口金额统计表　　　　单位:百万美元

矿种	2016 年	2017 年	2018 年	2019 年	2020 年
铁矿	0.487	0.261	0.553	0.609	0.964
锰矿	0.028	—	—	0.019	—
铬铁矿	—	0.003	0.002	—	0.003
钼矿	—	—	—	0.014	—
铌钽钒锆	—	—	0.036	—	—
贵金属	—	—	—	0.008	—
其他	0.000 3	0.014	0.013	0.702	0.030
合计	0.515	0.278	0.604	1.352	0.997

注:1. 数据来源于 UN Comtrade Database(http://comtrade.un.org/)。
　　2. 矿种是指各类矿石与精矿,贵金属未细分,其他包括其他矿石与精矿、矿渣、矿灰等。
　　3. "—"表示未收集到相关数据。

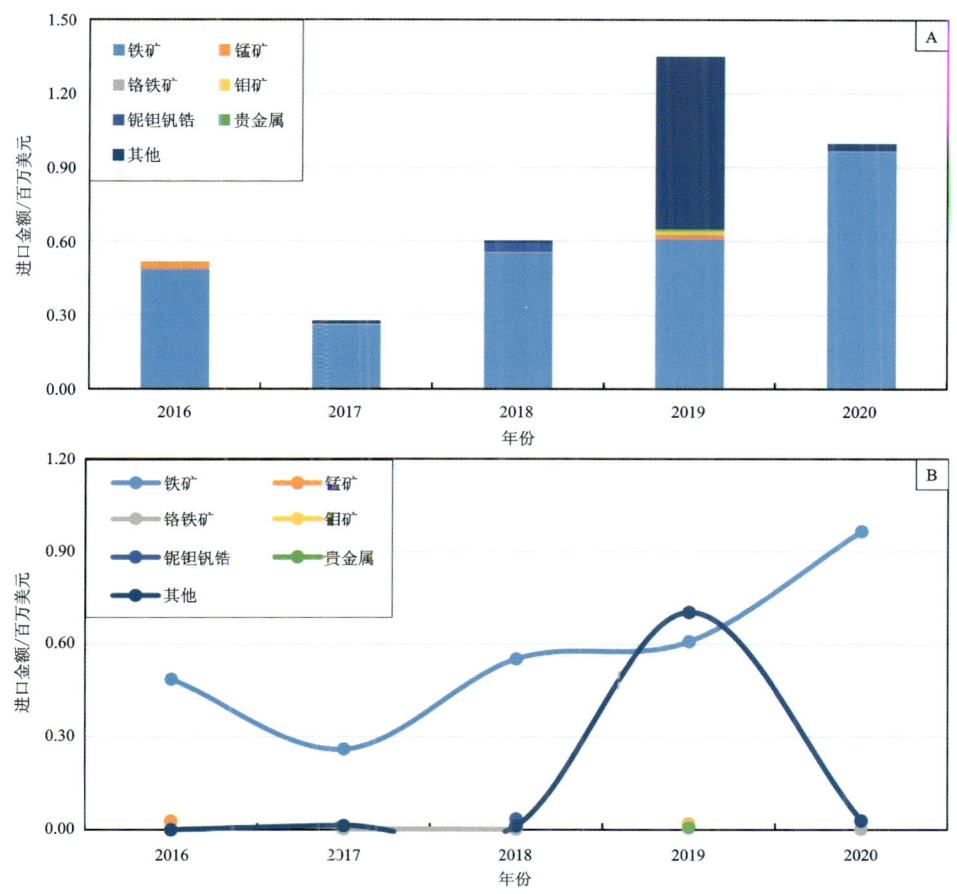

图 12-13 塔吉克斯坦各类矿产品进口

塔吉克斯坦也进口一定金额的矿渣、矿灰,2016—2020 年的进口金额为 0.000 3 百万~0.702 百万美元,占其进口总金额的 0.06%~51.97%。塔吉克斯坦进口锰矿、铬铁矿、钼矿、铌钽钒锆、贵金属等矿产的金额极少,仅有几万美元(表 12-13,图 12-13)。

2. 矿产品出口以铅矿、锌矿为主,铜矿、矿渣矿灰次之

塔吉克斯坦矿产品出口以铅矿、锌矿为主,铜矿、矿渣和矿灰次之,贵金属相对较少。其中,铅矿、锌矿在塔吉克斯坦矿产品出口中占据绝对领先的地位,2016—2020 年的出口金额分别为 77.96 百万~145.48 百万美元、57.76 百万~181.52 百万美元,占其出口总金额的 29.80%~49.27%、36.50%~46.87%(表 12-14,图 12-14)。

表 12-14　塔吉克斯坦各类矿产品出口金额统计表　　　　单位:百万美元

矿种	2016 年	2017 年	2018 年	2019 年	2020 年
铜矿	16.25	26.64	75.28	17.81	7.66
铅矿	101.71	145.48	119.23	117.52	77.96
锌矿	94.33	181.52	168.61	128.54	57.76
贵金属	0.58	0.53	1.16	4.66	0.01
其他	26.24	33.16	35.85	28.35	14.37
合计	239.12	387.33	400.13	296.89	158.24

注:1. 数据来源于 UN Comtrade Database(http://comtrade.un.org/)。
　　2. 矿种是指各类矿石与精矿,贵金属未细分,其他包括其他矿石与精矿、矿渣、矿灰等。

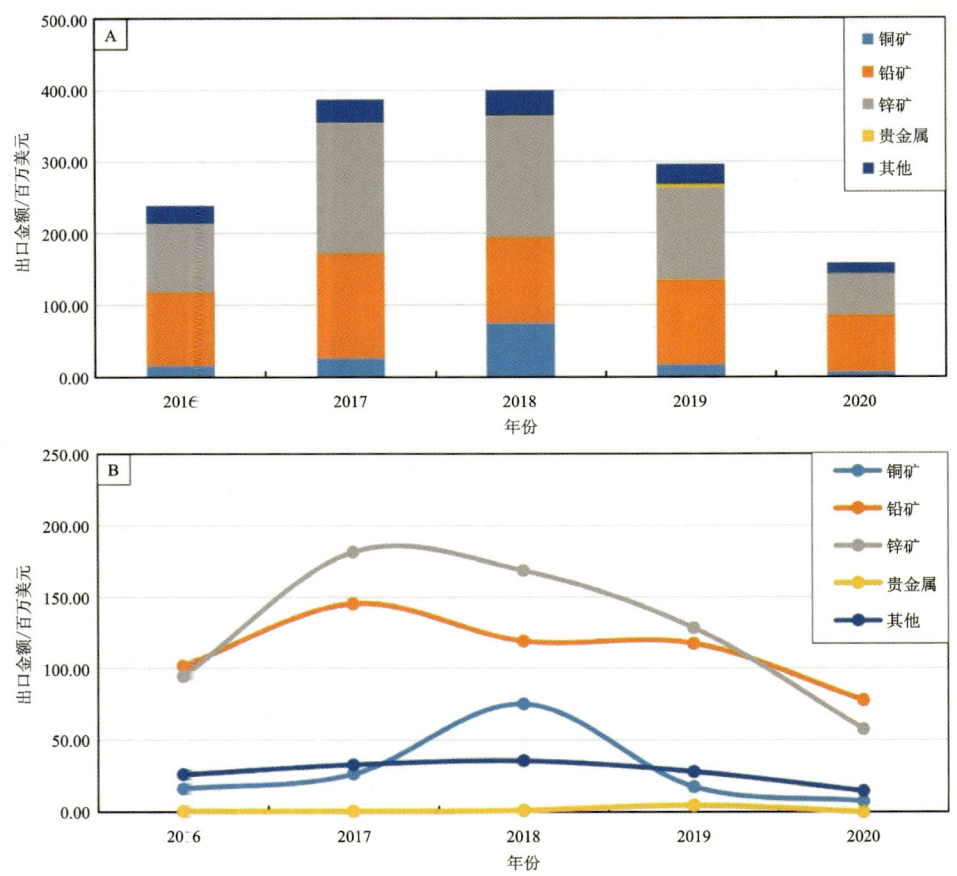

图 12-14 塔吉克斯坦各类矿产品出口

塔吉克斯坦出口较多的铜矿、矿渣和矿灰,2016—2020 年的出口金额分别为 7.66 百万~75.28 百万美元、14.87 百万~35.85 百万美元,占其出口总金额的 4.84%~18.81%、8.56%~10.97%。塔吉克斯坦出口贵金属的金额相对较少,出口金额仅为 0.01 百万~4.66 百万美元(表 12-14,图 12-14)。

八、乌兹别克斯坦——进口以铜矿、锌矿为主,出口以铅矿、矿渣和矿灰为主

1. 矿产品进口以铜矿、锌矿为主

乌兹别克斯坦矿产品进口以铜矿、锌矿为主,也进口一定金额的锰矿,其他矿产品相对较少。其中,铜矿、锌矿占据乌兹别克斯坦矿产品进口总金额的绝大多数(二者占乌兹别克斯坦矿产品进口总金额的 95.57%~97.96%),2017—2020 年的进口金额分别为 11.081 百万~219.030 百万美元、85.074 百万~117.466 百万美元,分别占其进口总金额的 11.09%~63.38%、33.99%~85.15%(表 12-15,图 12-15)。

表 12-15 乌兹别克斯坦各类矿产品进口金额统计表　　　　单位:百万美元

矿种	2017 年	2018 年	2019 年	2020 年
铁矿	0.104	0.000 1	0.290	0.062
锰矿	3.309	2.103	7.765	9.395
铜矿	11.081	37.178	219.030	124.861
铝矿	—	0.034	0.001	—

续表 12-15

矿种	2017 年	2018 年	2019 年	2020 年
锌矿	85.074	95.870	117.466	111.093
铬铁矿	0.074	0.111	0.103	0.091
钨矿	0.040	0.399	0.014	—
钼矿	—	—	0.0004	—
钛矿	0.124	0.006	0.648	0.748
铌钽钒锆	0.046	0.052	0.098	0.444
贵金属	—	—	0.000 004	—
其他	0.061	0.061	0.165	0.191
合计	99.913	135.814	345.580	246.888

注：1. 数据来源于 UN Comtrade Database(https://comtrade.un.org/)。

2. 矿种是指各类矿石与精矿，贵金属未细分，其他包括其他矿石与精矿、矿渣、矿灰等。

3. "—"表示未收集到相关数据。

乌兹别克斯坦也进口一定金额的锰矿及其精粉，2017—2020 年的进口金额分别为 2.103 百万~9.395 百万美元。乌兹别克斯坦进口铝矿、铬铁矿、钨矿、铁矿、钼矿、钛矿、铌钽钒锆、贵金属、矿渣、矿灰等矿产品的金额相对较少，最多仅为几十万美元(表 12-15，图 12-15)。

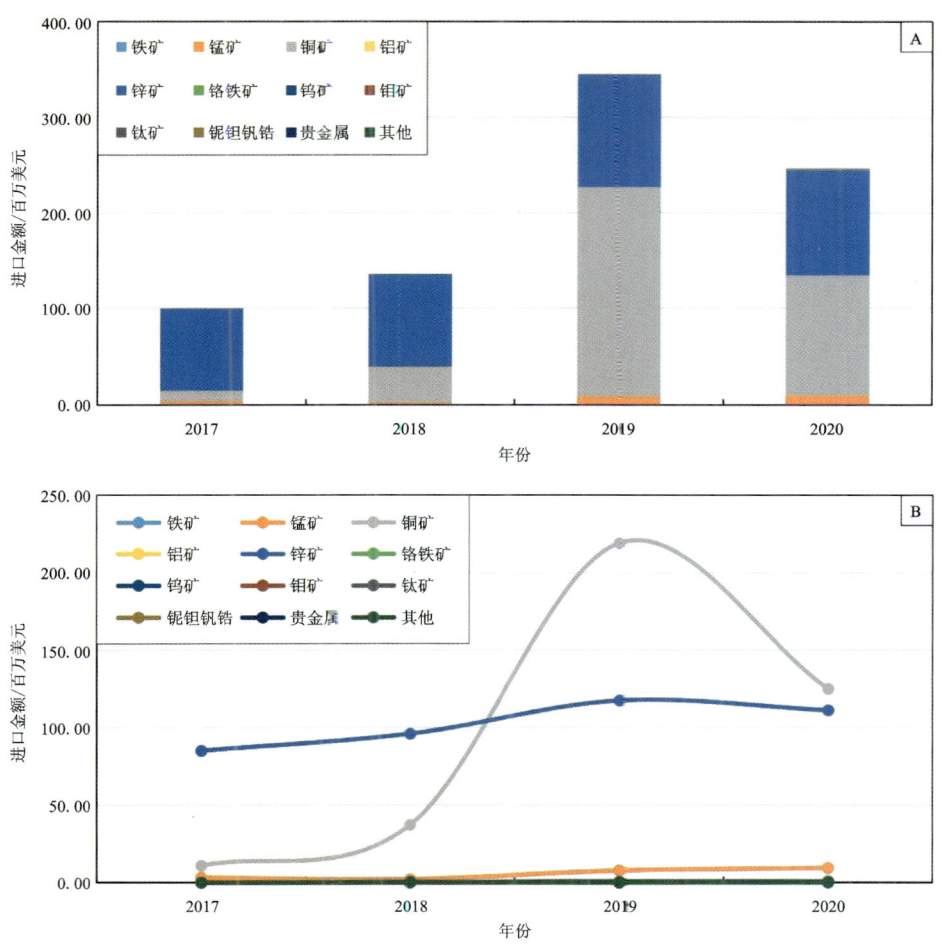

图 12-15　乌兹别克斯坦各类矿产品进口

2. 矿产品出口以铅矿、矿渣和矿灰为主

乌兹别克斯坦矿产品出口以铅矿、矿渣和矿灰为主，其他矿产品相对较少。其中，乌兹别克斯坦矿产品进口金额的绝大多数为铅矿、矿渣和矿灰，2017—2020 年的出口金额分别为 8.329 百万～27.950 百万美元、0.007 百万～19.425 百万美元，占其进口总金额的 30.01%～98.89%、1.09%～69.99%。乌兹别克斯坦仅出口极少金额的铁矿、锰矿、铜矿、锌矿、钨矿、贵金属（表 12-16，图 12-16）。

表 12-16　乌兹别克斯坦各类矿产品出口　　　单位：百万美元

矿种	2017 年	2018 年	2019 年	2020 年
铁矿	—	0.000 005	0.001 5	0.000 5
锰矿	0.000 01	—	0.000 1	—
铜矿	—	0.000 2	0.020	0.000 4
铅矿	—	19.425	27.950	8.329
锌矿	—	—	0.000 003	0.000 004
钨矿	0.36	0.000 03	0.000 4	—
贵金属	—	0.004 6	—	—
其他	0.007	0.214	15.670	19.425
合计	0.369	19.644	43.643	27.755

注：1. 数据来源于 UN Comtrade Database(http://comtrade.un.org/)。
　　2. 矿种是指各类矿石与精矿，贵金属未细分，其他包括其他矿石与精矿、矿渣、矿灰等。
　　3. "—"表示未收集到相关数据。

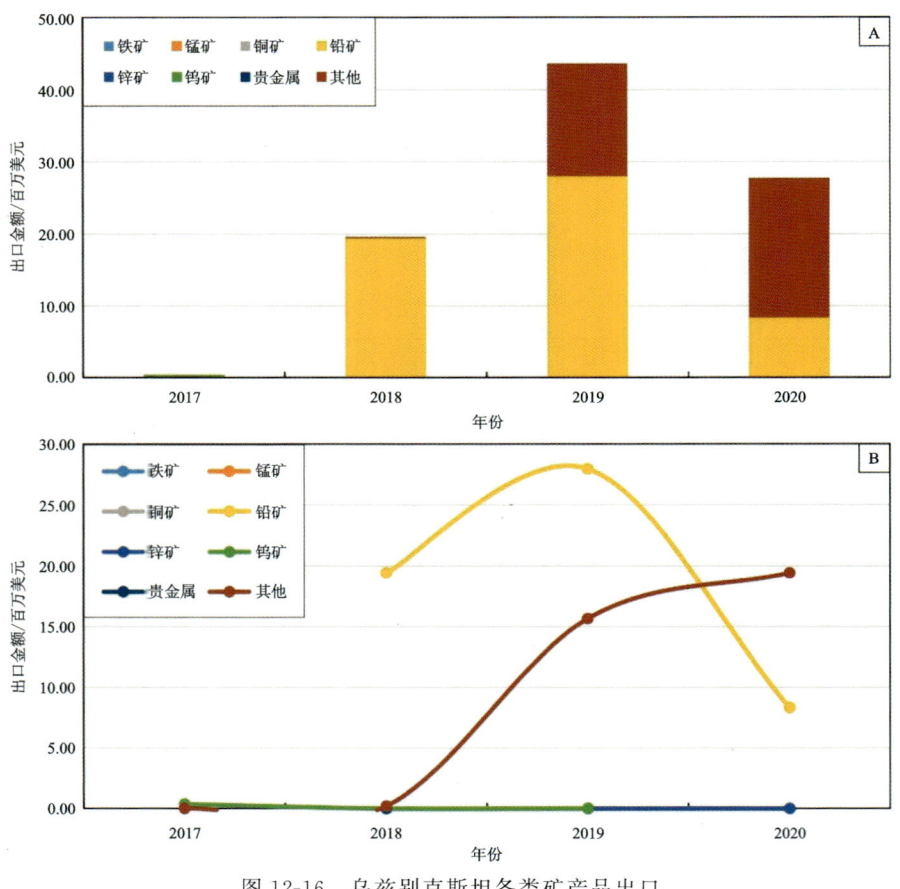

图 12-16　乌兹别克斯坦各类矿产品出口

第十三章　矿石/金属在商品贸易中的占比

矿石/金属在商品贸易中的占比是指由世界银行工作人员计算得出的各国商品进出口中矿石/金属所占的份额,用来表示矿石/金属在其商品贸易中的重要性,一定程度上可以体现经济发展对矿石/金属的需求/依赖程度。纳入计算的矿石/金属包括未列明的矿物、金属矿与废料、有色金属。

一、矿石/金属在商品进口中的占比

上合组织成员国均属于发展中国家,各国收入水平参差不齐,世界银行将中国、俄罗斯、哈萨克斯坦列为中高收入国家,而将印度、吉尔吉斯斯坦、巴基斯坦、塔吉克斯坦、乌兹别克斯坦等国列为中低收入国家。据世界银行统计,中等收入国家经济发展对矿石/金属的需求最高,2001—2020年矿石/金属在其商品进口中的占比为3.67%～7.36%;高收入国家次之(对矿石/金属需求有所降低),其占比为2.71%～4.28%;低收入国家相对较低(对矿石/金属需求较低),其占比仅为1.00%～2.63%(表13-1)。

表 13-1　上合组织成员国矿石/金属在其商品进口中的占比　　单位:%

国别	2001年	2002年	2003年	2004年	2005年	2006年	2007年	2008年	2009年	2010年
印度	5.21	4.44	3.95	4.33	4.82	5.95	6.24	5.48	5.08	4.79
哈萨克斯坦	2.65	1.79	1.53	1.79	1.64	1.47	1.87	1.56	1.04	1.15
中国	5.97	5.39	5.77	7.62	8.99	9.38	11.96	13.19	13.63	14.33
吉尔吉斯斯坦	2.78	3.16	2.92	2.63	2.13	1.88	2.24	1.43	0.78	0.87
巴基斯坦	2.68	2.52	2.64	2.62	3.31	3.06	3.73	3.07	3.67	2.94
俄罗斯	4.78	3.79	3.39	3.67	3.22	2.75	2.46	2.57	2.13	1.34
塔吉克斯坦	—	—	—	—	—	—	—	—	—	—
乌兹别克斯坦	—	—	—	—	—	—	—	—	—	—
澳大利亚	1.24	1.18	1.23	1.05	1.10	1.32	1.52	1.57	1.25	1.67
秘鲁	0.61	0.67	0.74	1.04	0.97	1.04	0.88	1.14	1.07	1.29
南非	2.12	2.54	2.70	2.81	2.56	3.20	3.30	3.36	1.86	2.33
智利	1.11	1.15	1.28	2.12	3.20	1.89	3.26	2.66	1.74	1.97
低收入国家	1.24	1.26	1.27	1.00	1.16	—	1.27	1.11	1.10	1.01
中等收入国家	3.92	3.67	3.82	4.72	5.20	5.70	6.57	7.02	6.70	7.08
高收入国家	2.98	2.76	2.71	3.11	3.23	4.12	4.28	3.91	3.08	3.74
全球平均	3.26	3.03	3.04	3.59	3.82	4.59	4.97	4.84	4.17	4.77

续表 13-1

国别	2011年	2012年	2013年	2014年	2015年	2016年	2017年	2018年	2019年	2020年
印度	5.54	5.03	5.84	5.94	6.47	5.27	5.64	5.98	5.20	5.23
哈萨克斯坦	1.29	2.11	1.35	1.96	2.59	3.61	3.73	3.49	2.68	2.55
中国	14.74	13.11	12.70	11.51	10.18	9.43	11.30	10.69	11.18	12.67
吉尔吉斯斯坦	0.96	0.97	1.14	1.00	1.11	0.71	0.96	0.88	0.86	1.22
巴基斯坦	2.77	2.61	2.89	3.25	3.88	3.66	3.95	4.03	4.29	4.94
俄罗斯	1.34	2.29	2.08	2.30	2.47	2.04	2.28	2.85	3.08	2.94
塔吉克斯坦	—	—	—	—	—	4.80	4.34	3.27	3.84	3.51
乌兹别克斯坦	—	—	—	—	—	—	2.55	2.54	3.23	2.97
澳大利亚	2.00	1.59	1.43	1.64	1.58	1.58	1.40	1.46	1.29	1.63
秘鲁	1.08	0.97	1.02	1.22	1.02	0.99	1.22	1.29	1.37	1.21
南非	2.42	2.26	2.22	2.20	2.67	2.67	2.74	2.77	2.59	2.73
智利	2.46	1.75	1.67	1.76	1.36	1.34	1.20	1.26	1.28	1.58
低收入国家	2.63	—	—	—	1.91	—	—	2.22	1.52	—
中等收入国家	7.36	6.70	6.48	6.10	5.68	5.25	6.13	6.14	6.23	6.89
高收入国家	4.01	3.56	3.31	3.27	3.08	2.90	3.20	3.25	3.15	3.40
全球平均	5.05	4.53	4.29	4.15	3.88	3.62	4.11	4.14	4.08	4.45

注：1. 数据来源于世界银行数据库(https://data.worldbank.org.cn/)。
2. "—"表示未收集到相关数据。

上合组织成员国经济发展水平不均衡，导致矿石/金属进口在各国的商品进口中的占比各不相同，呈现较为明显的分布特征，各国经济发展对矿石/金属的依赖程度亦有所不同。其中，中国的矿石/金属在其商品进口中的占比最高，印度次之，哈萨克斯坦、巴基斯坦、俄罗斯、塔吉克斯坦具有较高的占比，吉尔吉斯斯坦和乌兹别克斯坦两国相对较低(表13-1，图13-1)。

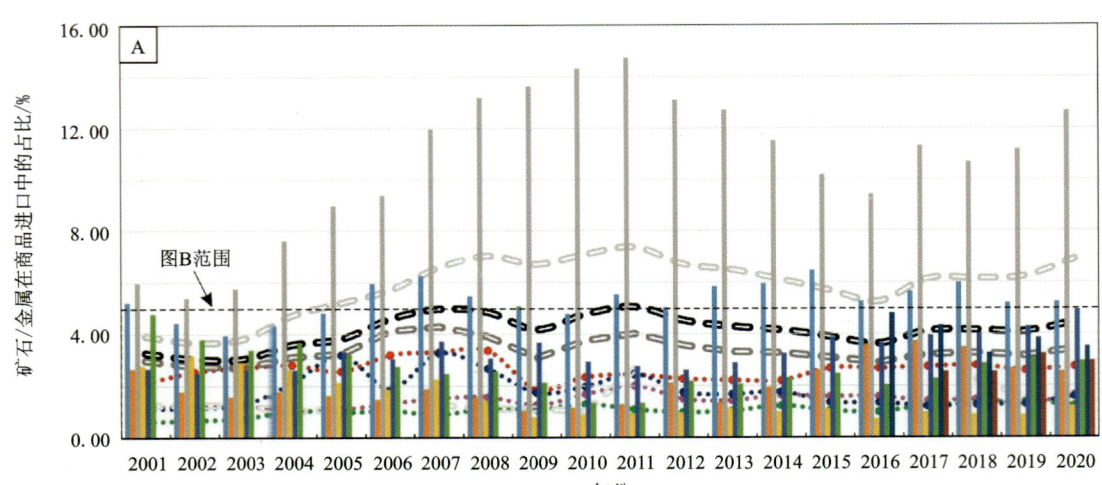

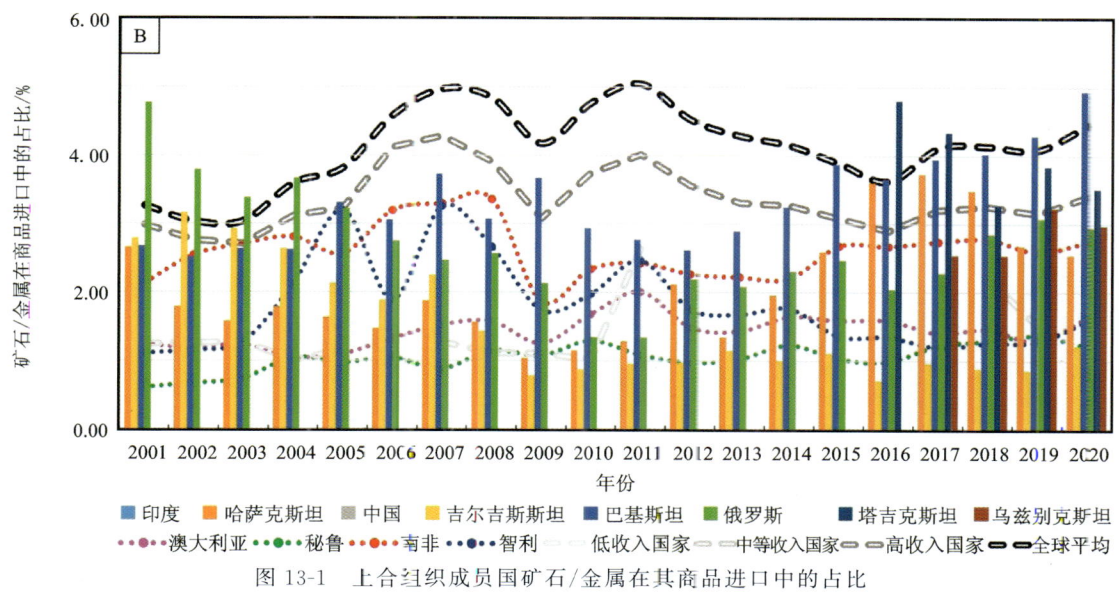

图 13-1 上合组织成员国矿石/金属在其商品进口中的占比

中国作为全球最大的发展中国家,同时又是全球主要的矿产品消费国,2001—2020年期间这两国商品进口中矿石/金属的占比高达5.36%~14.74%(表13-1,图13-1),明显高于其他成员国,全球平均占比(3.03%~5.05%)、高-中-低收入国家(1.00%~7.36%),以及澳大利亚、秘鲁、南非、智利等全球重要的矿业大国(0.61%~3.36%),在一定程度上反映中国的经济发展对矿石/金属的需求最大。

印度矿石/金属进口在其商品进口中的占比相对较高,在一定程度上表现为该国的经济发展对矿石/金属的需求较大。据不完全统计,2001—2020年期间,印度矿石/金属进口在其商品进口的占比为3.96%~6.47%(表13-1,图13-1),介于中等收入国家(3.67%~7.36%)与全球平均占比(3.03%~5.05%)。

哈萨克斯坦、巴基斯坦、俄罗斯、塔吉克斯坦等国矿石/金属进口在其商品进口中的占比大多低于全球平均水平(3.03%~5.05%)和高收入国家(2.71%~4.28%),而又高于低收入国家(1.00%~2.63%),这些国家经济的发展对矿石/金属的进口具有一定的依赖性。其中,哈萨克斯坦矿石/金属在其商品进口中的占比为1.04%~3.73%,介于秘鲁(0.61%~1.37%)与高收入国家之间;巴基斯坦矿石/金属在其商品进口中的占比为2.52%~4.94%,高于南非(1.86%~3.36%);俄罗斯矿石/金属在其商品进口中的占比为1.34%~4.78%,2014年以前接近澳大利亚(1.05%~2.00%),2014年以后略高于南非;塔吉克斯坦矿石/金属在其商品进口中的占比为3.27%~4.80%,整体上略高于高收入国家和全球平均水平(表13-1,图13-1)。

吉尔吉斯斯坦和乌兹别克斯坦两国经济相对欠发达,国家发展对矿产品的需求相对较低,矿石/金属在其商品进口中的占比分别为0.71%~3.16%、2.54%~3.23%,接近低收入国家和秘鲁。其中,吉尔吉斯斯坦矿石/金属在其商品进口中的占比在2008年以前介于澳大利亚与高收入国家之间,2008年以后接近于秘鲁(0.06%~1.37%);乌兹别克斯坦则基本接近于南非(表13-1,图13-1)。

二、矿石/金属在商品出口中的占比

上合组织成员国当中,既有印度、哈萨克斯坦、俄罗斯等矿业资源大国,又有哈萨克斯坦、塔吉克斯坦等典型的矿产资源出口国,各国矿产资源禀赋不同,矿业水平参差不齐,矿石/金属出口对其商品贸易抑或本国经济的贡献也有所不同,大多接近或略低于全球主要的矿业大国(塔吉克斯坦除外),但又基本高于全球平均占比(中国、巴基斯坦除外)。其中,塔吉克斯坦矿石/金属在其商品出口中的占比最高,哈萨克斯坦次之,吉尔吉斯斯坦、印度、俄罗斯、乌兹别克斯坦具有较高的占比,中国和巴基斯坦两国相对较低(表13-2,图13-2)。

表13-2 上合组织成员国矿石/金属在其商品出口中的占比　　　　　单位:%

国别	2001年	2002年	2003年	2004年	2005年	2006年	2007年	2008年	2009年	2010年
印度	2.99	4.26	3.83	5.80	7.56	8.03	7.75	6.43	6.31	7.59
哈萨克斯坦	20.24	17.72	14.15	15.23	14.01	15.78	15.09	12.21	11.70	11.55
中国	1.75	1.58	1.59	1.89	1.79	2.15	1.80	1.64	1.16	1.36
吉尔吉斯斯坦	3.17	3.99	3.10	4.39	4.01	3.90	3.57	2.91	1.63	2.06
巴基斯坦	0.18	0.20	0.21	0.27	0.41	0.57	1.12	1.29	1.05	1.57
俄罗斯	7.76	7.24	6.79	7.55	6.51	8.00	8.14	5.46	5.26	5.46
塔吉克斯坦	—	—	—	—	—	—	—	—	—	—
乌兹别克斯坦	—	—	—	—	—	—	—	—	—	—
澳大利亚	19.33	18.25	18.57	19.82	23.01	27.36	29.08	27.81	27.70	33.96
秘鲁	30.69	31.98	30.69	39.02	39.96	47.45	49.56	43.06	36.60	41.76
南非	22.83	11.23	19.03	21.99	22.26	28.47	29.33	29.04	29.22	28.24
智利	40.69	40.56	41.03	52.89	56.32	62.52	64.46	55.88	58.45	63.57
美国	1.91	1.91	2.01	2.39	2.79	3.52	3.74	3.97	3.39	3.96
加拿大	4.58	4.44	4.45	5.47	5.85	7.97	9.24	8.25	7.10	7.99
全球平均	2.98	2.79	2.81	3.21	3.42	4.11	4.28	4.01	3.50	4.26
国别	2011年	2012年	2013年	2014年	2015年	2016年	2017年	2018年	2019年	2020年
印度	3.91	3.44	3.08	3.16	3.38	3.16	4.01	3.53	3.54	4.70
哈萨克斯坦	13.18	13.19	10.22	8.97	12.71	15.59	16.17	12.35	13.87	18.50
中国	1.43	1.23	1.18	1.25	1.17	1.13	1.20	1.32	1.27	1.12
吉尔吉斯斯坦	3.09	6.06	2.80	4.01	3.16	6.64	12.33	15.43	13.91	10.24
巴基斯坦	1.49	2.02	2.09	1.80	1.57	1.49	1.97	2.12	2.75	3.33
俄罗斯	4.80	5.14	4.58	4.62	5.90	6.05	6.03	5.66	6.17	8.64
塔吉克斯坦	—	—	—	—	—	51.55	62.28	58.78	56.93	47.56
乌兹别克斯坦	—	—	—	—	—	—	8.20	7.64	8.38	8.34
澳大利亚	36.63	34.13	38.22	37.03	32.18	31.53	29.67	27.44	32.76	40.00
秘鲁	39.90	39.27	39.23	38.94	40.08	42.81	46.32	45.63	45.50	43.51
南非	28.05	25.30	27.87	24.23	23.27	22.07	24.19	25.61	28.45	31.44
智利	61.02	59.31	56.82	54.68	52.41	50.44	54.19	53.10	52.13	57.07
美国	4.02	3.51	3.21	3.06	2.81	2.60	2.75	2.96	2.82	3.21
加拿大	8.71	7.28	6.97	7.07	7.08	6.85	7.32	7.53	7.03	8.34
全球平均	4.43	4.03	3.86	3.86	3.71	3.53	3.70	3.73	3.72	4.21

注:1.数据来源于世界银行数据车(https://data.worldbank.org.cn/)。
　　2."—"表示未收集到相关数据。

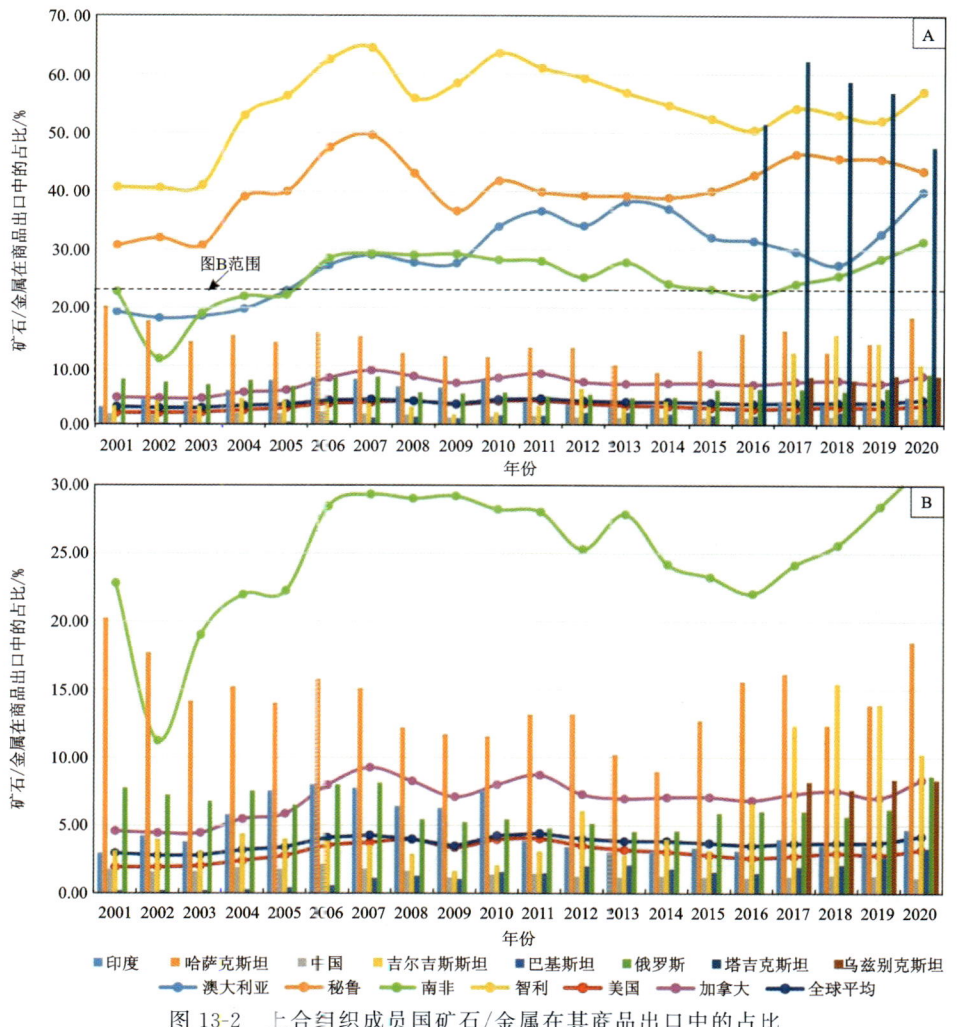

图 13-2　上合组织成员国矿石/金属在其商品出口中的占比

塔吉克斯坦作为上合组织成员国中典型的矿产品出口国,特别是铝业、煤炭工业、石油天然气业作为该国的重点支柱产业,导致矿产品出口在该国商品贸易中的地位也非常重要。据不完全统计,2001—2020年期间,塔吉克斯坦矿石/金属在其商品出口中的占比高达47.56%~62.28%(表13-2,图13-2),类似于智利(40.56%~64.46%),却又高于澳大利亚、秘鲁和南非等矿业大国(11.23%~49.56%)。

哈萨克斯坦是全球重要的矿产资源国,同时也是典型的矿产品出口大国,矿业经济也在该国具有较为重要的地位。据不完全统计,2001—2020年期间,哈萨克斯坦矿石/金属在其商品出口中的占比为8.97%~20.24%(表13-2,图13-2),其占比虽然低于南非、澳大利亚、秘鲁等矿业大国,但又明显高于上合组织其他成员国(塔吉克斯坦除外),以及美国、加拿大等发达国家和全球平均占比。

吉尔吉斯斯坦、印度、俄罗斯、乌兹别克斯坦等国采矿业在本国经济中均占有一定的地位,各国经济均对矿产品出口具有一定的依赖性。据不完全统计,2001—2020年期间,这些国家矿石/金属出口在其商品出口中的占比分别为1.63%~15.43%、2.99%~8.03%、4.58%~8.64%、7.64%~8.38%(表13-2,图13-2),总体介于美国、加拿大等发达国家和全球平均占比之间。

中国是全球最为重要的矿产品消费国和制造大国,而巴基斯坦作为传统的农业国家(经济相对落后),两国的矿产品出口在商品出口中的作用均不太突出,两国矿石/金属出口在其商品出口中的占比也相对较低,2001—2020年的占比分别为1.12%~2.15%、0.18%~3.33%(表13-2,图13-2),均明显低于美国、加拿大等发达国家和全球平均占比。

第十四章　矿业贸易小结与展望

（1）上合组织成员国作为全球重要的矿产品生产地和消费地区，在全球矿产品贸易中具有极其重要的地位，矿产品贸易以中国为主，其次是印度、俄罗斯、哈萨克斯坦。其中，中国的矿产品贸易金额在上合组织成员国中遥遥领先，2001—2010年的贸易金额为4 267.60百万～181 957.95百万美元，总体表现为增加、减少、再增加的"N"字形变化趋势；印度、俄罗斯、哈萨克斯坦等国次之，其矿产品贸易金额分别为925.39百万～12 449.45百万美元、745.45百万～6 492.20百万美元、282.23百万～4 783.41百万美元，分别表现为先增加、后减少的"A"字形、多峰式、"N"字形变化趋势；巴基斯坦、塔吉克斯坦、乌兹别克斯坦、吉尔吉斯斯坦等国贸易量（贸易金额）相对较少。

（2）上合组织成员国因其对矿产品需求不同而矿产品贸易方式有所不同，中国和乌兹别克斯坦属于典型的矿产品进口国，哈萨克斯坦、塔吉克斯坦以矿产品出口为主，印度呈现多阶段的变化模式（在2011年由矿产品出口国转变为进口国，2018年又转变为矿产品出口国），而俄罗斯、吉尔吉斯斯坦、巴基斯坦等国则分别以2005年、2011年、2009年为界，分别由矿产品进口国转变为出口国。

中国矿产品进口金额高达4 175.73百万～180 016.13百万美元，而其出口金额仅为91.87百万～1 941.83百万美元，二者均表现为增加、减少、再增加的"N"字形变化趋势。中国矿产品进口主要来源于澳大利亚、巴西、智利、秘鲁、南非、印度等6国；出口总体呈现分阶段的变化趋势，荷兰在2009年以前是中国矿产品出口第一大目标国（韩国、日本等国紧随其后），韩国在2009—2016年超越荷兰位居中国矿产品出口目标国第一位，日本2016年以来又取代韩国。

乌兹别克斯坦矿产品进口金额为99.913百万～345.58百万美元，而其出口金额仅为0.369百万～43.643百万美元，均呈现为先增加、后减少的"A"字形变化趋势，绝大多数矿产品来源于哈萨克斯坦和塔吉克斯坦，而其矿产品基本上出口至哈萨克斯坦。

哈萨克斯坦矿产品进口金额仅为38.63百万～823.35百万美元，总体呈现先增加、后减少的"A"字形变化趋势，进口来源国呈现分阶段的变化趋势，2007年以前以秘鲁为主（其次是乌克兰、美国、俄罗斯等国），俄罗斯在2007年迅速超越秘鲁、乌克兰、美国等国，攀升为哈萨克斯坦矿产品进口第一来源国，塔吉克斯坦、吉尔吉斯斯坦2014年以来分别成为哈萨克斯坦矿产品进口的第二、第三大来源国；而其出口金额却高达221.91百万～4 428.11百万美元，表现为增加、减少、再增加的"N"字形变化趋势，矿产品主要出口至俄罗斯和中国，其次是乌兹别克斯坦、乌克兰、吉尔吉斯斯坦、荷兰等国。

塔吉克斯坦矿产品进口金额仅为0.278百万～1.351百万美元，表现为减少、增加、再减少的变化趋势，绝大多数来源于俄罗斯；而其出口金额却高达158.24百万～400.13百万美元，则呈现先增加、后减少的"A"字形变化趋势，绝大多数矿产品出口至哈萨克斯坦。

印度矿产品进口金额为412.74百万～8 485.22百万美元，总体呈现先增加、后减少的"A"字形变化趋势，主要来源于智利，其次是澳大利亚和印度尼西亚；出口金额为512.64百万～6 908.76百万美元，表现为增加、减少、再增加的"N"字形变化趋势，主要出口至中国，其次是日本和韩国。

俄罗斯矿产品进口金额为200.07百万～2 307.25百万美元，总体呈现多峰式的变化趋势，绝大多数来源于哈萨克斯坦；而其出口金额为264.76百万～4 329.57百万美元，总体呈现先增加、后减少、再增加的"N"字形变化趋势，出口总体呈现分阶段的变化趋势，2005年以前主要出口至斯洛伐克、波兰和捷克,2005年以来则主要出口至中国。

吉尔吉斯斯坦矿产品进口金额仅为1.211百万～14.995百万美元,呈现多峰式的变化趋势,主要来源于哈萨克斯坦和俄罗斯;而其出口金额仅为0.092百万～162.695百万美元,表现为逐年增长的变化趋势,绝大多数矿产品出口至哈萨克斯坦。

巴基斯坦矿产品进口金额仅为1.69百万～188.96百万美元,总体呈现先增加、后减少的"A"字形变化趋势,主要来源于印度和伊朗;而其出口金额仅为8.08百万～168.23百万美元,则表现为先快速增加、后基本平稳(缓慢下降)的变化趋势,绝大多数矿产品出口至中国。

(3)上合组织成员国的资源优势和矿产品的消费量不同,导致其各类矿种的贸易亦有所差异。其中,印度矿产品进口以铜为主,铁、锰次之;出口则以铁矿为主,铜、锌、钛、铬铁、铝次之。哈萨克斯坦矿产品进出口均呈现分阶段变化趋势,2001—2006年和2010—2011年以铅矿进口为主(钛矿次之);铁矿在2007—2009年成为第一大进口矿种,贵金属则在2012—2015年和2019—2020年位居矿产品进口第一位(铅矿、锌矿次之);铅矿和贵金属在2014—2018年是最为重要的进口矿种(锌矿次之)。中国矿产品进口以铁、铜为主,锰、镍、铝、贵金属次之;出口则呈现分阶段变化的趋势,以2016年为界,前期以出口钼矿及其精粉为主,后期侧重于铁矿及其精粉,矿渣、矿灰次之。吉尔吉斯斯坦矿产品进口相对较少,以矿渣、矿灰为主,钼矿、铁矿次之;出口的矿产品绝大多数是贵金属。巴基斯坦矿产品进口呈现分阶段变化的趋势,以2016年为界,前期以铁矿进口为主,后期以矿渣、矿灰等进口为主;绝大多数矿产品是以铬铁矿及其精矿的形式出口,其次是铁矿、矿渣、矿灰、铜矿和铝矿。俄罗斯矿产品进口以铁矿为主,锰矿、铜矿、铬铁矿、贵金属次之;矿产品出口绝大多数为铁矿及其精粉,其次是铜矿、铅矿和贵金属。塔吉克斯坦矿产品进口以铁矿为主,矿渣、矿灰次之;矿产品出口以铅矿、锌矿为主,铜矿、矿渣和矿灰次之。乌兹别克斯坦矿产品进口以铜矿、锌矿为主,出口以铅矿、矿渣和矿灰为主。

(4)上合组织成员国经济发展水平不均衡,导致各国的矿石/金属进口在其商品进口中的占比各不相同,呈现较为明显的分布特征,各国经济发展对矿石/金属的依赖程度亦有所不同。其中,中国的矿石/金属在其商品进口中的占比最高,高达5.39%～14.74%,明显高于全球平均占比(3.03%～5.05%)、高-中-低收入国家(1.00%～7.36%),以及澳大利亚、秘鲁、南非、智利等全球重要的矿业大国(0.61%～3.36%),在一定程度上反映了中国的经济发展对矿石/金属的需求最大。印度次之,其占比为3.96%～6.47%,介于中等收入国家(3.67%～7.36%)与全球平均占比(3.03%～5.05%),在一定程度上表现为该国的经济发展对矿石/金属的需求较大。哈萨克斯坦、巴基斯坦、俄罗斯、塔吉克斯坦具有较高的占比,大多低于全球平均占比(3.03%～5.05%)和高收入国家(2.71%～4.28%),而又高于低收入国家(1.00%～2.63%),这些国家经济的发展对矿石/金属的进口具有一定的依赖性。吉尔吉斯斯坦和乌兹别克斯坦两国相对较低,其占比分别为0.71%～3.16%、2.54%～3.23%,接近低收入国家和秘鲁,表明国家发展对矿产品的需求相对较低。

(5)上合组织成员国当中,既有印度、哈萨克斯坦、俄罗斯等矿业资源大国,又有哈萨克斯坦、塔吉克斯坦等典型的矿产资源出口国,各国矿产资源禀赋各不相同,矿业水平参差不齐,矿石/金属出口对其商品贸易抑或本国经济的贡献也有所不同,大多接近或略低于全球主要的矿业大国(塔吉克斯坦除外),但又基本高于全球平均占比(中国、巴基斯坦除外)。其中,塔吉克斯坦矿石/金属在其商品出口中的占比最高,高达47.56%～62.28%,类似于智利(40.56%～64.46%),却又高于澳大利亚、秘鲁和南非等矿业大国(11.23%～49.56%),表明矿产品出口在其国民经济中的地位非比寻常。哈萨克斯坦次之,其占比为8.97%～20.24%,虽然低于南非、澳大利亚、秘鲁等矿业大国,但又明显高于上合组织其他成员国(塔吉克斯坦除外),以及美国、加拿大等发达国家和全球平均占比,表明矿业经济也在该国具有较为重要的地位。吉尔吉斯斯坦、印度、俄罗斯、乌兹别克斯坦矿石/金属出口在其商品出口中的占比分别为1.63%～15.43%、2.99%～8.03%、4.58%～8.64%、7.64%～8.38%,总体介于美国、加拿大等发达国家和全球平均占比,表明采矿业在本国经济中均具有一定的地位,各国经济均对矿产品出口具有一定的依赖性。中国和巴基斯坦两国相对较低,其占比分别为1.12%～2.15%、0.18%～3.33%,均明显低于美国、加拿大等发达国家和全球平均占比,表明矿产品出口在其商品出口中的作用均不太突出。

(6)未来,在相当长的一段时间内,上合组织成员国仍将作为全球极其重要的矿产品贸易的重要地区之一,特别是中国、印度、俄罗斯等国作为全球重要的新兴经济体和区域大国,国民经济的快速发展必将使其对矿产品的需求长期居高不下。哈萨克斯坦、俄罗斯、印度、乌兹别克斯坦、塔吉克斯坦、吉尔吉斯斯坦、巴基斯坦等资源大国和/或资源出口国的国民经济仍将在很大程度上依赖其丰富的矿产资源,使其在全球矿产品贸易中仍将扮演重要角色。此外,随着哈萨克斯坦、吉尔吉斯斯坦、巴基斯坦、塔吉克斯坦、乌兹别克斯坦等国国民经济(抑或矿业经济)的逐步发展和矿业政策的不断变化,这些国家逐渐增多的矿业项目必将带动矿产品产量及其贸易量的大幅增长。